Ernst Freiherr von Münchhausen

Wenn wir die Wahrheit sagen, haben wir uns versprochen

Aus der abenteuerlichen Welt der Diplomatie

| Hoffmann und Campe |

1. Auflage 2012
Copyright © 2012
by Hoffmann und Campe Verlag, Hamburg
www.hoca.de
Satz: atelier eilenberger, Leipzig
Gesetzt aus der Janson Text und der Frutiger
Druck und Bindung: GGP Media GmbH, Pößneck
Printed in Germany
ISBN 978-3-455-50270-1

Ein Unternehmen der
GANSKE VERLAGSGRUPPE

Inhaltsverzeichnis

Für Marie

Prolog

Ein Sprichwort sagt:

> Diplomatie ist, mit dem Schwein freundlich aber
> zielorientiert über die Notwendigkeit eines saftigen
> Sonntagsbratens zu verhandeln.

Das Ergebnis dieser Verhandlungen ist klar: Am Ende ist das
Schwein tot, und der Braten steht auf dem Tisch. Das Verhandlungsgeschick von Schweinen ist einfach nicht gut genug. Auch das Verhandlungsgeschick meiner Familie war nie
besonders gut. Trotzdem stand bei uns Münchhausens über
Jahrhunderte hinweg jeden Sonntag nicht nur ein Schweine-
braten, sondern zusätzlich sogar ein Hirschbraten auf dem
Tisch. Weder mit dem Schwein noch mit dem Hirsch war
allerdings vorher verhandelt worden. Stattdessen wurde der
Hirsch ohne Vorwarnung mit einem Blattschuss niedergestreckt und dem Schwein in aller Schnelle das Messer durch
die Gurgel gezogen. Meine Vorfahren waren schon immer
außerordentlich zielorientiert. Und diplomatische Zurückhaltung war ihnen vollkommen unbekannt: Mein Ururgroß-
vater putschte gegen die Weimarer Republik, mein Urgroß-
vater wollte Hitler stürzen, mein Großvater forderte noch
1940 jemanden zum Pistolenduell, und mein Vater rechtfer-
tigte die Exzesse des Stalinismus. Im übrigen hat auch der
Lügenbaron die Kanonenkugel ja nicht bestiegen, um als
formvollendeter Diplomat daherzukommen, sondern um als

Soldat osmanische Stellungen unter Beschuss nehmen zu können. Man muss den Tatsachen ins Auge blicken: Konflikte wurden bei uns immer mit dem Schwert gelöst. Man ging lieber zum Militär als in den diplomatischen Dienst. Und das Skurrile dabei ist: Der Humor und die Selbstironie sind bei all diesen Schweinereien nie zu kurz gekommen.

Doch was tut man als Baron Münchhausen, wenn sich der Pulverrauch herumfliegender Kanonenkugeln lüftet und nur die Lügner in der Familie Weltruhm erlangt haben? Was tut man, wenn der Großgrundbesitz enteignet oder verspielt wurde und man selbst in einer Etagenwohnung lebt? Man bewirbt sich als Diplomat! Was sollte man sonst tun, um wieder ein Leben in Ruhm und Luxus führen zu können? Und die Lüge ist in der Welt der Diplomatie ebenfalls zu Hause.

Heute führe ich kein Leben in Ruhm und Luxus. Und ich lüge fast nie. Trotzdem bestimmt die diplomatische Welt mein tägliches Leben. Denn nach meiner erfolglosen Teilnahme am legendären Auswahlverfahren des Auswärtigen Amtes tat ich das, was man in meiner Familie in solchen Fällen schon immer zu tun pflegte: Ich zog mich am eigenen Schopf aus dem Sumpf. Und so mache ich seit fast zehn Jahren mit speziellen Lernskripten und Vorbereitungskursen junge Diplomatenanwärter fit für die berüchtigte schriftliche Aufnahmeprüfung. Ich erlebe das Auf und Ab der Gefühle, erlebe Tränen und Freudenschreie. Tagtäglich erlebe ich, dass Diplomat nicht irgendein Beruf ist. Er ist eine Berufung und ein Lebenstraum. Eine Art Virus, das einen nicht wieder loslässt. Nicht umsonst zählt das Auswärtige Amt bei Hochschulabsolventen seit Jahrzehnten zu den begehrtesten Arbeitgebern. Das Amt pickt sich aus den Tausenden jährlichen Bewerbern nur die Besten heraus. Und ohne eine gute Vorbereitung braucht man bei diesem Auswahlverfahren gar nicht erst anzutreten. Unzählige Bewerber konnte ich bei der Erfüllung ihres Traums unterstützen. Der Kontakt zu meinen Schützlingen, die mittlerweile weltweit im Einsatz sind, reißt nicht ab. Noch dazu habe ich eine Frau geheiratet, die beim Auswärtigen Amt arbeitete. Der diplomatische Dienst lässt auch mich nicht mehr los.

So sitze ich als sesshafter Mensch manchen Abend neben diplomatischen Nomaden und bekomme die unglaublichsten Geschichten aus fernen Ländern aufgetischt. Ist das wirklich alles wahr? Seit Jahren sammele ich die skurrilsten, schönsten, absurdesten und spannendsten Geschichten dieser geheimnisumwitterten Welt. Manche Geschichten sind so absurd, dass man meinen könnte, ich will Ihnen hier Münchhausiaden auftischen. Was soll ich dazu sagen? Dieses Soll hat mein Verwandter schon vor langer Zeit erfüllt. Alles, was Sie auf den folgenden Seiten lesen, ist wahr. Das, was sich hinter den Kulissen abspielt. Ohne Schnörkel und ungeschminkt, einfach nur das richtige Leben. Und nun sage ich:

Willkommen in der wahren Welt der Diplomatie!

Würdig in jeder Lebenslage

Würde ist ein großes Wort. Dabei läuft uns das Wort tagtäglich öfter über den Weg, als uns bewusst ist.

Aber was ist eigentlich gemeint, wenn man von Würde spricht? Was ist das: Würde? Im Duden kann man lesen, dass die Würde der *Achtung gebietende Wert einer Person oder eines Amtes* ist. Doch woher rühren der Wert und die Achtung? Die Antwort ist eigentlich gar nicht so schwer:

Würde hat jemand, der bis zum Hals im Dreck steckt und sich immer noch so verhält, als ob er auf einer Gartenparty im Buckingham Palast sein Cognacglas schwenkt. Es handelt sich also um jemanden, der in jeder Lebenslage über den Dingen steht. Dabei will ich nicht behaupten, dass jemand auf einer Gartenparty im Buckingham Palast über irgendetwas außer dem königlichen Rasen steht. Und die Würde bei der Gartenparty? Eine Seltenheit. Selbst Veranstaltungen im Buckingham Palast sind ein einziger Jahrmarkt der Eitelkeiten. Wer ist die Schönste, wer der Reichste und wer hat den Größten.

Zu einem würdevollen Menschen gehören dagegen ein eher bescheidener Auftritt und die besondere Wertschätzung anderer Menschen. Dabei bewahrt ein würdevoller Mensch selbst im übelsten Schlamassel die Distanz eines aufmerksamen Beobachters und lässt sich durch nichts aus der Fassung bringen. So wie der deutsche Botschafter in der folgenden wahren Begebenheit. Der Botschafter befand sich sogar nicht nur im Schlamassel, sondern er lag buchstäblich im tiefsten

Dreck. Über die Ereignisse liegt uns der folgende Original-
bericht vor, den der Botschafter an die Zentrale des Auswärtigen Amtes kabelte:

Den Reden folgte die eigentliche Grundsteinlegung.
Ein ca. 3,5 m tiefes Loch war gegraben, fast senkrecht
in nicht zu festem Lehm ausgehoben. Das runde
Loch, darin wohl der Grundstein, war auf allen vier
Seiten mit Balken überdeckt. Auf den Brettern, die
zur Grabenseite lagen, bezogen die Minister samt
Gefolge Position. Ich zögerte, als ich vor ihnen, fest-
gebunden an den Holzplanken, einen wenig opfer-
bereiten Schafbock sah. Gefesselt und zu Boden
gehalten durch zwei kräftige Männer. Neben ihnen
ein dritter Herr mit einem sehr langen und mut-
maßlich sehr scharfen Messer.
Der Schächtung eines Hammels beizuwohnen ist
nicht jedermanns Sache, ganz sicher nicht die meine.
Im Interesse der Pflege Deutsch-xy-Beziehungen
benutzte ich gleichwohl auch diesen Anlass, um meinem dienstlichen Auftrag gerecht zu werden, mit der
Nuancierung, dass ich meinen Blick auf einen fernen
Berggipfel heftete. Das Unvermeidliche ging vor sich.
Ich hatte das Gefühl, dass das sehr lange und sehr
scharfe Messer an dem Schafspelz abgewischt wurde.
Verse wurden gesprochen, dann herrschte Stille.
Aber nicht lange. Wenige Sekunden später begann
es erst zu knistern und dann zu krachen. Die Brücke
über dem Graben erwies sich weniger resistent als
die (hoffentlich) von mir zuvor in meiner Rede apos-
trophierten Brücken der Tradition und Freundschaft.
Unter der Last von Ministern, Botschafter, Geheimpolizisten und anderen, vermutlich persönlichen
Referenten, hielt der Querbalken nicht mehr stand.

Etwa zehn bis zwölf Personen gerieten mit rasch wachsender Beschleunigung auf die schiefe Ebene bis hinab zur Grabensohle, wie gesagt: 3,5 m. Ich befand mich bei der Spitzengruppe und kam auf Kulturminister K. zu liegen, der mir sein Gesicht zuwandte. Über mir waren an meinem Kopf Schuhe und Beine spürbar, diejenigen von Industrieminister B., der wiederum mit seinem Kopf in Höhe meiner Kniekehle – er ist etwas kleiner – zu liegen kam. Andere Herren folgten von oben nach. Es war eng, der Druck von oben beachtlich. Neben mir erreichte eine Pistole (gesichert?) die Talsohle, eine Uhr, die ihren Besitzer verloren hatte, war zu sehen. Im letzten Augenblick segelte ein Herr herunter, sich an seiner Maschinenpistole festhaltend. Meine Befürchtung, dass der Herr mit dem sehr langen und sehr scharfen Messer folgen würde, traf nicht ein.

Mühsam an dem Menschenknäuel vorbei den Blick nach oben wendend, sah ich in circa zwei Metern Entfernung auf der Höhe der schiefen Ebene den inzwischen verstorbenen Hammel, der den Ministern und dem Botschafter sein Hinterteil von durchschnittlicher Sauberkeit zuwandte. Ob ihm das Leben erhalten geblieben wäre, hätte es 3 Minuten früher zu krachen begonnen? Müßige Frage!

Das Herauskommen war nicht leicht. Beunruhigend wirkte, dass viele Schaulustige oben an den Grabenrändern standen, die nachgeben konnten mit den vorstellbaren Folgen. Das Fernsehen filmte. Wie mir Betrachter der abendlichen Fernsehsendung berichteten, habe es einen effektvollen Eindruck hinterlassen, als man sah, wie Minister, Botschafter und Gefolge zunächst langsam, dann schneller in der Unterwelt versanken.

Es ist dann mit einiger Anstrengung gelungen, an die frische Luft zu kommen. Ich machte über dem Kulturminister Liegestützversuche, nicht ganz einfach in der drangvoll engen Fülle. Immerhin war er der Erste, dem der Weg in die Freiheit gelang. Plötzlich menschlich dreinblickende »zivile« Geheimpolizisten, mit der einen Hand die Maschinenpistole hütend, zogen das Menschenknäuel auseinander. Ich kam frei, half bei der Entfernung von Herrn B., fühlte nach, ob mein Panzerschrankschlüssel noch in der Tasche steckte. Er steckte. So begaben sich zehn bis zwölf meist dunkel gekleidete Herren aus dem lehmigen Graben, der noch die Spuren starker Regengüsse des Vortages trug, und ihre Anzüge infolgedessen auch.

Der Oberfläche wiedergegeben, folgte zwischen Ministern und mir ein herzlicher Abschied, noch fröhlicher als zu Beginn der Veranstaltung, die alles in allem ein recht positives Resultat erbracht haben mag, als ich den Herren K. und B. in jeder Hinsicht nahe gekommen bin. Ich gedenke, diese Variation eines gemeinsamen Grabenerlebnisses in Zukunft dienstlich zu kapitalisieren. Herr K. musste sich leider, der Presse zufolge, vorübergehend in ärztliche Behandlung begeben (lädierter Zahn).

So weit der Bericht des Botschafters. Die Geschichte liest sich so nonchalant, als hätte es sich um eine Butterfahrt mit anschließendem Kaffeeklatsch gehandelt. Tatsächlich muss es sich aber um ein totales Chaos gepaart mit einer handfesten Panik gehandelt haben. Niemand konnte wissen, ob sich jemand ernsthaft verletzt hatte und niemand konnte die Reaktion der Minister abschätzen. Es war zumindest nicht unwahrscheinlich, dass die Minister nach ihrem Auftauchen aus dem Dreck einen oder mehrere der zuschauenden Personen, ob verantwortlich oder nicht, einen Kopf kürzer machen würden. Der Botschafter blieb ruhig und meisterte diese wirklich entwürdigende Situation mit Gelassenheit, Witz und einem Schuss Selbstironie. Der Bericht ist so unaufgeregt, dass man meinen könnte, ein völlig unbeteiligter Zuschauer schildere den Vorfall. Zu guter Letzt kam der Botschafter sogar noch auf die Idee, das von ihm so titulierte gemeinsame *Grabenerlebnis* weiter für diplomatische Zwecke zu nutzen. Eine gute Idee! Denn welcher Diplomat, und überhaupt welcher Mann, kann von sich schon behaupten, Liegestütze über einem leibhaftigen Minister absolviert zu haben? Das muss schon eine ganz besonderes Verhältnis sein. Entsprechend entwickeln sich die Beziehungen zwischen beiden Staaten bis heute prächtig.

Es gehört zu den schönen Paradoxa unseres Lebens, dass Menschen manchmal gerade dann natürliche Würde ausstrahlen, wenn sie sich selbst nicht zu wichtig nehmen. Bei Diplomaten bringt das die Würde des Amtes idealerweise mit sich. Ein Amt übrigens, welches protokollarisch so bedeutend ist, dass Botschafter auch heute noch im Rang wie der Papst, Kaiser, Könige und Staatspräsidenten behandelt werden.

Dabei laufen Diplomaten weder mit Krone auf dem Kopf oder Hermelinpelz über der Schulter herum, noch tragen sie eine Soutane oder werden in der Bundesversammlung gewählt. Zugegeben: Ein Diplomat mit Krönchen und Hermelin wäre zwar denkbar, aber doch sehr exotisch und würde besser in die Renaissance passen als in unsere heutige Zeit. Diplomaten sind im Gegensatz zu Kaisern und Königen auch nicht ganz oben in der Hierarchie der Macht anzusiedeln – trotz ihrer protokollarischen Stellung. Sie sind ganz einfach nur Beamte, die nach den Regeln des Beamtengesetzes behandelt werden. Im Grunde sind sie also streng nach dem Gesetz genauso langweilig wie jeder Beamte des örtlichen Finanzamtes. Dennoch verbinden wir einen Diplomaten mit dem Begriff Würde und einen Finanzbeamten nicht. Liegt das nur daran, dass wir in den Büros von Diplomaten niemals den Aufkleber finden würden: *Ich bin hier auf der Arbeit und nicht auf der Flucht?* Sicher nicht. Das Amt eines Diplomaten genießt einfach von sich aus Würde. Ein Diplomat repräsentiert in fremden Ländern sein Heimatland. Der Finanzbeamte repräsentiert die örtliche Langeweile, sonst niemanden. Deutschland hat 229 Auslandsvertretungen. In vielen dieser Länder ist der Diplomat vor Ort der einzige Mensch aus Deutschland, den die Einheimischen jemals zu Gesicht bekommen. Den Finanzbeamten bekommt niemand zu Gesicht, und ihn will auch niemand zu Gesicht bekommen. Dieser eine Eindruck des Diplomaten vor Ort zählt und prägt das Deutschlandbild. Umso besser, wenn man dann folgende Geschichte hört:

In Kenia gibt es den sogenannten ›Run for Hope‹ in Kikuyu, der ein immenses Renommee im Land besitzt. Laufen ist Volkssport. Kein Wunder. Kenianische Läufer prägen seit Jahrzehnten die internationalen Langstreckenläufe. Die Zuschauer kennen bei solchen Veranstaltungen kein Halten. Sie schreien, trommeln, singen, tanzen und sind völlig aus dem Häuschen, sobald sich ein Läufer nähert. Vor ein paar Jahren wurde der deutsche Botschafter in Nairobi aufgrund persönlicher Kontakte gebeten mitzulaufen. Dummerweise hatte der Botschafter seine Turnschuhe und seine Joggingsachen beim letzten Umzug in Berlin vergessen. Das war ihm außerordentlich unangenehm, er musste die Aufgabe an einen Mitarbeiter delegieren, der ihn aber würdig vertrat. Im Startbereich stand er etwas verloren als einziger Weißer zwischen 12 000 schwarzen Läufern. Entsprechend groß war das Interesse der Zuschauer an diesem Exoten. Unser Mann wurde eingehend beäugt und angefasst wie ein seltenes Tier.

Dazu bestand genug Zeit, da die Strecke noch von anderen seltenen Tieren geräumt werden musste. Löwen und Elefanten waren gesichtet worden. Die Nachricht eines weißen Läufers hatte das Interesse der Savanne geweckt. Die Strecke musste also gesichert werden, sodass sich der Startschuss verzögerte. Doch dann ging es plötzlich los. Die Läufer strömten in die Strecke, und der Jubel kannte keine Grenzen. Mittendrin war unser Mann immer gut erkennbar: weiße Haut und weißes Shirt. Die Zuschauer an der Strecke trauten ihren Augen nicht, als sich ein laufender Deutscher näherte. Man kann davon ausgehen, dass die meisten unter ihnen in ihrem Leben schon sehr viel mehr Elefanten und Löwen gesehen hatten als einen weißen Langstreckenläufer. Statt aber die Nase zu rümpfen und sich zu wundern, jubelten sie unserem Mann zu, der sportlich natürlich absolut chancenlos war. Darum ging es aber auch nicht. Es ging vielmehr um die Wertschätzung dieses Sports und der damit verbundenen Charity-Aktion. Kaum am Ziel angekommen, als einer der Letzten, waren die Zuschauer außer Rand und Band. Alles drehte sich nur noch um unseren Diplomaten. Als ob alle nur auf ihn gewartet hätten, musste unser Läufer gleich eine Rede halten und kam wegen der zahlreichen Interviews gar nicht mehr dazu, sich umzuziehen.

Diese Art der Diplomatie als Langstreckenläufer nennt man Public Diplomacy. Die Teilnahme an einem solchen Lauf bewirkt für Deutschland sehr viel mehr als jeder Ministerbesuch. Der laufende deutsche Diplomat wird in die Annalen der Geschichte Kikuyus eingehen. Die sportliche Leistung, das Halten einer guten Rede und ein würdiger Auftritt bei den Interviews, durchgeschwitztes Hemd hin oder her. Das alles hat bei den Menschen einen bleibenden Eindruck hinterlassen. Für den einen sind solche Auftritte schwer, für den anderen weniger schwer. Für einen guten Diplomaten sollte so etwas eine Selbstverständlichkeit sein. Und für den delegierenden Botschafter gilt: Beim nächsten Mal keine faulen Ausreden und die Sportsachen nicht vergessen!

Aber auch der im Folgenden erzählte Besuch eines Bundespräsidenten wird in Erinnerungen bleiben – wegen der damit verbundenen Begleitumstände. Dem Bundespräsidenten ging es hier um die Wahrung seiner eigenen Würde als Person. Er und sein gesamter Stab befanden sich in einer geradezu aussichtslosen Situation, die mit Hilfe technischer Raffinessen gemeistert werden konnte. Dem legendären Bundespräsidenten Lübke (von 1959 bis 1969) lag Afrika sehr am Herzen. Daher lagen die Länder Afrikas oft auf seiner Reiseroute. Im Laufe seiner Amtszeit machte sich Lübke durch seine zahlreichen Versprecher zum Gespött der Journalisten. Ihm wird anlässlich eines Staatsbesuchs in Liberia die Begrüßung ›Sehr verehrte Damen und Herren, liebe Neger!‹ nachgesagt, wobei unklar ist, ob es sich um ein Original Lübkes oder um die Erfindung der spottenden Journalisten handelt. Einmal allerdings steuerte er in Afrika auf einen Eklat zu, der ebenso absehbar wie unvermeidlich zu sein schien:

Bei dem Anflug auf ein kleines afrikanisches Land besprach der mitreisende Mitarbeiterstab mit dem Bundespräsidenten noch einmal kurz das Empfangszeremoniell. Es wurden die wichtigsten anwesenden Persönlichkeiten benannt und das Empfangsprogramm vorgestellt. Man befand sich quasi im Landeanflug, verbleibende Flugzeit zwanzig Minuten. In der gebotenen Eile ging man wie üblich die Personen durch, die am Flughafen bereitstanden. Lübke hatte ein besonders herzliches Verhältnis zum früheren Staatschef des Landes gehabt und war seinerzeit sehr geschockt über dessen Ermordung im Rahmen eines Militärputsches gewesen. Die nun regierende Militärjunta bestand aus mehreren Generälen. Von einem dieser Generäle war bekannt, dass er direkt an der Ermordung des ehemaligen Staatschefs beteiligt gewesen war. Nun stellte sich heraus, dass genau dieser General Mitglied des Empfangskomitees am Flughafen war. Der Bundespräsident sollte selbstverständlich jedes Mitglied des Empfangskomitees mit Handschlag begrüßen. Als Lübke den Namen des Generals hörte, kannte seine Empörung keine Grenzen. Niemals würde er einem Mörder die Hand schütteln. Er verlangte von seinen Mitarbeitern, den kompletten Besuch abzusagen. Verbleibende Flugzeit fünfzehn Minuten. Am Flughafen stand nicht nur das Empfangskomitee bereit, sondern auch eine Ehrenformation der Armee. Es war alles aufgefahren, was der kleine Staat für einen solch hohen Besuch zu bieten hatte. Mit einiger Mühe konnten die Mitarbeiter den Bundespräsidenten davon überzeugen, dass man im Landeanflug einen Staatsbesuch nicht mehr absagen könne. Das sah Bundespräsident Lübke ein. Er erlaubte aber keinerlei Diskussion mehr zu der Frage, ob er dem General die Hand geben würde. Seine Antwort war ein endgültiges Nein.

Aus diplomatischer Sicht war das eine Katastrophe. Die Vorstellung, der Bundespräsident würde die Reihe der Persönlichkeiten abschreiten und jedem einzelnen die Hand schütteln, nur diesem einen General nicht: ein diplomatisches Desaster. Undenkbar. Verbleibende Flugzeit zehn Minuten. Es herrschte Ratlosigkeit bei den Beratern, niemand hatte eine Lösung parat. Alle waren wie gelähmt und erwarteten ein diplomatisches Fiasko. Verbleibende Flugzeit fünf Minuten.

Währenddessen wartete unten am Flughafen das Empfangskomitee und sah dem Besuch des deutschen Bundespräsidenten mit Freude entgegen. Die Ehrenkompanie der Armee stand bereit, die Instrumente der Militärkapelle waren gestimmt, soweit das bei dem Zustand der Instrumente überhaupt noch möglich war, und die Blumenmädchen hatten Aufstellung genommen. Der deutsche Botschafter mitsamt seiner Ehefrau und einem Tross anderer Würdenträger wartete ebenso wie viele Zaungäste. Alle befanden sich in großer Anspannung wegen des erwarteten hohen Besuchs aus Deutschland. Schließlich war es so weit. Das Flugzeug landete und rollte im langsamen Tempo in Richtung Tribüne und rotem Teppich. Punktgenau kam es zum Stehen. Alle schauten erwartungsvoll zur Tür, die sich langsam öffnete. Heraus kam der Bundespräsident, offensichtlich in bester Laune. Doch was war bloß mit seinem rechten Arm los? Bei seinem Abflug aus dem Nachbarland, welches er zuvor besucht hatte, war noch nichts zu sehen gewesen. Jetzt konnten alle Beteiligten feststellen, dass der rechte Arm des Präsidenten bandagiert war. Ein großer und weiß leuchtender Verband war um den rechten Arm drapiert. Der Arm selbst war vor dem präsidialen Bauch durch einen Schlaufenverband ruhiggestellt, der sich über den Nacken zog. Lübke ging langsam die Gangway hinunter, die Militärkapelle spielte mit schiefen Tönen die deutsche Nationalhymne, und das Empfangskomitee war voller Mitleid über die furchtbare Armverletzung des Bundespräsidenten. Eine Verletzung durch einen Sturz. Flugturbulenzen, Sie wissen schon. Diese Erklärung des Bundespräsidenten auf Fragen nach seiner Gesundheit konnte jeder nachvollziehen. Selbstverständlich war ein Handschlag unter diesen Umständen nicht möglich, es genügte ein kleines Kopfnicken zur Begrüßung. Der Mitarbeiterstab des Präsidenten schaute erleichtert in Richtung des mitgereisten Delegationsarztes, dessen solide geknüpfte Schlaufe dem Präsidenten die Peinlichkeit diplomatischer Verstrickungen ersparte. Die Würde zu bewahren ist manchmal auch eine Frage des Improvisationstalents – nicht selten das der Mitarbeiter.

In Artikel 1 des Grundgesetzes heißt es übrigens über die Würde:

> Die Würde des Menschen ist unantastbar.

Es geht in dieser Regelung um die Menschenwürde. Das ist grundlegend. Jeder Bürger in Deutschland ist damit umfassend in seinem Menschsein geschützt. Um es anhand eines Beispiels auf den Punkt zu bringen: Die Polizei darf niemanden in eine Zelle sperren, wo eine Horde Kakerlaken auf eine Mahlzeit wartet. Dürfen oder nicht dürfen. Diplomaten sind in ihren Auslandsstationen häufig ganzen Legionen von Kakerlaken hilflos ausgeliefert. Haben sie keinen Anspruch auf den Schutz ihrer Menschenwürde? Doch! Der Unterschied zu diesem Beispiel ist nur, dass Diplomaten zwar Kakerlaken zum Fraß vorgeworfen werden dürfen, doch in der Regel nicht von der Polizei eingesperrt werden können. Stattdessen schickt das Auswärtige Amt seine Schützlinge auf sogenannte Härteposten. Dabei handelt es sich um Posten in weniger entwickelten Gebieten der Erde. Dort heißt es dann: Strom? Ja, haben wir manchmal. Reicht aber nie für alle elektrischen Geräte auf einmal. Heizung? Kennen und brauchen wir nicht! Fließendes Wasser? Ja, das gibt es häufiger. Kakerlaken und anderes Getier? Haben wir im Überfluss!

Manch einer kann sich vielleicht vage vorstellen, wie es auf diesen Härteposten zugeht. Glanz und Glamour werden gänzlich übertüncht vom nackten Überlebenskampf. Es geht um Nahkampf in den eigenen vier Wänden. Auch das gehört zum gängigen Programm eines normalen Diplomatenlebens. In solchen Ländern findet sich selbst in der elegantesten Diplomatenwohnung das eine oder andere ausgewachsene Exemplar der, um es einmal vornehm auszudrücken, Blatta orientalis. Wenn man Glück hat, huschen sie beim Betreten des Zimmers oder Anschalten des Lichts unter den Schrank und sind nicht mehr gesehen. Man kann aber auch Pech haben. Dann gerät man an besonders dreiste Biester, die sich beim Betreten des Raumes nicht von der Stelle rühren und einem sogar noch frech in die Augen schauen. Erst unter Androhung roher Gewalt und mit dem Schuh in der Hand lassen sich diese Exemplare vertreiben. Nur selten erlegt man eines. Denn erfahrenen Diplomaten ist bekannt, dass Kakerlaken mit einer Geschwindigkeit von 1,5 m/s die am schnellsten krabbelnden Insekten der Welt sind.

Ein mir bekannter Diplomat auf einem Härteposten in Afrika musste für kurze Zeit seine Wohnung verlassen und in ein Provisorium ziehen. Das Provisorium war schwer erträglich. Es krabbelten dort Kakerlaken zusammen mit anderen interessanten Tierchen in Scharen die Badezimmerwände hoch. Selbst im Duschvorhang hatten sie sich versteckt. Bei jeder Bewegung des Vorhangs plumpste einem eines dieser unästhetischen Viecher auf die nackten Füße. Es war fürchterlich. Diese Invasion hatte zur Folge, dass man auf die eine oder andere Dusche gerne verzichtete. Mein Bekannter war heilfroh, als er nach einigen Tagen wieder in seine eigene Wohnung ziehen konnte. Denn seine Wohnung hatte den unschätzbaren Vorteil, dass sich die Kakerlaken nur auf dem Fußboden herumtrieben. Seiner guten Laune taten die Kakerlaken übrigens keinen Abbruch. Diplomaten sind in solchen Dingen hart im Nehmen und lassen sich durch nichts aus der Ruhe bringen, schon gar nicht durch irgendein Viehzeug, und sei es auch noch so eklig. Wenn man den Vergleich auf die Spitze treiben will, könnte man sogar sagen, dass sich Diplomaten und Kakerlaken ähnlich sind: Beides sind ganz hartgesottene Exemplare, die eigentlich schon alles erlebt haben und sich durch nichts erschüttern lassen. Wenn sie einmal ein Ziel im Auge haben, lassen sie sich kaum noch abschütteln.

Aber zurück zum Begriff Würde. Artikel 1 des Grundgesetzes schützt die Menschenwürde. Die Polizei darf also niemanden irgendeinem Viehzeug zum Fraß vorwerfen. Das Auswärtige Amt hingegen tut genau das und schickt seine Diplomaten in die entlegensten Winkel der Erde, wo Kakerlaken noch die harmloseren Zeitgenossen darstellen. Man denke nur an Skorpione, Schlangen, behaarte Spinnen oder malariaübertragende Moskitos. Der grundrechtliche Schutz der Würde ist bei Diplomaten also nicht anwendbar. Entgegen der Würde von uns Normalsterblichen muss die Würde eines guten Diplomaten aber auch gar nicht geschützt werden. Denn ein guter Diplomat lebt quasi die Würde an sich, er ist die Würde in Person. Egal, in welcher Situation. Völlig unabhängig davon, ob seine Würde durch Gesetze geschützt wird oder nicht. Nehmen wir hierfür einmal das abstrakte Beispiel eines Diplomaten, der auf einer einsamen Insel ausgesetzt wird und dort Kannibalen begegnet. Es kommt, wie es kommen muss: Die Kannibalen signalisieren unserem Diplomaten ein deutliches Interesse an einer leckeren Mahlzeit. Ein guter Diplomat wird sich selbst in dieser Situation nicht aus der Ruhe bringen lassen und sich in aller Höflichkeit danach erkundigen, ob es nicht als Alternative noch andere schmackhafte Mahlzeiten auf der Insel gibt. Es werden dann wortgewandte Verhandlungen aufgenommen, in denen es dem Diplomaten gelingt, die Kannibalen davon zu überzeugen, dass sein Fleisch kein kulinarischer Genuss sein wird. Einer der Kannibalen ist jedoch so ausgehungert, dass er alle kulinarischen Bedenken über Bord wirft und das Feuer unter dem Kochtopf anheizt. Bevor der Diplomat dann also doch noch in den Kochtopf wandert, wird er einen stilistisch einwandfreien Bericht an die Zentrale des Auswärtigen Amtes schicken und seine Situation so schildern, als ob ihn das Ganze nichts anginge.

In einer ähnlich ausweglosen Situation befand sich in Zeiten des Boxeraufstands in China der italienische Botschafter. Beim Boxeraufstand Anfang des 20. Jahrhunderts handelte es sich um einen blutigen Aufstand chinesischer Freiheitskämpfer gegen die europäischen Kolonialmächte. Er gipfelte darin, dass der deutsche Gesandte in Peking auf offener Straße ermordet wurde. Das Gesandtschaftsviertel in Peking lag wochenlang unter dem Feuer von mehr als 25 000 Aufständischen, die versuchten, das Viertel zu stürmen. Tagtäglich gab es heftige Kämpfe und ein Trommelfeuer der chinesischen Geschütze. Der italienische Gesandte hielt es dennoch für unter seiner Würde, sich vom revolutionären Mob die Tagesordnung durcheinanderbringen zu lassen. Allabendlich zog er sich wie gewöhnlich für das Dinner um. Nicht etwa, um Gäste zu empfangen, sondern um seine Würde sich selbst gegenüber zu wahren. Im maßgeschneiderten Smoking saß er alleine am festlich gedeckten Esstisch, während draußen der Kampf tobte. Unter lauten Gewehrsalven und mit klirrenden Gläsern servierte sein livrierter chinesischer Diener wie immer die auserlesensten Delikatessen. Trotz des Gefechtslärms sah der Botschafter keinerlei Anlass, auf seine Gewohnheiten zu verzichten und ließ ganz selbstverständlich und in aller Seelenruhe die Abende mit einem klirrenden Glas Champagner ausklingen. So verteidigte er angesichts der widrigen Umstände die diplomatische Würde und Tradition auf seine Weise.

Bestes Beispiel für die würdevolle Tradition ist das Überreichen des sogenannten Akkreditierungsschreibens durch einen entsandten Botschafter an die Queen als Staatsoberhaupt Englands. Das Akkreditierungsschreiben ist quasi die offizielle Ernennungsurkunde eines Diplomaten zum Botschafter, die aber zur Wirksamkeit vom Staatsoberhaupt des Gastlandes offiziell entgegengenommen werden muss. In England läuft dieses Zeremoniell besonders traditionell ab. Das ist auch nicht anders zu erwarten, man befindet sich schließlich in England und tritt der Queen gegenüber. Der Buckingham Palast ist eines der letzten Bollwerke der Tradition und des antiquierten Zeremoniells. So erhält der Botschafter zunächst einige Tage vor seinem großen Auftritt vom Hofmarschall der Queen eine Art Drehbuch von immerhin 57 Zeilen überreicht, mit dessen Hilfe er sich durch den Dschungel der Formalitäten wühlen kann. Das sollte er auch tun, wenn er nicht völlig deplatziert vor der Queen stehen will. Es fängt mit der Kleiderordnung an: Für das Zeremoniell sind Frack und Zylinder vorgeschrieben. Daneben darf man durchaus zeigen, was man hat. Damit sind natürlich ausschließlich Orden gemeint. In den achtziger Jahren des 20. Jahrhunderts sah der damalige deutsche Botschafter seine große Chance gekommen und legte zwar nicht bei der Überreichung des Akkreditierungsschreibens, aber für einen seiner nächsten Auftritte bei der Queen das Eiserne Kreuz an, welches ihm im Zweiten Weltkrieg verliehen worden war. Der Orden war ihm ausgerechnet für seine Tapferkeit im Kampf gegen die Engländer in Nordafrika überreicht worden. Zum Glück sind die Engländer große Sportsfreunde und sehen militärische Verdienste als sportliche Leistungen an. Prinz Philip gratulierte unserem Botschafter sogar noch ausdrücklich zu seinem Orden. Ein solcher Auftritt hätte in vielen anderen Ländern Europas komplett in die Hose gehen können. Nicht besonders sportlich war dagegen der Auftritt des Nazi-Botschafters und späteren Reichsaußenministers von Ribbentrop, der anlässlich seiner Akkreditierung zum deutschen Botschafter in London im Jahre 1936 die vorgeschriebene zeremonielle Verbeugung ausließ und den damaligen König Edward VIII. stattdessen mit einem kräftigen Heil Hitler begrüßte. Die Engländer waren not amused.

Gemäß Hofzeremoniell soll der Botschafter die Queen bei der erstmaligen Anrede als ›Majesty‹ ansprechen und darf anschließend ›ma'm‹ sagen. Die Verabschiedung erfolgt, indem man rückwärtsschreitend den Saal verlässt. Die Frau des Botschafters, die ihren Mann zur Queen begleiten darf, trägt ein Tageskleid, weiße Handschuhe und Hut. Auch die Damen dürfen ihre Orden anlegen, man ist dann irgendwie doch modern geworden, und ein Eisernes Kreuz wird wohl nicht dabei sein. Wo der Botschafter selbst bei der Begrü-

ßung der Queen eine Verbeugung zu vollziehen hat, bitteschön aber nach dem Vorsetzen des linken und nicht etwa
des rechten Fußes, sollte die Frau den Hofknicks beherrschen.
Zu Beginn des großen Tages der Akkreditierung klopft der
Hofmarschall in Galauniform an die Tür. Man sollte nicht
darüber erschrecken, dass an seinem Bein ein riesiges Etwas
baumelt, welches schnell als Säbel zu erkennen ist. Der Hofmarschall führt einen nicht etwa zu einer Limousine mit
zweihundert Pferdestärken und einem Chauffeur, sondern
zu einer uralten Kutsche mit zwei Pferdestärken. Die Kutsche
ist so alt, dass viele meinen, sie sei schon zu Shakespeares
Zeiten im Einsatz gewesen. Dann schwingt der Kutscher die
Peitsche, und los geht es in Richtung Buckingham Palast.
Schön langsam und würdevoll. Das moderate Tempo ist aber
nicht nur wegen der Würde, sondern auch wegen des hohen
Alters der Kutsche angebracht, und manch ein Botschafter
ist froh, wenn er die Kutschfahrt heil übersteht. Ach ja, die
Frau des Botschafters durfte übrigens nicht mitfahren in der
Kutsche. Und zwar nicht etwa, weil die Kutsche dem zusätzlichen Gewicht nicht mehr standgehalten hätte, sondern
weil die Ehre der Kutschfahrt ausschließlich dem Botschafter gebührte. Seine Frau wurde deshalb mit einer Limousine
hinterhergefahren. Mittlerweile wird aber auch den Frauen
das Vergnügen einer Kutschfahrt gegönnt.

Und noch etwas: Die englischen Botschafter, die ins Ausland entsendet werden, haben das Privileg, der Queen die
Hand küssen zu dürfen. In der Tat: Der Queen die Hand zu
küssen ist ein Privileg. Heutzutage wird das kaum noch prak-
tiziert. Weder sind die heutigen Botschafter so treue Unter-
tanen wie anno dazumal, noch hat die Queen Zeit und Lust,
sich von jedem dahergelaufenen bürgerlichen Botschafter
die Hand küssen zu lassen.

Die Würde ist eng verbunden mit Respekt und Achtung
vor dem anderen. Zumindest bewahrt man eine zur Schau

getragene Achtung. Auf keinen Fall sollte man also jemanden auf dem diplomatischen Parkett mit einer Fliegenklatsche schlagen, auch wenn er einem noch so unsympathisch ist. Denn das Argument, auf dem Hemd des Geschlagenen habe sich eine Fliege befunden, ist allzu schnell als Lüge entlarvt. Der Herrscher Algeriens schlug in der Tat im Jahre 1830 den französischen Botschafter mit einer Fliegenklatsche, was fatale Folgen für das Land hatte. Französische Truppen marschierten daraufhin in Algerien ein und verließen das Land erst wieder im Jahr 1962.

Auch heute kann selbst auf höchster diplomatischer Ebene ein Ausrutscher nie ausgeschlossen werden. So beschimpfte der chinesische UN-Botschafter unlängst den UNO-Vorsitzenden Ban-Ki-Moon mit folgenden Worten: »Sie haben mich nie gemocht, Herr Generalsekretär. Nun, ich habe Sie auch nie leiden mögen.« Auf diplomatischem Parkett ein böser Ausrutscher. Ins normale Leben übersetzt, heißt diese Äußerung so viel wie: »Sie halten mich für ein blödes Arschloch. Ich Sie aber auch.« Immerhin entschuldigte sich der chinesische Botschafter anschließend mit der Aussage, er habe das als Kompliment gemeint. Wie auch immer. Angeblich war er volltrunken, was bei Diplomaten nicht ganz unüblich ist. Seine Meinung geändert hat er nach der Entschuldigung sicher nicht, Arschloch bleibt Arschloch.

Auf unteren Ebenen kommt es sicher öfter zu derartigen Ausrutschern oder sogar Handgreiflichkeiten, bei denen Unbeteiligten gegenüber jedoch die erlesenste Höflichkeit gewahrt bleibt. So erzählte mir ein Diplomat von einer Schlägerei am Rande eines Festaktes irgendwo in der finnischen Provinz. Ein russischer und ein schwedischer Diplomat des unteren Ranges hatten sich wegen irgendeiner Lappalie in die Haare gekriegt. Der Alkohol tat sein Übriges, und beide befanden sich mittlerweile in einer handfesten Rauferei in einem Flur vor dem Eingang zum Festsaal. Der mir bekannte

Diplomat wollte zusammen mit seiner Frau den Festakt verlassen und musste dafür die beiden Streithähne passieren, zu denen sich mittlerweile der Koch des Etablissements gesellt hatte. Eigentlich hatte er mit einem großen Küchenmesser bewaffnet die Kontrahenten trennen wollen, was aber im allgemeinen Kampfgetümmel absolut aussichtslos war. So stand er mit seinem Küchenmesser daneben und schaute der Prügelei belustigt zu. Mein Diplomat mit seiner Frau erschien nun im Flur, was die beiden anderen sofort bemerkten. Von einer Sekunde auf die andere ruhten die Fäuste, beide bildeten eine Gasse zum Durchschreiten, rückten ihre Krawatten zurecht und verabschiedeten sich höflich. Kaum hatten der Diplomat und seine Frau die beiden passiert, da landete schon die nächste Faust im Gesicht des anderen. Das Verhalten der beiden Streithähne war formvollendet.

Man ist beruhigt darüber, dass Diplomaten selbst dann, wenn sie in Rage geraten, gegenüber Unbeteiligten immer noch die Formen der Höflichkeit wahren und sich nichts anmerken lassen.

Stalin war ebenfalls dafür bekannt, dass er sich nichts anmerken ließ. Er ließ sich nichts anmerken, und am nächsten Tag wurde man erschossen, ohne zu wissen warum. Auch der Diplomat Wladimir Pawlow wahrte immer die Fassung. Wegen der engen Beziehung zu Stalin wurde er in einer internen Charakterisierung des Auswärtigen Amtes auch als »Lieblingstierchen« Stalins bezeichnet. Er galt als ausgezeichneter Sprachenkenner und fungierte häufig als Übersetzer für Stalin. So auch bei einem Staatsbankett, bei dem Stalin in eine heftige Streiterei mit einem britischen General geriet. Beide Gesprächspartner schrien sich hemmungslos an, während Pawlow dieses muntere Hin und Her völlig emotionslos übersetzte. Die Situation eskalierte schließlich so, dass der Brite den Nachtisch, eine große Schale mit Vanilleeis und Früchten, unter lauten Schimpftiraden über Pawlows Kopf auskippte. Dieser blieb völlig ungerührt, ließ sich nichts anmerken und übersetzte auch diese Flüche ohne die kleinste Unterbrechung.

Die Fähigkeit, sich in keiner Lebenslage aus der Fassung bringen zu lassen, ist für Diplomaten lebensnotwendig. Sollte ein Diplomat auf dem rutschigen internationalen Diplomatenparkett seinen persönlichen Animositäten oder gar Emotionen freien Lauf lassen, dann könnte es nicht nur zu schweren internationalen Verstimmungen, sondern sogar zum Krieg kommen. Stellen Sie sich einmal vor, alle Politiker oder Diplomaten würden sich so wie Chruschtschow auf der UN-Vollversammlung 1960 verhalten und bei einer wütenden Rede mit dem Schuh auf den Tisch hauen. So etwas ist vielleicht einmal ganz lustig, aber regelmäßig will man das nicht sehen. Genauso befremdend ist es, wenn sich im italienischen Parlament wieder einmal ein paar Parlamentarier prügeln. Das ist unwürdig.

Diplomaten achten daher penibel darauf, dass sie selbst und auch ihr Gegenüber niemals das Gesicht – die Würde – verlieren. Ein Sprichwort bringt es auf den Punkt:

> Diplomatie ist die Kunst, jemandem in so netter und charmanter Weise zu sagen, dass er zur Hölle gehen soll, dass sich der Angesprochene sogar auf die Reise freut.

Mit anderen Worten: Selbst schlechte Nachrichten werden so verpackt, dass die Gegenseite nicht ihr Gesicht verliert.

Aber wie ist das nun mit der Würde? Ein Amt strahlt Würde aus. Das versteht man noch. Aber woher kommt die Würde einer Person? Denn alle Insignien wie Krone und Zepter nützen nichts, wenn sich die das Amt ausfüllende Person lächerlich macht. Da gilt der Satz: Es kommt auf die inneren

Werte an. Und beim Diplomaten noch diffiziler: Die nach außen zur Schau gestellte Würde muss aus dem Inneren strahlen. Der beste Diplomat ist der, bei dem das äußere und das innere Bild komplett übereinstimmen. Es reicht also keinesfalls, einfach nur einen würdevollen Auftritt zu haben. Oder würden Sie den berüchtigten Grafen Cantecroix für einen geeigneten Botschafter halten? Bei dem Grafen handelte es sich um einen eleganten und tadellos gekleideten Herrn, der im 17. Jahrhundert als kaiserlicher Botschafter in Venedig tätig war. Sein Auftritt war der Inbegriff von Selbstsicherheit und Würde. Die Welt, insbesondere die Frauenwelt, lag ihm zu Füßen. Sein Lebenswandel passte aber so gar nicht zu diesem würdevollen Äußeren. Fangen wir mit einem harmlosen Detail an: Er war ein ausgemachter Frauenheld. Das kann bei einem Diplomaten nicht nur außerordentlich hilfreich, sondern manchmal sogar erwünscht sein. Allerdings gingen in der Botschaft nicht nur elegante Damen, sondern auch weniger elegante Straßendirnen ein und aus. Ein wilder Alkohol- und Liebesexzess jagte den nächsten, eine Orgie folgte der anderen. Die Botschaft war zu einem einzigen Hurenhaus verkommen. Der Graf ließ sich nicht lumpen, er warf mit Geld nur so um sich. Sein Vermögen war unerschöpflich. Allerdings hatte er dieses Vermögen weder geerbt noch selbst verdient. Er stellte es schlicht und ergreifend im Keller der Botschaft her. Dort stand eine von ihm installierte Münzpresse, die Tag und Nacht rotierte und eine Münze nach der anderen ausspuckte. Er bezahlte nicht nur die Damen, sondern auch alle Lieferanten und überhaupt jeden mit Falschgeld. Der Rubel rollte, der Champagner floss, und die Frauen machten ihn glücklich. Es hätte alles so schön sein können, wenn da nicht seine ewig eifersüchtige und nörgelnde Ehefrau gewesen wäre. Doch auch für dieses Problem hatte der Graf eine außerordentlich praktische Lösung parat. Er heuerte einige Meuchelmörder an, bezahlte diese großzügig mit

Falschgeld, und bereits wenige Tage später lag seine Frau erdolcht auf der Straße. Endlich war er frei und konnte ungestört seine Orgien feiern. Zu seinen diplomatischen Verdiensten ist übrigens nichts weiter überliefert. Es ist allerdings anzunehmen, dass ihm neben seinen privaten Aktivitäten wenig Zeit für Dienstgeschäfte blieb.

Solche Exzesse haben in der heutigen Welt der Diplomatie nichts mehr zu suchen. Die Zeiten haben sich geändert. Heute braucht es kein Hurenhaus, es reicht schon der Besuch eines sogenannten Botschaftsluders, um einen Skandal heraufzubeschwören. Es werden keine Münzen mehr in Kellern, sondern stattdessen Visa in Botschaften gefälscht. Das sind die diplomatischen Skandale der Neuzeit. Mit dem Unterschied, dass der Graf Cantecroix damals ungeschoren davonkam, wohingegen die heutigen Eskapaden geahndet werden. Kleinere Vergehen werden mindestens mit einer Rückversetzung in die nicht besonders geliebte Zentrale bestraft. Im Worst Case verliert der Diplomat seinen Job. Und wegen gefälschter Visa landet er im Gefängnis. Zwischen dem Botschaftsluder in der Schweizer Botschaft in Berlin vor einigen Jahren und dem Hurenhaus des Grafen Cantecroix in Venedig liegen Hunderte von Jahren. Der Diplomatenberuf, der Status von Diplomaten und vor allem ihr Ansehen haben seither einen riesigen Wandel durchgemacht.

Heute gilt für Diplomaten die alte Regel des Generals von Moltke: ›Mehr sein als scheinen.‹ Es geht um Zurückhaltung und darum, die Interessen vieler Mitspieler unter einen Hut zu bekommen. Diplomaten müssen ihr Land bestmöglich repräsentieren, und das oft an Orten, in denen sie quasi der direkte Draht der Einheimischen zum Entsendeland sind. Gerade in entfernteren Ländern bekommen die Menschen teilweise nur einmal im Leben jemanden aus Deutschland zu Gesicht. Dieser Mensch prägt das Deutschlandbild desjenigen für sein gesamtes Leben.

Um den Diplomaten und vor allem das Entsendeland vor einer Verschmelzung mit den Interessen des Gastlandes zu schützen, werden Diplomaten ungefähr alle vier Jahre an andere Posten versetzt. Damit gewährleistet man, dass die Identifikation mit dem Gastland nicht plötzlich größer wird als die Identifikation mit dem Heimatland. Das Gleiche passiert übrigens auch, wenn ein Diplomat einen Ehepartner aus dem Gastland heiratet. In solchen Fällen folgt sofort nach der Eheschließung die Versetzung. Neben der Frage der Identifikation spielt in diesen Fällen allerdings noch die Gefahr des Geheimnisverrats eine Rolle.

Diplomaten im Gastland sind in gewisser Weise entpersonalisiert. Ihr Amt steht über ihrer eigenen Person, wird aber gleichzeitig durch die eigene Person ausgefüllt und definiert. Diesen Spagat vor Augen muss ein Diplomat sich immer so verhalten, dass sein Amt und damit sein Entsendeland keinen Schaden nehmen. Mit der notwendigen Souveränität, der erwarteten Würde, ein klein wenig Selbstironie und in vielen Situationen mit entsprechendem Galgenhumor. Nicht umsonst liest man auf der Webseite des Auswärtigen Dienstes der Schweiz zur Frage der persönlichen Qualifikation der Bewerber:

> Sie können sich mit einem Kartoffelbauern im
> bolivianischen Altiplano ebenso gut unterhalten
> wie mit König Harald von Norwegen ... und
> haben vor allem eine gesunde Portion Humor.

Und tatsächlich muss man sagen: Viele Härteposten und viele Situationen sind ohne Humor nur schwer zu ertragen.

Diplomatische Mythen I

Botschaftsgebäude gehören nicht zum Staatsgebiet des Gastlandes

Die landläufige Meinung, das Botschaftsgelände sei nicht Teil des Staatsgebiets des Gastlandes, ist reiner Unsinn. Als gutes Beispiel gegen diese These kann die Botschaftsmiete dienen: Viele Länder mieten Botschaftsgebäude, diese bleiben dann selbstverständlich Eigentum der Vermieter.

Unschön wird es für den Vermieter nur dann, wenn seine Mieten nicht mehr gezahlt werden oder wenn – wie tatsächlich geschehen – das Parkett im Kamin verheizt wird. Verklagen müsste er seinen Mieter, das Entsendeland. Was sich so einfach anhört, ist in Wirklichkeit fast unmöglich. Denn die Klage ist vor Ort einzureichen, also im Entsendeland selbst. Die Erfolgsaussichten einer solchen Klage des Vermieters beispielsweise in Burkina Faso kann man sich ausmalen.

An dem Beispiel der Klage in Burkina Faso kann man erkennen, worum es beim Begriff Exterritorialität geht: Der Mieter und auch die Botschaftsangehörigen unterliegen nicht der Hoheitsgewalt des Gastlandes. Mit anderen Worten: Sie müssen sich zwar eigentlich an Recht und Gesetz des Gastlandes halten, können aber im Grunde tun und lassen, was sie wollen. Sie können sogar ungestraft Menschen erschießen, so wie es 1984 libysche Diplomaten in London taten, die wahllos Schüsse aus einem Fenster der Botschaft abgaben. Eine Strafverfolgung ist nicht möglich. Polizei, Gerichte und Behörden des Gastlandes sind machtlos gegen das Tun von Diplomaten.

Selbst, wenn Monaco bei uns Grund und Boden kaufte, um dort seine Botschaft hinzusetzen, wird dieses Gelände nicht zu einer monegassischen Steueroase inmitten Berlins. Exterritorialität bedeutet nur, dass deutsche Behörden keinen Zugriff mehr auf die Personen auf dem Gelände haben.

Ein besonders merkwürdiges Beispiel der Exterritorialität spielte sich in der alten Bundesrepublik ab. Der Chef des KGB in Deutschland – offiziell ein Diplomat der russischen Botschaft – verunglückte bei einem Autounfall tödlich. Er hatte sich trotz Herzproblemen und Zuckerkrankheit während eines Agententreffens mit etwas Wodka entspannt. Das führte bei der anschließenden Heimfahrt dazu, dass sich seine Wahrnehmung des Straßenverlaufs eintrübte. In der Folge war sein nagelneuer schwarzer Mercedes ein Wrack und er selbst tot. Die sowjetische Botschaft war informiert und der sogenannte Handelsattaché im Anmarsch – auch dieser in Wirklichkeit ein KGB-Agent. Die Leiche lag bereits zum Abtransport im Rettungswagen, der ganze Wagen roch nach Alkohol, die Entspannung musste sehr intensiv gewesen sein. Bei seinem Eintreffen sondierte der Handelsattaché zunächst die Lage. Sein toter Kollege war für ihn uninteressant. Der war tot, und Tote können bekanntlich nicht mehr reden. Er kümmerte sich also erst einmal um den beredten Inhalt des Autowracks. Akribisch durchsuchte er den gesamten Wagen. Nach geraumer Zeit kam er schwer bepackt wieder zum Vorschein. Er hatte einen Bund mit Safeschlüsseln, eine Aktentasche, einen Regenschirm und einen kleinen grauen Metallkasten mit Schaltknopf und Antenne unter dem Arm. Bei Letzterem handelte es sich augenscheinlich um einen UKW-Funkempfänger. Anschließend begab er sich zu den anwesenden Polizisten und Rettungskräften, um den Abtransport der Leiche zu verbieten. Ganz offensichtlich hatte er die Befürchtung, dass deutsche Mediziner die Leiche obduzieren könnten. Als KGB-Agent wusste er um die Methoden zur

Ausschaltung missliebiger Personen und wollte unbedingt verhindern, dass deutsche Behörden eine etwaige unnatürliche Todesursache feststellten. Die Polizei war machtlos, da die Leiche des vermeintlichen Diplomaten exterritorial war, somit nicht der Hoheitsgewalt deutscher Polizei unterlag. Erst nach stundenlangen Verhandlungen zwischen der russischen Botschaft und dem Auswärtigen Amt gelang die Freigabe. Die dann in Abstimmung mit den Russen doch noch durchgeführte Obduktion brachte im übrigen keine neuen Erkenntnisse, es hatte sich tatsächlich um eine finale Wodkaentspannung gehandelt.

Diplomaten in Glanz und Elend

Haben Sie jährliche Einnahmen aus Privatvermögen von mindestens 12 000 Reichsmark? Gratulation! Denn damit gehören Sie schon einmal zu den oberen Zehntausend. Noch dazu hätte man damit bereits das erste Einstellungskriterium des diplomatischen Dienstes um die Jahrhundertwende erfüllt und für Kaiser und Vaterland in die große weite Welt hinausziehen können. Das Geld wäre als kaiserlicher Diplomat aber auch dringend erforderlich gewesen. Doch nicht etwa um seinen Privatvergnügungen nachzugehen, sondern um den zahlreichen offiziellen Gästen Vergnügen zu bereiten und das Kaiserreich angemessen zu repräsentieren. Denn das Geld investierten damalige Diplomaten in ihren Repräsentationsaufwand, der zu einem guten Teil aus eigener Tasche zu tragen war. Man investierte sein Geld somit in eine große Schar Bediensteter, inklusive Diener, Koch und Kutscher sowie in großzügige Essenseinladungen. So wie es beispielsweise der neuernannte französische Gesandte für Konstantinopel im 17. Jahrhundert tat. Er reiste mit fünfzehn adeligen Herren, zwei Sekretären, einer Kammerfrau für seine Gemahlin, einem Haushofmeister, sechzig Dienern und zehn Musikern an. Dieser ganze Hofstaat, immerhin 89 Personen, wurde vom frischgebackenen Botschafter durchgefüttert. Dagegen sind die heutigen Aufwendungen Peanuts. Heute nehmen Diplomaten nur noch ihren Ehepartner, eventuell vorhandene Kinder und statt der zehn Musiker ihre Stereoanlage mit. Und die Kinder steckt man eigentlich ganz gerne in ein deutsches oder englisches Internat, um ihnen das beizubringen, was man auf dem einen oder anderen Auslandsposten nie lernen würde. Der französische Gesandte betrieb einen etwas anderen Aufwand – und dabei handelte es sich nur um das Personal, das er aus Frankreich mitbrachte. Vor Ort heuerte er selbstverständlich weitere Bedienstete an. So etwas konnten sich nur reiche Leute leisten. Insofern war es absolut verständlich, diese Posten nur an solche Leute zu vergeben, die mit ihrem Vermögen eine angemessene Repräsentation des Entsendelandes garantieren konnten.

Bei so illustren Investitionsmöglichkeiten stellt man sich die Frage, wie es mit der heutigen Bereitschaft aussieht, sein Vermögen in Humankapital und Naturalien dieser Art zu investieren. Die meisten von uns würden es stattdessen sicher bevorzugen, Staatsanleihen zu kaufen und sich vom Vaterland Zinsen zahlen zu lassen. Frühere Diplomaten hingegen waren da nicht so egoistisch. Zinsen hin oder her, was galt man schon als Diplomat und Ehrenmann, wenn man noch nicht einmal sein eigenes Land angemessenen repräsentieren konnte? Ganz zu schweigen vom Image des Entsendelandes. Ein solches Land war nichts wert und rangierte ganz weit unten in der Werteskala. Das Ansehen war vergleichbar mit dem der Fidschi-Inseln. Das soll im Umkehrschluss aber nicht heißen, dass es sich bei den Fidschi-Inseln nicht etwa um ein ehrenhaftes Land handelt. Ganz im Gegenteil. Der Wahlspruch der Fidschianer ist der beste Beweis für deren Lauterkeit: *Rerevaka na Kalou ka Doka na Tui* (Fürchte Gott und ehre die Queen). Aber die größte Ehrenhaftigkeit nützt einem nichts, wenn man sich selbst nicht ins Rampenlicht rückt.

Jeder also, der etwas auf sich hielt, scheute bei der Frage der Repräsentation keine Kosten und Mühen. Es galt die Regel: Hauptsache größer, teurer und prächtiger als der Nachbar. Es wurde alles getan, um den anderen in Prunk und Pomp zu übertrumpfen.

Neben den Engländern waren die Russen schon immer Profis in Sachen Prunk und Protz. Die Engländer erledigen das bis heute mit einem angenehmen Schuss Selbstironie und einem unübertroffenen Understatement, die Russen hingegen halten nicht viel vom Understatement und bevorzugen den ganz großen Auftritt. Diese schnörkelhafte Mentalität der Russen bemerkt man spätestens, wenn man die russische Botschaft in Berlin betritt. Das ist ein riesiger Bau aus der Stalinzeit mit eigener Schwimmhalle und allem möglichen anderen Schnickschnack. Er strahlt noch ganz in der Aura der Sowjetzeit. Betritt man das Gebäude, glaubt man, in einer Kathedrale zu sein. Man steigt die üppige Freitreppe hoch und steht einer riesigen Abbildung des Kreml gegenüber. Es handelt sich nicht etwa um ein Wandgemälde, das wäre viel zu einfach und der ruhmreichen Sowjetunion nicht angemessen gewesen. Nein, das Bild ist aus buntem Glas zusammengesetzt und wird im Hintergrund beleuchtet. Die Krönung des Ganzen ist ein fünfzackiger roter Stern, der über allem strahlt und jede Sekunde genau einmal blinkt. Das ist sozusagen der sowjetische Stern Bethlehems, der allem die höheren Weihen verlieh. Man ist überwältigt und fühlt sich gleichzeitig an die Weihnachtsbeleuchtung in den Fenstern unterprivilegierter Wohngegenden erinnert. Da blieb sich der proletarische Sowjetstaat dann doch in gewisser Weise treu. Plötzlich klingelt irgendein künstliches Glockenspiel. Der Experte erkennt sofort die berühmten Klänge des Spasski-Turms im Kreml. Jeder Russlandfreund fühlt sich bei so viel Übertreibung heimisch, alle anderen sind amüsiert oder sogar befremdet. Es wurde an nichts gespart, und von allem ist es ein bisschen zu viel. Bei den Russen war es schon immer ein bisschen zu viel. Klotzen statt Kleckern, das galt nicht nur bei den Sowjets, sondern auch schon bei den Zaren, und es gilt noch heute. Gerade mit dem berühmten russischen Kaviar warf man zu allen Zeiten nur so um sich. Der sowjetische Botschafter in Norwegen etwa bot seinen Gästen regelmäßig Kaviar in rauen Mengen an. Es handelte sich dabei nicht um ein oder zwei Gläser mit ein paar Hundert Gramm, die dort zum Schlemmen bereitstanden, sondern um Dutzende Zwei-Kilo-Dosen, aus denen man den Kaviar mit großen Esslöffeln herauslöffelte. Die ebenfalls in mehreren Dutzend herumlaufenden Diener fragten die Gäste ständig: »Darf's ein bisschen mehr sein?« Der norwegische König hingegen ließ zur selben Zeit bei seinen Galadinners den Kaviar nur in kleinen unscheinbaren Klecksen auf Mini-Sandwiches servieren. Norwegen konnte sich mehr nicht leisten.

Repräsentation ist auch heute noch wichtig. Was wäre beispielsweise England ohne den Buckingham Palast mit seinem Prunk und Pomp? Ohne die Queen, Prinz Charles, William und Kate wäre es in England in jedem Falle langweiliger. So langweilig, wie es bei uns heute schon ist. Man vergleiche einmal das jährliche Defilee des Diplomatischen Corps Anfang Januar beim Bundespräsidenten mit dem gleichen Empfang bei der Queen. Beim Bundespräsidenten erwartet den Gast gediegene Behördenatmosphäre, die nur durch die Kleidung der Anwesenden aufgepeppt wird: dem Cut oder der Landestracht. Durch die Kleidung schafft man es gerade noch, einen Hauch von internationaler Eleganz auf das Parkett des Schlosses Bellevue zu bringen. Bei der Queen hingegen wird man von der Pracht eines ehemaligen Weltreichs und einer jahrhundertealten Monarchie überwältigt. Die Kleidung der Anwesenden spielt da gar keine Rolle mehr.

Faszinierend bleibt, dass die Diplomaten in früheren Zeiten in größter Selbstverständlichkeit ihr eigenes Vermögen nicht nur zum eigenen Wohl, sondern zum Wohle des Vaterlands investierten. Manche Diplomaten hatten dabei noch Glück und bekamen vom König ab und zu ein kleines Taschengeld zugesteckt. Aber das reichte oft nicht einmal, um das Nötigste zu bezahlen. Der arme Schlucker von Botschafter Friedrichs des Großen am dänischen Hof beschwerte sich eines Tages beim König: Er könne von seinem kärglichen Gehalt noch nicht einmal sein Essen und die Kutsche bezahlen. Der alte Fritz war bekanntermaßen außerordentlich geizig, wenn es nicht gerade um sein Militär ging. Der Botschafter erhielt die lapidare königliche Antwort:

> Er ist ein Verschwender, denn wie Er weiß, ist es viel gesünder, zu Fuß zu gehen, als zu fahren. Und was das Essen betrifft, so muss Er sich merken, dass es an der Tafel eines anderen immer am besten schmeckt.

Die gleichen Grundsätze gelten auch heute noch. Aber eher für alle anderen und nicht für Diplomaten. Zum Glück. Denn ein klein wenig Repräsentation gehört zum Diplomaten dazu und macht allen Beteiligten Spaß. Auch den Außenstehenden. Und ohne Repräsentation geht es nicht. Immerhin stehen Diplomaten stellvertretend für ein ganzes Land und müssen dieses würdig vertreten.

Damals waren es fast ausschließlich reiche Adelige, die im Auswärtigen Dienst arbeiteten und denen im einen oder anderen Fall eine Gesandtschaft sogar geschenkt wurde. Pauline von Metternich heiratete Mitte des 19. Jahrhunderts ihren Onkel. Bei ihrem Vater handelte es sich um den berühmt-berüchtigten österreichischen Staatsmann Fürst Clemens Wenzel von Metternich. Dieser hatte nach den napoleonischen Kriegen auf dem Wiener Kongress 1815 dafür gesorgt, dass die Welt wieder in ihre konservative Ordnung gebracht wurde. Wenn aber nun seine Tochter seinen Bruder heiratete, war er nicht nur der Vater der Braut, sondern wurde gleichzeitig ihr Schwager. Als solcher ließ er sich nicht lumpen und schenkte dem Brautpaar die Gesandtschaft in Dresden.

Derartig großzügige Geschenke werden bei heutigen Hochzeiten wohl weder durch Väter noch Schwäger überreicht. So wie es heute auch nicht mehr Adlige, sondern meist Bürgerliche sind, die das Auswärtige Amt bevölkern. Diese Bürgerlichen müssen nicht mehr vermögend sein. Der Reichtum an Wissen und Qualifikation ist vollkommen ausreichend. Allerdings haben die Götter bekanntlich vor den Erfolg den Schweiß gesetzt. So werden also das Wissen und die Qualifikation der Bewerber zunächst einmal staatlich durch das Auswahlverfahren des Auswärtigen Amtes geprüft. Bei diesem Auswahlverfahren handelt es sich um eine der schwierigsten Aufnahmeprüfungen überhaupt. Alljährlich werden circa 1200 (in Worten eintausendzweihundert) Bewerber zu diesem schriftlichen Test eingeladen. Dieser Test gilt nicht nur als einer der schwierigsten Aufnahmetests, sondern vor allem als der einzig legitimierte Allgemeinbildungstest Deutschlands. Wissen Sie zum Beispiel, was der sogenannte Kommissarbefehl war oder was die Banjul Charta ist? Und das sind sogar noch relativ leichte Fragen. Der Parcours besteht aus vielen Hindernissen: Intelligenztest, Aufsatz, Sprachtests in Englisch und einer zweiten Weltsprache sowie Tests in Geschichte, Wirtschaft, Recht und Allgemeinwissen. Und das Ganze natürlich unter Zeitdruck. Man kann es auch vereinfacht so zusammenfassen: Man wird in allem geprüft, muss alles wissen und das in der kürzest denkbaren Zeit unter Beweis stellen. Probieren Sie es selbst! Auf der Webseite des Auswärtigen Amtes finden Sie die Originalfragen aus dem letzten Test. Und wenn Sie die meisten Fragen lösen können, empfehle ich eine Bewerbung beim Auswärtigen Amt. Es gibt für die Bewerbung keine Altersgrenze. Eine Ausnahme ist natürlich die Überschreitung des Rentenalters. Der Job wird gut bezahlt.

Mit dem schriftlichen Test ist es dann noch nicht einmal getan, das ist erst die Vorauswahl. Nach dem schriftlichen

Teil bleiben noch ganze zehn Prozent der Bewerber übrig. Diese werden einem zweitägigen mündlichen Assessment-Center unterzogen. Wer auch das geschafft hat, kann wirklich behaupten, dass er zu den Besten gehört und hält zum Schluss den begehrten blauen Diplomatenpass in Händen.

Amerikanische Staatsbürger haben trotz gescheiterter Bewerbung weitere Möglichkeiten, sich ihren Traum vom Botschafterposten zu erfüllen. Damit meine ich nicht eine Karriere als Berufsdiplomat, die nach dem gescheiterten Bewerbungsverfahren ohnehin gar nicht mehr möglich wäre. Hinzu kommt, dass amerikanische Berufsdiplomaten in der Regel Posten wie Sierra Leone, Burundi, Tunesien oder die Marshall-Inseln besetzen. Für europäische Hauptstädte oder andere angenehme Orte erfolgen sogenannte »politische« Ernennungen. Bis zu einem Drittel der Botschafterposten werden auf diesem Wege an Freunde des Präsidenten und Spendensammler vergeben. Und so finden sich auf den verschiedensten US-Botschafterposten illustre Persönlichkeiten: Da gibt es einen Filmunternehmer als Botschafter in Frankreich, einen Rechtsanwalt in Belgien, den Erben eines Staubsaugerherstellers in Finnland, einen Investmentbanker in Rom, einen Finanzunternehmer in Österreich und andere »Freunde« des Präsidenten, die teilweise Wahlspenden in Größenordnungen von mehr als 500 000 Dollar gesammelt haben. Aber auch Spender mit kleineren Beträgen werden bedacht: Der Botschafterposten in Rumänien wurde schon für Spenden von 5500 Dollar vergeben. Unter Berücksichtigung des Botschaftergehalts zahlt sich das ganz sicher innerhalb kürzester Zeit aus. Und für diese Berechnung muss man noch nicht einmal Investmentbanker oder Finanzunternehmer sein.

In Deutschland gibt es so etwas fast nie. Aber nur fast. Denn auch bei uns werden Botschafterposten tatsächlich an Personen vergeben, die keine Berufsdiplomaten sind. Spenden muss man dafür zwar nicht, aber man muss verdienter Parteigänger einer Regierungspartei sein. Zum Glück handelt es sich dabei aber um Einzelfälle. Alle anderen werden durch das Auswahlverfahren des Auswärtigen Amtes geschleust.

Allein der Schwierigkeitsgrad des Auswahlverfahrens zeigt, dass Diplomat kein normaler Beruf ist wie Rechtsanwalt, Arzt oder sonst etwas Bodenständiges. Sonst würden die heutigen Bewerber nicht alles dafür geben, ihr Ziel zu erreichen, und die Gesandten früherer Zeiten wären nicht bereit gewesen, ihr privates Geld auf solchen Posten zu verschleudern. Wer würde schon durch die Hölle eines solchen Auswahlverfahrens wie dem des Auswärtigen Amtes gehen, um Steuerberater oder Jurist zu werden? Der Diplomatenberuf war und ist ein Lebenstraum für viele Menschen. Das geht so weit, dass Bewerber sich regelrecht festbeißen an ihrem Lebenstraum und diesen Test drei- oder viermal wiederholen. Immer und immer wieder versuchen sie sich am schriftlichen Auswahlverfahren. Kürzlich traf ich jemanden, der mit Ende zwanzig bereits dreimal erfolglos den Test absolviert hatte. Nachdem das Auswärtige Amt die Altersgrenze, die bislang bei 32 Jahren lag, aufgehoben hatte, bewarb er sich wieder. Zwischenzeitlich war er Ende vierzig, verheiratet mit drei Kindern, seit Jahren in einem anderen Beruf und in einem völlig anderen Leben. Auch diese Bewerbung ging trotz einer jahrelangen weiteren Vorbereitung daneben. Eine sehr tragische Geschichte ist auch die des Sohnes eines ehemaligen Diplomaten, der im mündlichen Verfahren scheiterte und sich anschließend eine Kugel durch den Kopf jagte. Denn das mündliche Verfahren kann man nicht wiederholen. Die Beispiele zeigen, dass Diplomat nicht ein Beruf ist, sondern eine Berufung. Die Leute, die vom Diplomatenvirus befallen sind, setzen alles daran, ihren Lebenstraum zu verwirklichen. Sie sind bereit, dafür sehr, sehr viel zu opfern.

Der Lebenstraum wird allerdings heute im Gegensatz zu früher gut bezahlt. Früher gab es als Bezahlung für Diplomaten im Grunde nicht viel mehr als einen feuchten Händedruck. Und auch den nur bei einer erfolgreichen Tätigkeit. Etwas viel Eleganteres als einen Händedruck bekam man im antiken Athen. Die Gesandten erhielten nach erfolgreicher Mission eine Girlande aus Olivenzweigen überreicht und ein kostenloses Essen im Rathaus serviert. Beides war der Inbegriff von Ruhm und Ehre, Dinge, die mit Geld gar nicht aufzuwiegen sind. In der heutigen Zeit werden solche ehrenhaften Bezahlungen nicht mehr wirklich geschätzt, man bevorzugt stattdessen Bares. Auch insofern haben sich Diplomaten der Neuzeit angepasst. Deutsche Diplomaten sind heutzutage sogar Beamte auf Lebenszeit. Unkündbar und mit allen Privilegien des Beamtentums. Sie werden als Beamte sehr gut bezahlt, zumindest dann, wenn sie im Ausland stationiert sind. Denn dort bekommen Diplomaten zusätzlich zum Grundgehalt eine steuerfreie Zulage ausgezahlt, die je nach Posten variiert. Dabei gilt die Regel: Je gastfreundlicher das Land, desto niedriger die Auslandszulage.

Als Nachteil bringt die Bezahlung mit Barem es allerdings mit sich, dass von heutigen Diplomaten meistens die Einhaltung ihrer Arbeitszeit von acht Uhr morgens bis fünf Uhr nachmittags erwartet wird. In früheren Zeiten war man da nicht ganz so streng. Da war es durchaus in Ordnung, keine regelmäßige Büroarbeit zu verrichten, sondern ausschließlich Cocktailpartys zu besuchen. Allerdings darf man den Besuch solcher Partys auf gar keinen Fall unterschätzen. Für Diplomaten kann das harte Arbeit sein. Damit meine ich nicht die großen Herausforderungen, der die Leber durch die Vertilgung dienstlicher alkoholischer Getränke ausgesetzt ist, sondern die Konversation mit anwesenden Würdenträgern. Dieses Networking wird neben dem Büroalltag von heutigen Diplomaten zusätzlich erwartet. Insofern trifft es Diplomaten heute doppelt hart: Erst arbeitet man mindestens von acht bis fünf im Büro und muss dann noch mindestens von sechs bis neun eine oder mehrere Veranstaltungen besuchen. Aber das Ganze hat auch Vorteile: Denn bei diesen Veranstaltungen gibt es häufig nicht nur ein paar Gläschen Alkohol zu trinken, sondern auch noch einen Happen zu Essen. Insofern kann jeder wohlgesinnte Diplomat die Regel des alten Fritz auch heute gut beherzigen.

Heute trifft die Arbeit jeden. Der eine muss härter arbeiten für sein Geld und der andere weniger hart. Genauso ist es bei den Diplomaten. Und bei der Bezahlung von Diplomaten gilt die grobe Regel: je höher die Auslandszulage, desto weniger Arbeit. Das leuchtet ein, da man auf den Härteposten im wesentlichen mit Überleben beschäftigt ist. Für Arbeit bleibt da wenig Zeit. Und mal ehrlich: Härteposten wie Mali oder Nepal sind für die deutsche Außenpolitik einfach nicht so interessant. Die Botschaften, die weniger im Fokus der deutschen Außenpolitik stehen, bieten ein entspannteres Arbeiten. Da kann man sich schon mal zum Mittagsschläfchen nach Hause fahren oder den Arbeitstag um drei mit einem Sundowner ausklingen lassen. In Abwandlung des obigen Spruchs muss man aber auf der anderen Seite auch sagen: je weniger Arbeit fürs Brot, desto schwieriger ist die Brotbeschaffung. Soll heißen: In den sogenannten Härteposten, also den vergessenen Winkeln der Erde, kann es Schwierigkeiten beim Einkauf liebgewonnener Lebensmittel geben. Das kulinarische Vergnügen eines Päckchens Hirse, was man jeden Tag beim Händler um die Ecke kaufen kann, ist begrenzt. Und wenn man den Heißhunger auf eine kleine ungarische Salami mit 42 Euro bezahlen muss, macht das auch nicht wirklich Spaß. So viel kostet die Wurst zumindest im Diplomatensupermarkt in Pjöngjang. Am Beispiel der ungarischen Salami in Nordkorea sieht man aber zumindest, dass die Globalisierung vieles möglich macht. Denn wer rechnet schon damit, dass es in Nordkorea einen Diplomaten-supermarkt mit allem möglichen Luxus gibt? Heute ist es möglich, alles was das Herz begehrt, teuer zu kaufen oder sogar einfliegen zu lassen. Das war vor einigen Jahren noch ganz anders. Trotzdem bekommt man nicht alles, und nicht alle Länder bieten den Luxus der besonderen Supermärkte. Und auch das Einfliegenlassen bietet keine Gewähr dafür, dass die Dinge beim Empfänger ankommen. Denn Zöllner sind weltweit keine Kostverächter, trinken gerne einen guten Tropfen und essen gerne viel und gut.

Aber betrachten wir einmal das Positive der Härteposten: Mangels größerer Investitionsmöglichkeiten ist der Geldbeutel des Diplomaten auf einem solchen Posten nach seinem vierjährigen Aufenthalt prall gefüllt. Die Versuchungen des Prassens und der Verschwendung sind in Mali und Nepal sehr gering. Daher sind die Härteposten unter finanzbewussten Diplomaten gar nicht unbeliebt.

Wie nun aber ein Diplomat wirklich für sein Geld arbeitet, wissen die wenigsten. Besteht die Arbeit eines Diplomaten tatsächlich hauptsächlich aus dem Besuch von Partys mit Kaviar und Champagner? Lassen Sie sich einmal erzählen, was man auf seinem ersten Posten im Ausland so erleben kann. Der erste Auslandsposten ist ein großer Moment, entsprechend groß sind die Erwartungen und die Aufregung. Hier nun ein ungeschminkter Einblick in das Leben innerhalb und außerhalb einer kleinen Botschaft in einem Nachfolgestaat der ehemaligen Sowjetunion.

Damals, wir schreiben das Jahr 1994, war Litauen nicht gerade ein Traumposten. Litauen war einer dieser sogenannten Härteposten, die zwar gut bezahlt werden, aber unter normalen Diplomaten nicht sehr begehrt sind. Ein typischer Posten für einen Berufsanfänger im Auswärtigen Amt. Und um sofort das Negative vorwegzunehmen: Die neugekaufte Diplomatenlimousine, es handelte sich um einen Nissan

Micra, wurde gleich in der ersten Woche direkt vor dem Botschaftsgebäude gestohlen. Heute würden osteuropäische Diebe solche minderwertigen Fahrzeuge gar nicht anrühren. Damals herrschten andere Sitten:

Ich hatte mich für einen Lithuanian Airlines Flug am 30. September ab Berlin Schönefeld entschieden. Das war nicht nur die billigste Variante, sondern es ging von den Terminen einfach nicht anders. Für diesen Flug hatten sich auch ungefähr zwanzig fragwürdig aussehende osteuropäische Geschäftsleute entschieden, die alle ohne Gepäck reisten. Beim Anblick dieser obskuren Reisegesellschaft wurde mir mulmig zumute. Was um Himmels willen wollte ich in Litauen? Am liebsten wäre ich gleich wieder umgekehrt und nach Hause gefahren. Stattdessen reiste ich mutterseelenallein in ein unbekanntes Land, wo es vermeintlich von Verbrechern nur so wimmelte und ich nicht wusste, was mich erwartete. Wie sollte dieses Leben eigentlich weitergehen, bei dem man im Schnitt alle drei oder vier Jahre mit Sack und Pack in eine völlig neue Umgebung wechselt? Sollte das wirklich mein Lebenstraum sein?

Beim Anblick meiner Mitreisenden war ich froh, dass mich der Vermieter vom Flughafen abholen würde. Bis dahin waren es allerdings noch neunzig lange Minuten, und ich musste zunächst einmal den Flug überstehen. Gleich beim Start klapperte und ruckelte das gesamte Innenleben des Flugzeugs. Wir Passagiere wurden ordentlich durchgerüttelt und geschüttelt. Selbst in Indien als Tourist hatte ich so etwas nicht erlebt und ich war mir unsicher, ob das Flugzeug nicht spätestens bei der Landung auseinanderfallen würde. Noch ehe ich diesen Gedanken zu Ende gedacht hatte, knallte plötzlich die Rücklehne des Sitzes neben mir nach hinten. Ich hörte nur einen lauten Schrei und mehrere Flüche in einer mir unbekannten Sprache. Um nicht aufdringlich zu wirken, drehte ich mich nicht um. Es war jedoch offensichtlich, dass die Rücklehne auf ein Knie geknallt war. Das Knie interessierte mich herzlich wenig, ich war nur froh, dass ich mich nicht auf diesen Sitz gesetzt hatte. Nur ungern hätte ich mit meinem Kopf auf dem Schoß des Hintermanns gelegen. Noch immer fluchend setzte sich dieser auf einen anderen Sitz, während die Stewardessen in der allergrößten Selbstverständlichkeit Alkohol und Sandwiches servierten. Mit großer Professionalität ignorierten sie den Vorfall und erledigten ihr Tagesgeschäft. Im nächsten Moment wurde mir auch schon ein Exemplar des völlig vertrockneten Sandwichs mit einer undefinierbaren fettigen Wurst auf das Tablett geworfen. Ich würgte wohl oder übel den ersten Bissen in mich hinein, da hörte ich schon das unverkennbare Röcheln der Frau vor mir. Die Frau musste sich übergeben und hatte sich dabei irgendwie in der Kotztüte verheddert. Das wiederum hatte zur Folge, dass ziemlich viel danebenging. Sie setzte sich um und ließ mich mit dem Gestank und dem dazu passenden Sandwich allein. Ich beschloss, dass nun der Zeitpunkt für den ersten Wodka gekommen war. Das war eine gute Entscheidung. Als wir schließlich alle glücklich und betrunken in Vilnius ausstiegen, sahen wir erst einmal gar nichts. Das lag allerdings nicht am Alkohol, sondern am dichten Nebel. Wie in Teufels Namen hatten wir hier landen können? Neumodische Flugleitsysteme gab es auf dem Flughafen Vilnius noch nicht. Trotzdem bahnte sich

Lithuanian tagtäglich ihren Weg durch diesen Nebel. Die Lufthansa und alle anderen westlichen Fluggesellschaften drehten ab und legten eine Übernachtung in Kopenhagen ein. Da hatte ich wohl Glück gehabt!

Der Vermieter war nicht viel vertrauenserweckender als meine Mitpassagiere. Immerhin war er aber nicht betrunken und mir außerdem durch die Botschaft vermittelt worden. Wir fuhren mit seinem Auto sowjetischer Bauart in die riesige Plattenbausiedlung am Stadtrand, wo ich mein provisorisches Lager aufschlagen wollte, bis meine richtige Wohnung bezugsfertig war. Das Auto hatte schon bessere Zeiten gesehen. Statt einer Rückbank lag hinten ein Baumstamm im Wagen, auf dem bereits der Sohn des Vermieters Platz genommen hatte. Der Vermieter sprach natürlich kein Wort Deutsch oder Englisch und erklärte mir in fließendem Russisch das nagelneue Radarwarngerät, sein ganzer Stolz. Ich machte ihm deutlich, dass ich kein Wort Russisch verstand, was seinem Redefluss jedoch keinen Abbruch tat. So konnte ich nur ahnen, worüber er sprach. Das Gerät gab dann zur großen Freude des Fahrers mehrfach laute Geräusche von sich. Diese Investition hatte sich offensichtlich wirklich gelohnt.

Im Erdgeschoss eines Plattenbaus bezog ich schließlich meine komplett sowjetisch eingerichtete Wohnung für stattliche neunzig Dollar die Woche. Da hatte mein Vermieter ordentlich zugeschlagen. Sobald Vermieter in den sogenannten Härteposten einen Westeuropäer vor sich haben, steigen die Preise um mehrere Hundert Prozent. Damals zählte Litauen als postsowjetischer Staat noch zu den schwierigen Härteposten. Ich bin mir sicher, dass der Kaufpreis der Wohnung weit unter der von mir hochgerechneten Jahresmiete lag. Allerdings ist adäquater Wohnraum in vielen Ländern Mangelware, sodass Diplomaten bereit sind, sehr viel Geld für Wohnungen auszugeben. Das ist allzu verständlich, wenn man bedenkt, dass fern der Heimat die Wohnung der wichtigste oder vielleicht sogar der einzige Bezugspunkt ist. Auch solche Fragen werden weltweit durch den Markt geregelt. Das Auswärtige Amt kennt das Problem und stattet die Zuschläge bei den Härteposten entsprechend aus.

Da saß ich nun. Auf einem sowjetischen Sofa in einer sowjetischen Plattenbauwohnung in einer ehemaligen Sowjetrepublik. In einem fremden Land, in einer absolut fremden Stadt. Ich kannte niemanden, ich sprach die Sprache nicht, es sprach kaum jemand Englisch oder Deutsch, die Wohnung, die Umgebung und die Lebensverhältnisse waren mir fremd, alles war heruntergekommen, und ich wusste überhaupt nicht, wer oder was mich in der Botschaft erwarten würde. Willkommen in der Welt der Diplomatie!

Mutterseelenallein saß ich nun also zwischen dem Kitsch in meiner Wohnung und schaltete in meiner Verzweiflung den Fernseher an. Es lief ein amerikanischer Liebesfilm, der litauisch synchronisiert war. Synchronisation ist dabei etwas übertrieben. Es gab lediglich eine einzelne Stimme, die sämtliche Charaktere des Filmes abwickelte. Das Ganze hörte sich so an, als ob diese Person den Text vor sich hat und lediglich abliest. Keinerlei Intonation. Ob Liebesszene, Todeskampf oder Familiendrama. Immer dieselbe Tonlage. Zuerst dachte ich, der Fernseher sei kaputt und es würde parallel zu den Liebesszenen das Nachrichtenprogramm des

Radiosenders laufen. Aber immerhin: Man fühlte sich nicht mehr so allein.

Am nächsten Morgen fuhr ich mit dem Trolleybus in die Innenstadt zur Botschaft. Meine Bushaltestelle in der Plattenbausiedlung war die dritte nach Start des Busses. Das reichte leider nicht. Der Bus war so voll, dass an ein normales Einsteigen nicht zu denken war. So ließ ich Bus um Bus vorbeifahren, um beim Einsteigen nicht unhöflich zu erscheinen. Die Befüllung der Busse änderte sich jedoch nicht. Es blieb mir also nichts anderes übrig, als von allen Regeln der Höflichkeit Abstand zu nehmen und mich so wie alle anderen Fahrgäste unter brutaler Gewaltanwendung in den Bus zu quetschen. Die Tür wurde geschlossen und los ging die Fahrt. Ich stand fest eingekeilt zwischen mehreren dicken Männern und Frauen in farblosen sowjetischen Plastikjacken. Man starrte stumpfsinnig vor sich hin und hoffte, dass dies alles bald ein Ende haben würde. An ein Festhalten war während der Fahrt nicht zu denken und war wegen der Abfederung durch den bestehenden Körperkontakt ohnehin unnötig. Der ganze Bus stank nach schwitzenden Menschen in übelriechendem Plastik. Hatte ich nicht irgendwo Bilder von Diplomaten gesehen, denen der Verschlag ihrer dunklen Limousine durch einen Chauffeur geöffnet wird? Die Beförderung im litauischen Trolleybus war damit nicht wirklich zu vergleichen.

Endlich in der Botschaft. Es war wie die Ankunft in der Heimat. Alle sprachen Deutsch, alle waren freundlich, alles sauber und ordentlich. Das Ambiente, der Umgang, alles war einem vertraut, auch wenn man dort noch nie gewesen war und obwohl man die Menschen zum ersten Mal traf. Kaum war ich allen vorgestellt worden, kam der Kulturattaché auf mich zu. Es werde heute Abend eine Ausstellung in einer Kleinstadt in der Nähe eröffnet, die er organisiert habe. Leider sei er verhindert. Ich solle dort als Vertreter der Deutschen Botschaft auftreten und eine Rede halten. Zu dem Zeitpunkt war ich gerade einmal seit einer Stunde in der Botschaft und hatte noch nicht einmal in meinem Büro Platz genommen. Na prima! Es handelte sich um eine Ausstellung von Zeichnungen des Künstlers Max Klinger. Außerordentlich hilfreich fand der Kulturattaché, dass ich diesen Namen noch nie gehört hatte. Dann könne man ganz unvoreingenommen an die Aufgabe herangehen. Ins Undiplomatische übersetzt sich das ungefähr so: Sie machen das heute Abend! Ich selbst habe nämlich keine Lust und bin in sechs Monaten sowieso hier weg. Ob Sie Max Klinger kennen oder nicht ist mir ziemlich egal. So wie mir im übrigen auch völlig egal ist, was Sie dort sagen und was für einen Eindruck Sie machen.

Ungefähr 24 Stunden nach meiner Ankunft in Vilnius bestieg ich den großen BMW der Deutschen Botschaft und ließ mich vom Chauffeur ins kleine Städtchen fahren, wo ich mit großem Trara vor einer stattlichen Anzahl Besuchern als offizieller Vertreter der Deutschen Botschaft vorgestellt wurde. In meiner kurzen launigen Ansprache würdigte ich das Werk Max Klingers, der mir vor einer Stunde noch völlig unbekannt gewesen war. Gleichzeitig dankte ich den Organisatoren und machte die Honneurs vor den anwesenden Würdenträgern des kleinen Städtchens. Es wurde ein richtig netter Abend. Genauso hatte ich mir das vorgestellt. Vor einigen Stunden noch einsam und verlassen in der Fremde, stand ich plötzlich im Mittelpunkt des Interesses. Der Chauffeur brachte mich dann spätabends zurück in die Wirklichkeit. Aber was war jetzt eigentlich die Wirklichkeit? Ich hatte es jedenfalls an diesem Abend nicht eilig, in meine Wohnung zurückzukehren.

Dann ging es Schlag auf Schlag. Ich war im Dauereinsatz und nahm alle möglichen Termine für die Botschaft wahr. Immer saß ich als einziger und offizieller Vertreter der Deutschen Botschaft am Tisch und gab meinen Senf zu jedem Thema ab: Ich honorierte beim Verband der Milchviehhalter die Bemühungen zur Zusammenarbeit der Milchbauern beider Länder, hielt eine Glückwunschrede beim Jahrestag der Universität einer kleinen Stadt und gab meine streng geheime Einschätzung der Verteidigungsbereitschaft Litauens beim Besuch des NATO-Oberbefehlshabers von Nordeuropa zum Besten. Niemand hatte mich vorher instruiert und niemand kontrollierte, was ich sagte. Der Chauffeur fuhr mich bei jeder Veranstaltung direkt vor die Tür und wartete bis ich fertig war. Als Vertreter Deutschlands wurde ich hofiert und umgarnt. Ich nahm jeden Empfang wahr, sei es von litauischer Seite oder von anderen Botschaften. Ich sprach mit jedem, kannte jeden und war sogar mit Bild in der wichtigsten litauischen Zeitung. Es war herrlich. Gestern noch mit Depressionen in der Plattenbauwohnung war ich quasi über Nacht zu einer wichtigen Person geworden. Kein Wunder, dass manch einem so etwas zu Kopf steigt und das Interesse am Amt mit dem Interesse an der Person verwechselt wird.

Daneben gab es noch die Büroarbeit: Das Schreiben von Vermerken über Gott und die Welt, die Beantwortung von Schreiben deutscher Unternehmer, das Verfassen des alljährlichen Berichts über den Zustand der Gefängnisse und Gefangenen sowie des alljährlichen Berichts über die Energieversorgungssituation und vieles mehr. Im Büro nebenan saß eine perfekt deutsch sprechende litauische Sachbearbeiterin. Neben den guten Deutschkenntnissen besaß sie hervorragende Kenntnisse im Haareschneiden. Das war sehr praktisch, da mein längst fälliger Haarschnitt direkt vor Ort im Büro erledigt werden konnte. So sparte man nicht nur die Kosten, sondern auch noch den Weg zum Friseur.

Die Atmosphäre in der Botschaft war außerordentlich entspannt, was zum einen an der untergeordneten Bedeutung des Gastlandes Litauen für die deutsche Außenpolitik lag. Die Aufgeregtheit des diplomatischen Personals, der Druck und die Größe des Egos steigt mit der Bedeutung des Gastlandes. Zum anderen lag es aber auch an der Person des Botschafters, einem außerordentlich angenehmen und sehr kultivierten witzigen Mann. Seine Hauptbeschäftigung war nicht so sehr die Wahrnehmung seiner Amtsgeschäfte, sondern das Musizieren mit der Bratsche. Er hatte dafür zusammen mit Litauern ein eigenes Kammerorchester gegründet und ging mit diesem Orchester einige Zeit später auf Deutschlandtournee – während seines Urlaubs und auf eigene Kosten. Neben der Musik hielt er Vorträge über chinesische Lyrik, die er während seiner Arbeitszeit diktierte und von der Sekretärin schreiben ließ. Seine Kenntnisse der chinesischen Lyrik hatte er sich auf einem anderen Posten irgendwo in der Pampa Mittelamerikas angeeignet. Dort war er über Jahre als Pressereferent der Deutschen Botschaft tätig gewesen. Das Wort Tätigsein ist dabei allerdings völlig übertrieben. Da sich niemand für das Land interessierte, gab es auch keine Arbeit für den Pressereferenten. Anstatt in seinem Büro zu sitzen, Alkohol zu trinken und an die Decke zu starren, entdeckte er seine neue Liebe: die chinesische Lyrik. Seine alte Liebe war bereits vor einiger Zeit auf Nimmerwiedersehen verschwunden und hatte die Scheidung eingereicht. Übrigens eine klassische Diplomatenbiographie. Aber auch die neue Liebe zur chinesischen Lyrik benötigte Zeit, die ihm glücklicherweise massenhaft zur Verfügung stand.

Zum Mittagessen ließ er sich fast jeden Tag in seine Residenz fahren und ward für den Rest des Tages nicht mehr gesehen. Ich nehme an, das Mittagsschläfchen und die Bratsche ließen ihm keine Zeit für die Amtsgeschäfte. Abends besuchte er klassische Konzerte anstatt offizielle Einladungen wahrzunehmen. Absolut verständlich, wenn man die Anzahl der Empfänge berücksichtigt, die er während seiner Laufbahn besucht hatte. Für mich als Neuling waren diese Dinge noch interessant. Wenn man aber den hundertsten Empfang hinter sich hat, sieht man das sicher anders. Schon bei dem Gedanken überfällt einen bleierne Müdigkeit, Brahms und Beethoven hingegen sind immer unterhaltsam. Bei diesen Konzertabenden nahm der Botschafter von allen Seiten die Honneurs entgegen und ging anschließend mit den Musikern Wein trinken. Außerordentlich imponiert hat er mir bei dem Überreichen eines Schreibens des damaligen Außenministers Klaus Kinkel an den litauischen Außenminister. Das persönliche Schreiben des deutschen Außenministers wurde dem litauischen Kollegen wegen der Bedeutung des Inhalts vom deutschen Botschafter direkt überreicht. Es ging um die Frage der Zahlung von Entschädigungen Deutschlands an ehemalige Zwangsarbeiter. Deutschland hatte dazu eine Regelung mit Russland getroffen, in der Litauen mit einbezogen worden war. Darüber hinaus wollte man keine weiteren direkten Entschädigungszahlungen leisten. Das Thema war somit nicht nur brisant, sondern außerordentlich sensibel und schwierig. Der Botschafter übergab das Schreiben und erläuterte es dem Außenminister. Dabei fand er einen so angenehmen Ton und machte die deutsche Position so plastisch und nachvollziehbar, dass man fast meinte, nicht nur Verständnis, sondern eine gewisse Erleichterung in den Augen des litauischen Außenministers lesen zu können. Ich fühlte mich bei diesem Auftritt an das Sprichwort erinnert: Diplomatie ist die Fähigkeit, auf so taktvolle Weise nein zu sagen, dass jedermann denkt, man habe ja gesagt.

Der Botschafter war ein beeindruckender und kultivierter Mann. Auch die anderen Mitarbeiter in der Botschaft waren außerordentlich freundlich. Schnell kam man ins Gespräch und ging abends oder am Wochenende gemeinsam aus. Es entwickelten sich nette persönliche Kontakte, Freundschaften ist aber sicher zu viel gesagt. Es war nett, aber nicht mehr. Das ist ein Nebeneffekt des diplomatischen Nomadentums. Stellen Sie sich einmal vor, Sie müssten alle vier Jahre nicht nur den Ort, sondern sogar das Land wechseln. Und das nicht nur innerhalb des vertrauten Westeuropas, sondern weltweit. Immer wieder neue Lebensumstände, neue Menschen, neuer Kraftaufwand, um sich zu etablieren, neues Einrichten des Hauses, kurzum: Der Sprung in ein völlig neues Leben. Noch nicht einmal der Job bleibt gleich. Als Diplomat sind Sie Generalist, das heißt, Sie wechseln ständig Ihren Aufgabenbereich. Mal sind Sie in der Kulturabteilung der Botschaft in Budapest, dann in der Rechtsabteilung der Zentrale, anschließend als Wirtschaftsattaché in Rabat, um dann die Konsularabteilung in Manila zu leiten. Für einen Generalisten wie mich ein Traum. Für manch anderen ein Albtraum. Das Leben eines Diplomaten besteht aus Wechsel, ein Leben lang. Nicht umsonst heißt die Antwort auf die Frage ›Was ist der Unterschied zwischen einem Nomaden und einem Diplomaten?‹: Der Nomade kennt sein nächstes Ziel.

Das Aufrechterhalten persönlicher Bindungen ist daher außerordentlich schwierig. Emotionaler Aufwand lohnt sich kaum, da man in einigen Jahren ohnehin wieder weg ist. Das heißt aber im Umkehrschluss nicht, dass man als Diplomat einsam ist. Nur die emotionale Verwurzelung sieht anders aus, und manch einer widmet sich lieber einem exotischen Hobby als sich mit Menschen zu treffen, die er ohnehin nie wiedersehen wird.

Man braucht sich nichts vorzumachen: Die Lebensumstände eines Diplomaten sind extrem. Nicht umsonst hat das Auswärtige Amt einen eigenen psychologischen Dienst. Die Selbstmordrate ist hoch, die Scheidungsrate noch höher und die Rate an Alkoholikern höher als beide zusammen. In den letzten Jahrzehnten hat das Auswärtige Amt jedoch einiges getan, um Familien und Eheleuten das Leben zu erleichtern. Die Härteposten wie Afghanistan oder Ruanda werden dann doch eher für Junggesellen oder kinderlose Paare reserviert.

Mir jedenfalls hat der Einstieg gefallen. Ein wenig Abenteuer, viel Abwechslung, interessante Tätigkeiten, interessante Menschen und viel persönlicher Spielraum. Und wenn man erst einmal diese Luft eingeatmet hat, kann man kaum wieder loslassen.

Über eine Sache schweigt sich der Bericht aus: Wie sieht die Bezahlung heutiger Diplomaten aus? Der Gentleman schweigt und genießt. Dabei ist die Bezahlung gar nicht streng geheim. Diplomaten sind Beamte. Ihre Bezahlung richtet sich wie bei allen deutschen Beamten streng nach dem Gesetz. Und zwar nach dem Bundesbesoldungsgesetz. Ob Soldat, Richter oder Diplomat. Alle bekommen ihr Gehalt aufgrund dieser gesetzlichen Regelungen.

Beim Auswärtigen Amt gilt: Jeder Diplomat bekommt ein Grundgehalt, welches für alle jeweiligen Dienststufen gleich ist. Interessant wird es, wie oben schon erwähnt, bei der Zulage, die man aber nur im Ausland erhält. Steuerfrei natürlich. Je härter ein Posten, desto höher ist die Zulage. In Bagdad ist die Zulage sehr viel höher als in Bern und in London höher als in Riga. Dadurch werden die Nachteile der sogenannten Härteposten und die Kaufkraftnachteile ausgeglichen. Die Härteposten sind also finanziell zwar lukrativ, haben aber auch gar nichts von dem zu bieten, was einem als Westeuropäer lieb und teuer ist. Der Ort mit einer der derzeit höchsten Auslandszulagen ist der Außenposten der Deutschen Botschaft in Masar-i-Scharif, Afghanistan. Im dortigen Feldlager der Bundeswehr befindet sich ein schäbiger Container, an dem ein Zettel befestigt ist: Deutsche Botschaft, Außenstelle Masar-i-Scharif. Finanziell könnte der Standort lukrativer nicht sein, aber wer will da schon freiwillig hin? Weil man dafür keinen Freiwilligen findet, hat sich das Auswärtige Amt für die Besetzung des Postens eine ganz besondere Lösung ausgedacht.

Der ehemalige deutsche Botschafter aus Libyen sollte dorthin strafversetzt werden. Der Botschafter war im Auswärtigen Amt wegen eigenmächtigen Handelns in Ungnade gefallen. Die Botschaft in Tripolis war damals aus Sicherheitsgründen geräumt worden. Vom Botschafter lag dort aber noch einiges privates Gerümpel in Umzugskartons herum, außerdem stand sein Privatwagen vor der Tür. All diese Dinge wollte er verständlicherweise nicht den marodierenden Horden überlassen. Er kehrte also nach Tripolis zurück und verfrachtete alle seine Habseligkeiten nach Tunesien. Und das mitten im Bürgerkrieg. Eine ebenso waghalsige wie mutige Aktion, für die der Botschafter eigentlich eine Tapferkeitsmedaille verdient hätte. Die Zentrale des Auswärtigen Amtes sah das anders. Es gab eine Abmahnung und die Versetzung nach Masar-i-Scharif. Dort sollte der tapfere Botschafter dann mutterseelenallein im Container sitzen, Däumchen drehen und auf bessere Zeiten warten. Kurzfristig wurde dann aber doch noch umdisponiert, anstatt ›Leiter der Außenstelle‹ wurde er Leiter des regionalen Wiederaufbauteams in Masar-i-Scharif, was fast noch schlimmer ist. Im zaristischen Russland und der Sowjetunion wurde man nach Sibirien verbannt, beim Auswärtigen Amt steht dafür Afghanistan zur Verfügung.

Aber was wird der Botschafter dort verdienen? Ähnliches Geld wahrscheinlich wie Diplomaten auf anderen Härteposten. An der deutschen Botschaft in Mogadischu beispielsweise verdient der Botschafter im Alter von fünfzig Jahren mit 25 Jahren Diensterfahrung ein Grundgehalt von fast 6000 Euro plus ca. 4000 Euro Zulage. Ein vergleichbarer Botschafter in Washington, der es allerdings auf der Karriereleiter und somit bei der gesetzlichen Besoldungsstufe weiter gebracht hat, wird mit ungefähr 9300 Euro Grundgehalt plus ca. 2800 Euro Zulage entlohnt. Das alles sind die nackten Zahlen. Posten in Mogadischu und Masar-i-Scharif haben gegenüber Washington den Vorteil, dass auch den Verschwendern unter den Diplomaten natürliche Grenzen gesetzt sind.

Selbst wenn man will, hat man Schwierigkeiten, das Geld auszugeben. Ein unschlagbarer Vorteil solcher Härteposten sind allerdings die Hausangestellten, die in Scharen herumlaufen und sich um das Wohl des Diplomatenhaushalts kümmern. Es ist keine Seltenheit, dass auch weniger hochrangige Diplomaten in solchen Ländern einen Koch, eine Hausangestellte und einen Gärtner beschäftigen. Vom Chauffeur einmal ganz zu schweigen. In Washington kann man sich so einen Luxus nicht leisten.

Perfekt läuft es für einen Diplomaten dann, wenn er die Bediensteten bei seiner weiten Reise um die Welt einfach mitnimmt. In Berlin war ich unlängst im noblen Villenbezirk Dahlem eingeladen. Es handelte sich um eine Abendesseneinladung bei entfernten Verwandten, der Mann war Botschafter eines deutschen Nachbarlandes und vor einiger Zeit in Pakistan stationiert gewesen. Nichtsahnend drückte ich die Klingel. Die schwere Tür öffnete sich langsam und ein weiß livrierter pakistanischer Diener nahm mich in Empfang. Er half mir aus dem Mantel und führte mich in den Salon. Alles natürlich schweigend. Der Mann sprach kein Wort Deutsch und ein miserables Englisch. Dort wurde ich von den Gastgebern begrüßt. Derselbe Diener servierte ein paar gekühlte Getränke. Das Programm setzte sich beim Abendessen fort, welches der Diener nicht nur gekocht hatte, sondern auch noch servierte. Zwischen den Gängen betätigte der Hausherr eine Handglocke, die neben seinem Teller lag. Ein Zeichen für das pakistanische Faktotum, dass abgeräumt werden konnte. Es war ein sehr angenehmer Abend. Der Diener erhielt eine monatliche Bezahlung sowie freie Kost und Logis. Da er mit meinen Verwandten ständig um die Welt tingelte und kaum Englisch sprach, kannte er niemanden. Weder in Berlin noch anderswo. Er hatte keinerlei gesellschaftlichen Kontakte, was zwar bedauerlich ist, den Geldbeutel allerdings außerordentlich schont. Nach einigen

Jahrzehnten im Dienst meiner Verwandten kehrte er als reicher Mann nach Pakistan zurück. Dort lebt er glücklich und zufrieden bis an sein Lebensende.

Dass es auch anders geht, zeigen die Beispiele einiger arabischer Botschaften in Berlin. Es wird immer wieder der Vorwurf laut, dass Hausbedienstete wie Sklaven gehalten und noch nicht einmal bezahlt werden. Meist handelt es sich um weibliches Personal aus Südostasien. Die Problematik ist so groß, dass mit dem Ban-Ying-Verein in Berlin sogar eine Hilfsorganisation existiert, die sich um diese Bediensteten kümmert.

Von den finanziellen Verhältnissen deutscher und westeuropäischer Diplomaten träumen viele andere Botschaften. Unlängst haben portugiesische Diplomaten in der Schweiz ihre Arbeit niedergelegt, weil der Staat ihre Gehälter um zehn Prozent gekürzt hatte und noch dazu der starke Schweizer Franken die Kaufkraft ihres Geldes schmälerte. Ihnen verblieben nur noch 2850 Euro monatlich, und das bei den Preisen in der Schweiz.

Noch schlechter ergeht es manchem afrikanischen Diplomaten, der in Westeuropa akkreditiert ist. Es gab sogar Zeiten, in denen afrikanische Diplomaten mit deutscher Sozialhilfe finanziert wurden. Das Ganze geisterte in den neunziger Jahren durch die deutschen Gerichte bis das Bundesverwaltungsgericht diesen Spuk beendete. Bis dahin dauerte es aber immerhin ein paar Jahre, in denen so mancher schwarzafrikanische Diplomat sein Geld vom deutschen Steuerzahler erhielt. Das hieß allerdings nicht, dass er dann auch deutsche Interessen vertrat.

Das waren die Zeiten, in denen manche dieser Botschaften nicht mehr beheizt wurden, ohne Stromversorgung auskommen mussten und auch kein funktionierendes Telefon mehr besaßen. Die ganze Versorgung war nicht etwa zusammengebrochen, sondern wegen unbezahlter Rechnungen abgeschaltet worden. Zwischenzeitlich hat sich die Lage dieser Vertretungen wieder etwas normalisiert.

Gerade afrikanische Diplomaten waren im Auslandseinsatz einiges gewohnt. Einige waren froh, überhaupt ein Dach über dem Kopf zu haben. Schon das war ein unglaublicher Luxus. In Polen nächtigte in den neunziger Jahren ein afrikanischer Gesandter obdachlos im Hauptbahnhof von Warschau. Von Passanten bemitleidet, die ihm ein paar Münzen in die Mütze warfen. In Italien wurden in derselben Zeit sogar drei Diplomaten aus einem afrikanischen Land wegen Landstreicherei kurzzeitig verhaftet.

Wegen Geldnot mussten wiederum andere Botschaftsangehörige ihr Lager mitsamt Familie in der Botschaft selbst aufschlagen. Ihr Gehalt reichte nicht zur Anmietung eigener Wohnungen. Das führte zu einem munteren Treiben in der Botschaft.

Und einen besonders schönen Fall diplomatischen Elends – wahrscheinlich war das aber wohl eher ein Fall diplomatischer Dreistigkeit – konnte man kürzlich in der Presse verfolgen: Der nordkoreanische Botschafter war in Berlin beim Schwarzangeln erwischt worden. Eine Polizeistreife überprüfte einen unbekannten Mann, der mitten in Berlin angelnd an der Spree stand. Das Angeln in Berlin ist nur mit Angelschein erlaubt und ansonsten streng verboten. Die Beamten verlangten daher von dem Mann die Vorlage des Scheins. Statt eines Angelscheins zückte dieser seinen Diplomatenpass, lächelte einmal kurz und wies sich als Botschafter Nordkoreas aus. Ein Diplomatenpass ist in solchen Fällen genauso viel wert wie ein Angelschein. Denn trotz des Verbotshinweises der Polizei ließ sich der Botschafter nicht weiter stören und warf weiter seine Rute aus. Die Polizei war wegen des Diplomatenstatus des Botschafters machtlos. Bei so viel Renitenz sah sich das Auswärtige Amt dann aber doch genötigt, der nordkoreanischen Botschaft eine offizielle Ver-

balnote zu übermitteln mit der Aufforderung, das Schwarzangeln zukünftig zu unterlassen. Eigentlich eine sehr undiplomatische Handlung des Amtes. Denn wir wissen doch, wie
es den Nordkoreanern geht: Wahrscheinlich trieben den
Botschafter die nackte Existenzangst und der Hunger an die
Angel.

Dabei unterscheiden sich Privathaushalte und Diploma-
tenhaushalte oder Botschaften in Zeiten knapper Kassen gar
nicht besonders. Zuerst werden die grundlegenden Rechnungen bezahlt: Strom, Heizung, Wasser und Telefon. Alle anderen Rechnungen kommen später an die Reihe. In Zeiten
angespannter Haushaltslage muss man Verteilungsstrategien
entwickeln, das wissen auch Diplomaten. Vermieter, Lieferanten und Handwerker bleiben auf der Strecke. Ihre Mah-
nungen werden nicht berücksichtigt. Das ist beim Ottonormalverbraucher so und bei Diplomaten nicht anders.
Letztere haben allerdings den nicht zu unterschätzenden
Vorteil, dass sie durch ihre Immunität vor dem Gerichtsvollzieher geschützt sind. Der Handwerker kann nichts tun.
Wen sollte er wo verklagen? Und vor allem: Wo sollte er den
Gerichtsvollzieher hinschicken? Auch das Auswärtige Amt
ist in diesen Fällen machtlos. Die einzige Maßnahme des
Auswärtigen Amtes gegen säumige Diplomaten ist der Ver-
sand der eben schon erwähnten Verbalnote. In einer solchen
Verbalnote wird die Botschaft offiziell aufgefordert, die
Gläubiger zu befriedigen. In ganz schweren Fällen kann das
Auswärtige Amt einen diplomatischen Schuldner auch zur
›Persona non grata‹ erklären und des Landes verweisen. Das
kommt aber so gut wie gar nicht vor. Dem Vermieter und
Handwerker würde das ohnehin nichts nützen. Der Diplo-
mat ist weg, und das Geld kommt dadurch auch nicht wieder.
In den Jahren 2002 bis 2007 sammelte sich auf diesem Wege
ein Schuldenberg von Diplomaten in Höhe von zwölf Mil-
lionen Euro an.

Das Problem der Schulden ist so alt wie der Beruf Diplomat. Allerdings war man früher weniger zimperlich in der Durchsetzung der Forderungen. Mit der diplomatischen Immunität, die in vielen Staaten bereits im 18. Jahrhundert anerkannt war, nahm man es nicht so genau. In den Niederlanden wurde beispielsweise durch einen Trommler auf der Straße die anstehende Abreise eines fremden Gesandten angekündigt. Das war für die Gläubiger der Startschuss nach dem Motto: Rette sein Geld wer kann. In Preußen ergriff man richtig drakonische Maßnahmen. Diplomaten, die nicht bereit waren, ihre Schulden zu bezahlen, wurden in einigen Fällen sogar kurzerhand verhaftet. Auch die Österreicher wussten, wie man wirksam Geld eintreiben konnte. Im 18. Jahrhundert hielten sie das Gepäck eines russischen Diplomaten so lange zurück, bis dieser zähneknirschend seine Schulden bezahlte.

Heute ist man in diesen Fällen mehr auf das Staatswohl bedacht und überlässt die privaten Gläubiger ihrem Schicksal. Die Gläubiger werden sozusagen auf dem Altar der Staatsräson geopfert.

Diplomatische Mythen II

Kann ich vor einem deutschen Botschafter im Ausland heiraten?

Der Traum vieler Liebespaare ist eine romantische Hochzeit irgendwo fern der Heimat. Möglichst bei Sonnenschein und mit dem Reiz des Besonderen. Umso besser und exotischer, wenn auf der Heiratsurkunde als vollziehende Stelle ein deutsches Konsulat oder eine deutsche Botschaft vermerkt ist. Das wäre wirklich etwas ganz Besonderes. Aber ist eine solche Eheschließung vor einem deutschen Diplomaten im Ausland tatsächlich möglich?

In §24 des Konsulargesetzes heißt es zunächst einmal ganz lapidar über Honorarkonsularbeamte:

> Eheschließungen können sie jedoch nicht
> vornehmen.

Honorarkonsuln sind allerdings auch keine Diplomaten, sodass diese Tatsache nicht erstaunt. Sollte eine deutsche Botschaft aber das können, was ein Honorarkonsul nicht kann? Dazu genügt ein schneller und enttäuschender Blick auf die Webseite des Auswärtigen Amtes. Dort heißt es kurz und bündig:

> Eheschließungen vor Konsularbeamten einer
> deutschen Auslandsvertretung im Ausland sind
> gesetzlich nicht mehr vorgesehen. Daher ist eine
> Eheschließung bei einer deutschen Botschaft/
> einem deutschen Generalkonsulat nicht möglich.

Tatsächlich waren Trauungen vor Konsularbeamten einer Botschaft noch bis Ende 2008 möglich. Erste Voraussetzung war aber, dass das Auswärtige Amt Eheschließungen in diesem Land grundsätzlich zuließ. Im wesentlichen wurden solche Erlaubnisse für arabische Länder erteilt. Mindestens Braut oder Bräutigam musste deutscher Staatsangehöriger sein, und keiner der beiden durfte die Staatsangehörigkeit des Landes besitzen, in dem die Trauung durchgeführt werden sollte. Und noch etwas: Mal eben so auf die Schnelle wie in Las Vegas konnte man natürlich nicht heiraten. Auch die Botschaften haben bei solchen Eheschließungen ganz genau hingeschaut. Ohne die notwendigen Papiere wäre eine Trauung bei Beamten des Diplomatischen Dienstes nicht möglich gewesen. Und den notwendigen Vorlauf zur Prüfung der Papiere hätte die Botschaft ebenfalls benötigt.

Die Konsularbeamten einer Botschaft haben heutzutage aber in anderer Form mit Eheschließungen zu tun. Widmete man sich früher dem Thema noch ganz romantisch, sprach ein paar salbungsvolle Worte und schaute dem Brautpaar schließlich beim alles entscheidenden Kuss zu, kümmern sich die Botschaftsangehörigen heute nur noch um ganz profane Dinge. Nämlich um reine Verwaltungs- und Rechtsangelegenheiten. Das Thema Trauung dreht sich heutzutage nur noch um schnöde Dienstanfragen deutscher Standesämter. Die Standesämter stellen regelmäßig Anfragen zur Wirksamkeit ausländischer Eheschließungen, die von den Botschaften auf dem Dienstweg beantwortet werden. Im Wirrwarr der Globalisierung und multikultureller Ehen blicken die deutschen Standesbeamten oft nicht mehr durch und fragen bei den Botschaften vor Ort an, ob die im Ausland geschlossenen Ehen deutscher Staatsbürger mit ausländischen Staatsbürgern tatsächlich wirksam sind. Die Botschaften müssen dann aufklären, wie man wirksam eine Ehe vor Ort schließt. Sei es eine Ehe in Udaipur, Indien, in Li-

longwe, Malawi, oder in Thimphu, Bhutan. Dem Eheschlie-
ßungstourismus sind im Zeitalter der Globalisierung keine
Grenzen gesetzt. Interessant wird es immer dann, wenn es
sich um Arten von Eheschließungen handelt, die uns Mittel-
europäern außerordentlich befremdlich scheinen. So bekam
die deutsche Botschaft in Pakistan einmal die Anfrage eines
deutschen Standesamtes zur Wirksamkeit einer Eheschließung in Pakistan. Die Eheschließung war folgendermaßen
vor sich gegangen:

Die Braut, eine Deutsche, war persönlich bei der Trauung
anwesend. Das klingt schon einmal ganz gut und wundert
niemanden. Der Bräutigam hingegen war bei seiner eigenen
Trauung nicht anwesend. Er wurde von einer Freundin der
Braut vertreten. Das wiederum erscheint in unseren mittel-
europäischen Vorstellungen doch sehr ungewöhnlich. Wir
sind halt unverbesserliche Romantiker, und da gehören irgendwie beide Brautleute zu einer gelungenen Trauung.
Über die Gründe der Abwesenheit des Bräutigams ist nichts
bekannt. Sehr wahrscheinlich hatte er einfach wichtigere
Dinge zu tun, denn die eigene Hochzeit nimmt man vielleicht in solchen Ländern nicht so ernst wie bei uns. Die
Gründe seiner Abwesenheit interessierten den deutschen
Konsularbeamten jedenfalls herzlich wenig. Er hatte zu prü-
fen, ob hier alles mit rechten Dingen zugegangen war. Kann
man die Ehe nach pakistanischem Recht also wirklich durch
einen Vertreter schließen lassen? Muss man bei seiner eigenen Hochzeit nicht erscheinen? Das kam dem deutschen
Standesbeamten spanisch vor und er fragte bei der Deutschen Botschaft in Islamabad nach. Diese Nachfrage ergab,
dass die Eheschließung schon nach pakistanischem Recht
unwirksam war. Aber das hatte wenig mit den romantischen
Aspekten einer Heirat zu tun. Denn der Grund für die Un-
wirksamkeit war nicht etwa die Tatsache der Vertretung.
Nein, eine Vertretung ist grundsätzlich möglich und völlig

unproblematisch. Das Problem war hier, dass der Bräutigam durch eine Frau vertreten wurde. Sich als Mann durch eine Frau vertreten zu lassen, ist in vielen muslimischen Ländern völlig undenkbar. Als Mann kann man sich selbstverständlich nur durch einen Mann vertreten lassen. Alles andere geht nicht und wird rechtlich nicht akzeptiert. Denn Frauen gelten in diesen Ländern immer noch generell weniger als Männer, weshalb in vielen muslimischen Ländern bei Trauungen auch doppelt so viele weibliche Zeugen erforderlich sind wie männliche Zeugen. Solche Stellvertreterehen wie die beschriebene werden übrigens auch Handschuhehen genannt. Und zwar nicht etwa, weil die Braut lange Handschuhe bei der Trauung trägt, sondern weil die Überreichung des Handschuhs früher das Sinnbild für die Beauftragung eines Boten war.

Trotz der amtlichen Antwort der Botschaft in Islamabad blieben viele Fragen offen: Wie wurde eigentlich der Ehering überreicht? Bekam die Freundin der Braut diesen auf den Ringfinger gesteckt? Und wie verlief die Hochzeitsnacht? Diese Fragen blieben im unromantischen Dschungel des amtlichen Dienstweges stecken und wurden nie geklärt.

Eine besonders ausgefeilte Vertretungstechnik, die jede überflüssige Romantik von vornherein vermeidet, ist im Iran üblich. Auch hier kommt es immer wieder mal zu Anfragen von Standesämtern bei der deutschen Botschaft in Teheran, da ein halbwegs aufgeklärter Mitteleuropäer solche Gepflogenheiten nicht gewohnt ist und diese abgeklärte Geschäftlichkeit bei einer Ehe einfach nicht für möglich hält. Denn im Iran ist es durchaus gebräuchlich, jemanden zur Brautschau auf Wanderschaft zu schicken. Dabei handelt es sich keineswegs um die Wanderschaft des Bräutigams selbst, sondern es wird schlicht und ergreifend ein Vertreter losgeschickt. Sollte dieser Vertreter eine geeignete Braut gefunden haben, hat er die Befugnis, dieselbe sofort im Namen des

Vertretenen zu heiraten. Es gilt also das Motto: Nicht mehr weitersuchen, sondern festhalten – also Nägel mit Köpfen machen.

Für manche Eltern in Deutschland mag das nach paradiesischen Verhältnissen klingen, es ist allerdings die Frage, ob das für die Betroffenen so optimal ist. Unklar ist, welche Qualifikation dieser Mensch hat, der ja immerhin zwei völlig unbekannte Menschen für immer miteinander verbinden und womöglich noch glücklich machen soll. So zumindest nach unserem vielleicht etwas romantischem Verständnis. Man kann nur für alle Beteiligten hoffen, dass sich der Vertreter nicht nur Mühe gibt, sondern auch Menschenkenntnis besitzt. Und sollte die Ehe dann tatsächlich funktionieren, haben sich die Brautleute viele Trennungen und Tränen bei ihrer Suche nach dem Richtigen gespart.

Cut, Frack oder doch lieber nackt?

Was haben Hühner und Diplomaten gemeinsam? Auf den ersten Blick nichts. Aber auch Pfauen gehören zu den Hühnervögeln, und der Pfau ist der König unter den Hühnern. So gehören Diplomaten zur Familie der Beamten, haben aber mit einem Beamten des örtlichen Finanzamtes so viel gemein wie eben ein stattlicher Pfau mit einem eierlegenden Huhn aus der Legebatterie. Und sieht man dann noch die stolzgeschwellte und ordendekorierte Brust so manch eines Botschafters im Frack, dann ist das mindestens so beeindruckend wie ein radschlagender Pfau, wenn auch nicht ganz so farbig.

Der Pfau trägt sein Federkleid tagtäglich. Aber wann legt der Botschafter eigentlich seinen Frack an?

Die diplomatischen Bekleidungsregeln stellen männliche Diplomaten nicht wirklich vor große Herausforderungen. Da heißt es morgens: Nehme ich den dunkelblauen oder den grauen Anzug? Im Sommer könnte es auch ein beigefarbener Anzug sein.

Dies vor Augen, kann sich tagsüber eigentlich jedermann sofort in einen gediegenen Diplomaten verwandeln: Man benötigt lediglich einen guten dunklen Anzug, schwarze englische Schuhe und einen dezenten Schlips, um von den Diplomaten auf den Fluren des Auswärtigen Amtes in Berlin sofort als ihresgleichen akzeptiert zu werden. Wenn man das Ganze dann noch mit einem würdevollen und selbstbewussten Auftritt garniert und mit vielen gewichtigen Worten die einfachsten Lebenssachverhalte schildert, ist der Auftritt als Botschafter perfekt. Mit der passenden Optik eines graumelierten Herrn, kann dann schließlich gar nichts mehr schiefgehen. Die Reife grauer Haare ist übrigens im Fall der Fälle auch mit etwas Mehl zu erzeugen. Dieses Hausmittel wendete ein Freund von mir auf einem beruflichen Foto im Kontext internationaler Organisationen an. Er bestäubte kurzerhand sein Haar mit etwas Mehl, um sich mit durchschlagendem Erfolg ein würdigeres Aussehen zu verleihen.

Ist es morgens schon einfach, wird die Bekleidungswahl für männliche Diplomaten am Abend dann sogar noch einfacher. Denn da muss sich ein Diplomat gar nicht mehr entscheiden. Stattdessen genügt ein Blick auf die Einladungskarte, und schon weiß er, was zu tragen ist. Je nach Anlass ist das entweder der Frack, der Smoking oder wieder der dunkle Anzug.

Das war aber nur eine Seite der Medaille. Denn es gibt ja noch die Ehefrauen männlicher Diplomaten und die Diplomatinnen. Und das Thema Frauen und Kleidung ist nicht nur auf dem diplomatischen Parkett sehr speziell. Dort kann es aber wirklich dramatische Ausmaße annehmen. So erhielt ein Diplomat die Einladung zu einem Staatsbankett im Buckingham Palast. Unten rechts war auf der Einladung Folgendes vermerkt:

Evening Dress (White Tie), Decorations
Full Ceremonial Evening Dress for Serving Officers,
or National Dress

Für Zivilisten bedeutet das: Frack mit Orden oder Nationaltracht. Damen tragen passend zu den Herren ein langes Abendkleid und, soweit vorhanden, ein Diadem. Nur zum Vergleich: Auf der Einladung zu einem Abendessen beim Bundespräsidenten heißt es schlicht:

Empfohlene Kleidung
Smoking/Abendkleid

Bereits an diesem kleinen Detail sieht man den Unterschied zwischen unserer Demokratie und einer traditionsbewussten Monarchie. Der Bundespräsident gibt nur eine Empfehlung ab, und zwar auch eine Empfehlung für die Damen, alles also streng demokratisch und im Sinne politisch korrekter Gleichberechtigung. Bei der Queen hingegen strahlt schon die Einladungskarte Tradition aus und macht daher keinerlei Angaben zur Bekleidung der Damen, sondern nur zum Dresscode der Herren. Und von den Herren erwartet Ihre Majestät selbstverständlich, dass man(n) im Frack auftaucht. Wer keinen eigenen hat, leiht sich gefälligst einen!

Für den eingeladenen Diplomaten war die Sache klar, er kann es schwarz auf weiß ablesen, dass er den Frack mitsamt seinen Orden zu tragen hat. Aber was macht bloß seine Frau? Hier der Erfahrungsbericht der Ehefrau eines Diplomaten, die zum ersten Mal zu einem Staatsbankett im Buckingham Palast eingeladen war:

> Eine Einladung bei der Queen ist, als ob ein Märchen wahr werden würde. Allerdings versetzt der Eingang der Einladung gerade uns Frauen etwas in Panik. Was soll man anziehen? Wie sehe ich aus? Neben wem werde ich sitzen? Ich war genauso nervös wie vor meiner eigenen Hochzeit, auch wenn die schon über zwanzig Jahre her war. Und dann kamen die Anweisungen vom Protokoll, die mich vollends durcheinanderbrachten. Die Männer sind fein raus, immer denselben Frack oder Smoking. Mein Mann trägt seinen seit mittlerweile zwanzig Jahren. Schlafwandlerisch greift er bei solchen Einladungen in den Kleiderschrank, und das Thema ist erledigt. Aber

keine Panik, es ist ja nur ein Staatsbankett bei der Königin von England im Buckingham Palast!

Das Protokoll des Hofes gibt folgende Anweisungen zur Abendgarderobe von uns Damen:

Das Abendkleid soll »strukturiert« sein. Ich verstand rein gar nichts. Was soll denn das heißen? Das musste ich mir erst einmal von den Profis erläutern lassen. Der Stoff selbst sollte nicht so leicht sein, dass er sich in seiner Struktur nach dem Körper richtet wie zum Beispiel bei einem Stretchkleid. Das verstand ich schon eher. Der untere Teil des Kleides sollte ausladend sein, der obere Teil eine Art Verstärkung haben. Um es kurz zu machen: Man soll ein langes Abendkleid tragen, das nicht zu sexy sein darf. Das war aber noch nicht alles: Die Schuhe müssen an den Zehen geschlossen sein, und sie müssen Absätze haben. Und dann kommt es – man glaubt es eigentlich kaum, wenn man es liest: Es sollen Nylonstrümpfe getragen werden. Ich dachte: Gut, und was für Unterwäsche soll ich tragen? Die Unterwäsche ist so ungefähr der einzige Punkt, der noch offenblieb bei den Anweisungen des Protokolls.

Kaum hatte ich das mit den Nylons gelesen, dachte ich: Müssen alle Damen bei der Eingangskontrolle ihr Kleid hochraffen, damit die Sicherheitskräfte sehen können, ob man auch schön artig die Nylonstrümpfe trägt? Oder wie wird das sonst kontrolliert? Gibt es eine Art Nacktscanner, der auf Nylonstrümpfe spezialisiert ist? Und was passiert mit den Damen, die ohne Nylonstrümpfe erwischt werden? Müssen die wieder nach Hause gehen oder werden sie der Queen mit den Worten vorgestellt: Das ist Frau …, sie trägt übrigens keine Nylonstrümpfe!

Damit war also die Strumpf-Frage geklärt. Ich beschloss, keine Strümpfe zu tragen. Dann las ich weiter und langsam begann ich, mich über dieses völlig antiquierte Zeremoniell wirklich zu amüsieren. Allerdings blieb mir das Lachen im Halse stecken, wenn ich daran dachte, was mir bei einem Kleidungs-Fauxpas passieren könnte. Ich sah mich schon in meinem Dior-Kleid in einem moderigen Verlies des Towers verrotten, wo ich in den fünfzig Jahren, die mir auf Erden maximal noch verbleiben, keinen Sonnenstrahl mehr erblicken würde. Es ging weiter mit der Kleidungs-Tortur: Wenn man ein schulterfreies Kleid tragen möchte, dann bitteschön nur mit Handschuhen, die über den Ellbogen gezogen werden können. In der Tat très elegant, aber woher bekomme ich solche Handschuhe? Das wiederum wird einem nicht verraten, was so viel heißen mag wie: Wir wollen Sie so richtig ärgern und wünschen viel Spaß bei der Suche! Ich lese weiter und, wow!, bin begeistert: Wenn man ein Kleid mit kurzen Ärmelchen trägt, dann gestattet die Queen das Tragen von Handschuhen, die nur bis zum Ellbogen gehen. Langsam dachte ich, die wollen mich auf den unbehandschuhten Arm nehmen. Ach ja, ich vergaß die Haare. Diese werden üblicherweise hochgesteckt getragen. Irgendwie erleichterte mich bei dieser Lektüre das Wort ›üblicherweise‹. Das Wort hatte ich bislang vergeblich gesucht. Mit den Haaren sieht man das also nicht so eng, aber hochgesteckt sieht definitiv eleganter aus.

Mit diesen Instruktionen in der Tasche machte ich mich auf die Suche und probierte im Schweiße meines Angesichts nicht weniger als 23 Kleider an, bis ich das passende gefunden hatte. Der große Tag nahte mit riesigen Schritten. Zum Glück hatte ich jetzt alles zusammen und war überglücklich, mich endlich in voller Abendgarderobe im Spiegel betrachten zu können. War das wirklich ich dort im Spiegel?

Dann schritt man plötzlich die riesige Freitreppe im Palast hoch, und das Ganze erscheint einem irgendwie surreal. Als ob man Akteur in einem Spielfilm wäre, rauschte das alles an einem vorüber. Oben angekommen wurde man von einer Kammerfrau in Empfang genommen und in den Saal geführt, in dem die Cocktails gereicht werden. Heutzutage würde man aber wohl eher Personal Assistant der Königin sagen. Kammerfrau klingt so wahnsinnig altertümlich. Altertümlich geht es dann aber auch nach den Cocktails weiter, man kommt sich vor wie im Märchenfilm. Die Karte mit unseren Namen wurden einem offiziellen Mitarbeiter übergeben, und dann ging es los: Ein uniformierter Herr rief laut unsere Namen aus, und schon ist der große Moment gekommen. Wir standen vor der Königin, und meine Beine zitterten.

Sie lächelte, streckte mir die Hand entgegen und begrüßte mich. Ganz normal. Es ist eine Hand aus Fleisch und Blut. Ich hatte keine Zeit, sie länger zu untersuchen, aber alles hat sich ganz normal angefühlt. Trotzdem war ich so aufgeregt, dass ich mich kaum unter Kontrolle hatte und immer befürchtete, der Königin würden meine fehlenden Nylonstrümpfe auffallen. Seltsam. Sie sprach das Thema nicht an, und es wurde ein unvergesslicher Abend.

Wenn man das liest, nimmt sich eine Abendeinladung im Schloss Bellevue beim Bundespräsidenten wie ein Kneipenbesuch aus, auch wenn es dort bereits verhältnismäßig elegant zugeht.

Die Bekleidung hat in der Geschichte der Diplomatie immer eine immens wichtige psychologische Rolle gespielt. Je prächtiger das Gewand des Diplomaten war, desto größer war die Vorstellung von der Macht seines Auftraggebers. Im Laufe der Zeit glich sich die Kleidung der Diplomaten aber immer mehr an, bis es ab dem 18. Jahrhundert bei den meisten europäischen Staaten keine wesentlichen Unterschiede mehr gab. Das galt, bis die Bolschewisten in Russland an die Macht kamen. Die Bolschewisten krempelten mit ihrer Oktoberrevolution 1917 alles um. Jeder, der im Wege stand, wurde einen Kopf kürzer gemacht. Besonders im diplomatischen Dienst wurden die Köpfe gekürzt, denn im alten Russland wie in den meisten anderen europäischen Staaten galt der diplomatische Dienst als Hochburg der Aristokratie. Doch machten die Bolschewisten nicht nur bei den Köpfen Tabula rasa, sondern warfen auch die althergebrachte Kleiderordnung über Bord. Die sowjetischen Diplomaten trugen ab sofort tagsüber nicht mehr den Gehrock und abends nicht mehr den Frack. Das waren verpönte Insignien der revisionistischen Ausbeuterklasse. Man befreite sich von den Zwängen des Kapitalismus und legte überhaupt keinen Wert mehr auf irgendeine bürgerliche Kleiderordnung. Jeder trat auf wie ihm gerade zumute war. Interessant ist allerdings, dass diese Phase der sowjetischen Außenpolitik nicht lange dauerte. Schnell begriffen die Bolschewisten, dass sie mit ihrem groben Auftritt auf dem internationalen Parkett nicht viel hermachten und vor allem nicht ernst genommen wurden. Von heute auf morgen sah man die russischen Diplomaten wieder im kleidsamen Gehrock und im eleganten Frack herumstolzieren. Die Macht der Tradition des diplomatischen Parketts besiegte damals selbst die ungehobelten Revolutionäre, obwohl die sonst nicht gerade zimperlich im Umgang mit Traditionen waren. Die Bolschewisten gingen sogar noch weiter. Denn sie leisteten sich einen adligen Außenminister mit dem schönen Namen Tschitscherin. Irgendwie fühlten sich die ungestümen Revolutionäre dann doch durch einen Aristokraten international besser vertreten. Auch die DDR war im Anstrich ihrer Außenpolitik gar nicht ein solcher Arbeiter-und-Bauernstaat, wie man meinen könnte. Anfang der fünfziger Jahre war tatsächlich einen leibhaftiger Graf als Protokollchef des Außenministeriums im Einsatz. Graf von Thun-Hohenstein war auf einem riesigen Schloss aufgewachsen, arbeitete Jahrzehnte als hochrangiger Diplomat für die DDR und lebt heute als Rentner in einem Berliner Plattenbau. Offensichtlich wollten sich auch die deutschen Sozialisten keine Blöße geben und trauten dem Adel mehr Protokollfestigkeit zu als ihrer Arbeiter- und Bauernklientel. Die Macht der Traditionen und des Protokolls überschreiten somit nicht nur weltweite Ländergrenzen, sondern sogar die Grenzen der Systeme.

Worauf sowohl die bolschewistischen als auch die sozialistischen DDR-Diplomaten bei aller Umkrempelei zu keinem Zeitpunkt verzichten wollten, waren große Limousinen. Und damit lagen sie goldrichtig! Vor einiger Zeit antwortete ein ausländischer Botschafter auf die Frage eines Journalisten, ob es denn noch zeitgemäß wäre, sich als Botschafter mit einer großen Limousine durch die Gegend chauffieren zu lassen: »Natürlich ist das zeitgemäß. Es ist sogar absolut notwendig. Die Menschen erwarten das einfach von mir als Botschafter. Stellen Sie sich einmal vor, ich als Botschafter würde mit dem Bus fahren oder zur Übergabe meines Beglaubigungsschreibens an den Staatspräsidenten mit einem kleinen Gebrauchtwagen vorfahren. Das wäre lächerlich.«

Das Diplomatische Corps gehört im übrigen neben dem Vatikan zu der einzigen Kaste, die es geschafft hat, über Jahrhunderte hinweg den Nimbus der Exklusivität und zugleich einen unverbrüchlichen Verhaltenskodex zu wahren. Und selbst junge aufbrausende Revolutionäre halten sich an diesen Kodex. Auch in Deutschland gab es einmal einen jungen Wilden, der früher als Krawallmacher und Turnschuhträger von sich reden machte, aber plötzlich die althergebrachten Sitten des Diplomatischen Corps auf dem internationalen Parkett für sich entdeckte. Als Außenminister sah man Joschka Fischer plötzlich nur noch im eleganten maßgeschneiderten grauen Anzug mit Weste oder bei festlichen Anlässen sogar im Cut. Vorbei waren die Zeiten mit Jeans und Turnschuhen. Allerdings gab es eine klitzekleine Ausnahme, einen Fauxpas in Sachen Kleidung, den er sich am Anfang seiner Amtszeit leistete:

Bei seinem ersten festlichen Auftritt als frischgebackener Außenminister anlässlich des Neujahrsempfangs des Bundespräsidenten für das Diplomatische Corps erschien Joschka Fischer zwar nicht mit Turnschuhen, dafür aber im grauen Anzug. Das läuft bei einem solchen Empfang ungefähr auf dasselbe hinaus. Denn für den Neujahrsempfang schreiben die althergebrachten Sitten unbedingt den Cut vor. Und bevor das Diplomatische Corps mit solchen Traditionen bricht, müssen schon einige Jahrhunderte ins Land gehen. Seinen Fauxpas versuchte Joschka Fischer gegenüber dem tschechischen Botschafter, der ebenfalls nur im grauen Anzug erschien, mit dem Spruch zu überspielen: »Willkommen im Club der Republikaner.« Der Tscheche war gerade frisch dem Sozialismus entronnen und somit in gewisser Weise entschuldigt. Joschka Fischer hingegen konnte für sich keine Ausrede in Anspruch nehmen. Der Botschafter eines großen südamerikanischen Landes war über den grauen Anzug des Außenministers nicht nur empört, sondern wirklich erbost. Er machte dem Bundespräsidenten und dem mitempfangenden Außenminister selbstverständlich im Cut seine Aufwartung. Auch alle anderen Mitglieder des Diplomatischen Corps waren entweder im Cut oder in Landestracht angetreten. Das gebot die Höflichkeit der diplomatischen Etikette, oder wie man unter Diplomaten sagt: des Protokolls. Sein südamerikanisches Temperament brodelte und er wollte dem Außenminister eine Lektion erteilen, die sich gewaschen hatte. Er war ein alter Hase auf dem Parkett und wusste genau, wo man jemanden wie Joschka Fischer packen konnte.

Der Plan war folgender: Bei dem auf die Begrüßung folgenden Empfang würde er seine Nähe suchen, sich bei geeigneter Gelegenheit umdrehen, ihm sein leeres Champagnerglas in die Hand drücken und ihn auffordern, ein weiteres Glas für sich und seine Begleitung zu bringen. Getreu dem Motto: Kleider machen Leute. Oder anders ausgedrückt: Gibt es unter Hunderten Cut-Trägern eine Person im grauen Anzug, kann es sich nur um Personal handeln.

Joschka Fischer hatte gerade erst den Posten des Außenministers übernommen, und sein Gesicht war im Diplomatischen Corps noch relativ unbekannt. Eine solche Champagnerbestellung wäre also gar nicht mal so abwegig gewesen. Doch Kollegen anderer Botschaften konnten den Botschafter mit Müh und Not von seinem Plan abbringen. Wie wohl die Reaktion von Joschka Fischer gewesen wäre?

Auch ohne einen solchen Denkzettel konnte das Diplomatische Corps in den folgenden Jahren feststellen, dass Außenminister Fischer seine Lektion gelernt hatte. Er erschien bei den folgenden Neujahrsempfängen regelmäßig im eleganten Cut.

Über den damaligen Botschafter des südamerikanischen Landes muss man wissen, dass er einen Ruf als großer Anhänger althergebrachter diplomatischer Gebräuche zu verteidigen hatte. Dazu gehörte, dass man als Botschafter in erster Linie abends arbeitet, soll heißen auf Cocktail- und Dinnerpartys. Man sah ihn also fast nie in seinem Büro in der Botschaft, dafür aber umso öfter bei Abendveranstaltungen jedweder Art und bei der einen oder anderen Konzertveranstaltung. Das soll keineswegs heißen, dass der Botschafter etwa den halben Tag mit Nichtstun im Bett verbracht hätte. Keineswegs! Sein Tag unterlag einem strikten Reglement. Morgens sah man ihn Punkt 9 Uhr in Joggingbekleidung in die bereits wartende dunkelblaue Limousine der S-Klasse steigen. Der Chauffeur öffnete dem Jogger die Tür des Wagens, der Botschafter setzte sich in den Fond hinten rechts, der Chauffeur schloss die Tür, und los ging die Fahrt. Direkt zur Joggingstrecke an den Berliner Schlachtensee, wo der Botschafter einige Runden im Wald drehte. Jeden zweiten Tag allerdings erschien er morgens in Reitkleidung und ließ sich zum Reitstall fahren. Anschließend ging es mit derselben Prozedur wieder zurück in die Residenz. Mit dem kleinen Unterschied, dass die Kleidung wegen der Transpiration etwas angefeuchtet war. Es war daher rein gesundheitlich notwendig, dass der Chauffeur die Klimaanlage des Wagens auf genau 25 Grad einstellte. Ansonsten wäre die Erkältungsgefahr für den Botschafter einfach zu hoch gewesen. Wieder zurück in der Residenz lagen im vorgeheizten Badezimmer die Handtücher bereit. Nach der ausgiebigen Dusche mit exakt 37 Grad Wassertemperatur stand auf der Terrasse der Residenz im noblen Berliner Stadtbezirk Dahlem das ausgiebige Frühstück bereit. Der Einfachheit halber nahm der Botschafter das Frühstück im Morgenmantel ein. Es gab jeden Morgen Rührei und einen frisch gepressten Orangensaft. Das Ganze wurde gewürzt mit der Lektüre einiger Zeitungen und dem Führen ausschließlich privater Telefongespräche. Währenddessen lag die ganze Zeit eine Katze auf seinem Schoß, die er zwischendurch immer mal wieder streichelte und die sogar den einen oder anderen Happen mitaß. Der tagtäglich im Garten herumlungernde Gärtner verfiel derweil in große Hektik und tat so, als ob er sich an den Büschen zu schaffen machte. Kaum war der Botschafter wieder im Hause verschwunden, endete die Arbeitswut des Gärtners genauso abrupt, wie sie angefangen hatte, und er zückte selbst sein Handy. Der Botschafter machte sich im Anschluss daran mit Limousine und Chauffeur – dieselbe Prozedur wie beim Joggen – auf den Weg zu seinem Tennisclub, wo er mit einem Freund einige Bälle wechselte und anschließend im Clubrestaurant sein Mittagessen einnahm. Danach ging es wieder mit Chauffeur und Limousine zurück in die Residenz zum wohlverdienten Mittagschlaf. Der Tee wurde sodann wieder auf der Terrasse eingenommen, gemeinsam mit seinen wechselnden Frauenbekanntschaften. Nach diesem anstrengenden Tagewerk ging es bereits ans Umziehen, denn das Abendprogramm wartete und füllte den Botschafter komplett aus. Wenn er nicht selbst irgendwo eingeladen war, veranstaltete er eigene Partys oder Barbecues mit illustren Gästen, die bis spät in die Nacht dauerten. Der Tagesablauf war fast jeden Tag identisch und entsprach nicht wirklich dem, was von einem modernen Botschafter erwartet wird. Manch einem von uns fällt dazu nur noch der Spruch ein: So wie der arbeitet, möchte ich einmal Urlaub machen.

Zur Ehrenrettung des Botschafters muss allerdings gesagt werden, dass er einen ungewöhnlich großen Bekanntenkreis besaß und in der Gesellschaft sehr beliebt war. Ein solches Ansehen kann für einen Diplomaten manchmal wichtiger sein, als mit dem allergrößten Fleiß die Schreibtischarbeit zu erledigen. Noch dazu war der Botschafter immer außerordentlich gut und elegant gekleidet. Überhaupt war er ein ungewöhnlich kultivierter Mann, der die Prioritäten einfach nach seinen Interessen ausrichtete. Und den beruflichen Aufgaben galt nun einmal nicht sein größtes Interesse. Man muss aber sagen, dass solche Exzentriker – vielleicht könnte man auch Nichtsnutze sagen? – im Diplomatischen Dienst aussterben. Was daran liegen mag, dass die Kontrolle einfach größer geworden ist. Nur auf ganz entfernten Posten, bei denen man noch nicht einmal so genau den Namen des Landes, geschweige denn den Namen der Hauptstadt kennt, kann sich ein Diplomat heute noch ein wenig Exzentrik leisten.

Manchmal führt Exzentrik gepaart mit ungewöhnlicher Eleganz zu protokollarischen Schrecksekunden, um nicht zu sagen handfesten Skandalen. Man erinnere sich an den Auftritt von Hape Kerkeling als Königin Beatrix. Ein legendäres Täuschungsmanöver und ein Supergau für die Verantwortlichen. Auch gab es vor einigen Jahren einen französischen Privatmann, der sich einen Sport daraus machte, sich unbemerkt auf die sogenannten Familienfotos der Regierungschefs bei den EU-Gipfeltreffen zu schmuggeln. Auf denen ist er in lockerer Unterhaltung mit den Großen der Welt zu sehen. Das fiel niemandem auf, nicht François Mitterand, nicht Helmut Kohl und schon gar nicht den Sicherheitskräften. Denn dieser Mann hatte einfach alles, was ein Staatsmann braucht. Er war gut gekleidet, hatte ein staatsmännisches Äußeres und den entsprechenden Auftritt auf dem Parkett. Und alle fragten sich danach: Wer war eigentlich dieser nette distinguierte Herr, mit dem ich mich beim Foto-Shooting so gut unterhielt und der neben Jean-Claude Juncker auf dem Foto zu sehen ist? Wie er es immer wieder schaffte, sich in diese erlesenen Kreise einzuschleichen, bleibt bis heute sein Geheimnis. Eingeladen war er jedenfalls nicht.

Einen noch brisanteren, ähnlichen Vorfall gab es 2009 bei einem Staatsempfang im Weißen Haus. Ein schillerndes Paar tauchte wie aus dem Nichts dort auf. Sie eine hochgewachsene attraktive Blondine, er ein erfolgreich aussehender Mann, beide aber ohne den soignierten Charme des fortgeschrittenen Alters. Ohne größere Zurückhaltung oder Berührungsängste schossen sie einige Privatfotos mit dem Präsidenten, wichtigen Gästen und dem militärischen Sicherheitspersonal.

Am nächsten Tag stellten sie diese Fotos ins Internet. Erst dann wurde ruchbar, dass dieses Paar weder auf der Gästeliste vermerkt, geschweige denn eingeladen war. Auch hier hatte das Sicherheitspersonal offensichtlich geschlafen oder bestand ausschließlich aus Männern, die sich von der Schönheit und dem Auftritt der Frau blenden ließen.

Maßstäbe hinsichtlich der klassischen männlichen Bekleidung – und damit auch für Diplomaten – setzten schon immer die Engländer. Ein englischer Diplomat würde beispielsweise außerhalb der Tropen nie auf die Idee kommen, die hierzulande so beliebten kurzärmeligen Hemden zu tragen. Als ich vor einigen Jahren einmal mehrere Wochen in indischen Luxushotels unterwegs war, traf ich mehrfach auf eine Gruppe englischer Diplomaten, die mit ihren Frauen Urlaub machten. Wir hatten dieselbe Reiseroute und trafen uns immer wieder in verschiedenen Hotels. Es war März, in Indien bedeutet das Temperaturen von über dreißig Grad und dauerhaften Sonnenschein. Für die Engländer war es selbstverständlich, zum allabendlichen Dinner im dunklen Anzug zu erscheinen. Die Anzüge waren selbstverständlich maßgeschneidert, so wie es bei vielen englischen Diplomaten üblich ist.

Natürlich dürfen neben einem guten Anzug auch gute englische Schuhe nicht fehlen. Einen Gentleman erkennt man an den Schuhen, das wissen bekanntermaßen auch die Damen der käuflichen Liebe und taxieren ihr Gegenüber nach der Qualität der Schuhe. Auch die meisten Diplomaten wissen das. Ein mir befreundeter deutscher Diplomat erzählte mir, dass er bei einer Tanzveranstaltung eingeladen war, bei der man im Smoking erscheinen musste. Wenn man es perfekt machen möchte, zieht man zum Smoking schwarze Lackschuhe an. Mindestens aber elegantere schwarze Schuhe. Das Problem bei ihm war, dass er zwar an alles gedacht hatte, nicht aber an schwarze Schuhe. Er kam gerade von einem

Wanderurlaub und hatte leider nur dunkelbraune Wander-schuhe dabei. Die Lackschuhe standen bei ihm zu Hause im Schrank. Dort standen sie gut, das Problem war nur, dass dieser Schrank ungefähr 700 km entfernt war. Es kam auch nicht infrage, sich Schuhe zu leihen. Zu allem Unglück hatten noch dazu alle Geschäfte bereits geschlossen. Was tun? Im Grunde gab es nur zwei Alternativen: Entweder er würde die Veranstaltung unter fadenscheinigen Ausreden kurzfristig absagen, oder er würde dort mit seinen Wanderschuhen auftauchen und hoffen, dass niemand seine Schuhwahl bemerkt. Er entschied sich für die zweite Variante und erzählte mir, dass er selten einen so lockeren und netten Abend verbracht hätte. Denn natürlich fielen seine unglaublich klobigen Schuhe sofort auf. Sobald er aber bemerkte, dass seine Gesprächspartner auf die Schuhe starrten, trat er die Flucht nach vorn an und erzählte die wahre Geschichte. In dem Moment, als er die Geschichte erzählte, war die Atmosphäre gelockert, und seine Gesprächspartner schmunzelten mit großem Verständnis. Nur mit dem Tanzen war es so eine Sache. Mit Wanderschuhen lässt man das lieber, allein schon, um die Füße seiner Tanzpartnerin zu schonen.

Interessant war übrigens auch, dass jeder der Gesprächspartner des Diplomaten eine ähnliche Geschichte zu erzählen hatte. Das ging los mit vergessenen Manschettenknöpfen, die durch Büroklammern ersetzt wurden, und endete mit der Geschichte des österreichischen Botschafters, der Besuch vom österreichischen Bundespräsidenten bekam. Als es um eine Abendveranstaltung ging, die der Bundespräsident im Frack besuchen sollte, stellte man fest, dass der Präsident seinen Frack vergessen hatte. Bundespräsidenten sind halt auch nur Menschen. Kurzerhand wurde beschlossen, dass der Botschafter fadenscheinige wichtige dienstliche Gründe vorschieben und absagen müsste, der Bundespräsident aber teilnehmen werde – im Frack des Botschafters. Der Zufall wollte es, dass beide dieselbe Konfektionsgröße trugen. Ob mit dieser Nothilfe Vorteile bei der nächsten Beförderung verbunden waren, ist leider nicht bekannt.

Aber wann kommt denn nun welches Kleidungsstück zum Einsatz? Am häufigsten, und zwar tagein, tagaus, tragen Diplomaten ihre Arbeitskleidung: den dunklen Anzug. Den Cut, im englischen auch morning coat genannt, trägt man bei festlichen Veranstaltungen, die spätestens um 18 Uhr beendet sind, beispielsweise bei Hochzeiten wie der von Prinz William und Kate. Der Cut kommt aber auch bei Beerdigungen zum Einsatz. Protokollarisch vorgeschrieben ist der Cut für Diplomaten in jedem Fall beim Neujahrsempfang. Und wie man bei Joschka Fischer gesehen hat, sorgt es für Verstimmungen, falls man als Gastgeber underdressed ist. Aber auch als Gast ist es natürlich unpassend und unhöflich, underdressed zu sein.

In Zeiten moderner Kommunikation kommen manche Gastgeber aufgrund irgendwelcher unvorhergesehenen Umstände manchmal auf die Idee, die Kleiderordnung kurzfristig zu ändern. So machte es ein Botschafter, der zum Dinner in seiner Residenz im Smoking bat. In letzter Minute hatte sich ein hoher Gast angemeldet, der aber keinen Smoking zur Hand hatte. Da es sich nur um eine kleine Veranstaltung handelte, wurde jeder Gast telefonisch darüber informiert, dass man nun im dunklen Anzug zu erscheinen habe. Die Gastgeber erreichten, wie das immer so ist, alle Gäste bis auf einen. Die Sekretärin dieses einen Botschafters wurde gebeten, ihm die Änderung auszurichten. Es wurde eine Nachricht auf der Mailbox hinterlassen, eine SMS gesendet und noch eine E-Mail hinterhergeschickt. Der Botschafter stand dann abends als Einziger im Smoking vor der Tür. Eine peinliche Situation für den Gastgeber. Denn nichts ist so peinlich wie underdressed zu sein, es sei denn man ist overdressed. Der Botschafter im Smoking nahm es zum Glück gelassen.

Er hatte schlicht und ergreifend den ganzen Tag auswärts verbracht und sein Handy im Büro vergessen. Die Nachricht hatte ihn einfach nicht mehr erreicht.

Den Smoking trägt man übrigens bei festlicheren Abendessen, wohingegen die Krönung der Abendbekleidung, der Frack, bei dem einen oder anderen Staatsbankett zum Einsatz kommt. Der Frack ist – um im Bild zu bleiben – der aufgefächerte Federschmuck des Pfaus. Und daher ist es ausschließlich der Frack, an dem die Diplomaten bei festlichen Anlässen ihre Orden befestigen können. Gleichzeitig ist er aber auch das Kleidungsstück, welches am wenigsten benötigt wird. Im Grunde wird der Frack sogar fast nie benötigt. Man sieht ihn heutzutage eigentlich nur noch im Fernsehen bei der jährlichen Direktübertragung des Wiener Opernballs. Eine der wenigen Pflichtübungen für Diplomaten im Frack ist die Übergabe des Beglaubigungsschreibens an die Queen. Aber welcher Diplomat kommt schon in den Genuss, der Queen im Frack gegenübertreten zu dürfen? Ansonsten wird der Frack noch bei der Verleihung des Nobelpreises getragen.

Für einen männlichen Diplomaten gilt also: Um auf dem diplomatischen Parkett bestehen zu können, sollte in seinem gutsortierten Kleiderschrank mindestens ein dunkler Anzug, ein Cut, ein Smoking und ein Frack hängen. Das ist für das diplomatische Überleben völlig ausreichend. Und wenn einmal etwas fehlen sollte, leiht man sich derartige Utensilien heutzutage bei einem Kostümverleih.

Wer denkt: Was gehen mich die Unterschiede zwischen Cut, Smoking und Frack an, das sind doch alles Zwirnspaltereien, Hauptsache man hat überhaupt etwas an, der hat, zumindest was die Stilfragen fürs diplomatische Parkett anbetrifft, noch nicht alles begriffen. Wer allerdings sogar über der Frage des ›dressed‹ steht, der nackten Existenz unerschrocken ins Auge blickt und sagt, was soll's, Hauptsache gesund, der hat die Gelassenheit und Souveränität großer Diplomaten erreicht.

Dazu eine Episode aus einer deutschen Botschaft in Zentralafrika: Sehr zur Freude des dortigen, damals nicht eben mit dringenden dienstlichen Angelegenheiten überlasteten Botschafters hatte sich vor einigen Jahren eine Delegation aus Deutschland angemeldet. Einige Politiker, Staatssekretäre, deren Ehefrauen und auch der einflussreiche Präsident einer bekannten deutschen Universität, nennen wir ihn hier einmal Prof. Dr. Dr. Herbert. Die Repräsentationsmöglichkeiten sind in manchen dieser kleineren Botschaften nur allzu begrenzt. So sehr sich der Botschafter auch bemühte, er fand keinen geeigneten Ort für die in solchen Fällen angemessene Dinnerparty. Entweder waren die infrage kommenden Räume zu klein, zu teuer oder anderweitig ungeeignet. Schließlich beschloss der Botschafter, die Party in seiner Residenz zu veranstalten. Es gab da allerdings ein Problem: Er konnte nicht alle Delegationsmitglieder unterbringen. Somit mussten einige wenige Teilnehmer ausgeladen werden. Eine peinliche und auch pikante Angelegenheit, die aber schließlich gelöst wurde. Jedenfalls zählte Professor Herbert trotz seiner ganz erheblichen Bemühungen nicht zu den geladenen Gästen des Botschafters.

Der Abend versprach sehr schön zu werden. Die Räume waren gut klimatisiert, Diener in weißen Jacketts standen mit Getränken bereit, und die ersten Gäste trafen ein. Die Herren ganz klassisch im dunklen Anzug mit Schlips und die Damen in wunderschönen farbenprächtigen Seidenkleidern. Drinks wurden gereicht, der Raum füllte sich, und alle Gäste amüsierten sich prächtig. Allerdings stellte sich langsam der Hunger ein, und das Essen war immer noch nicht serviert. Man wartete noch auf einen sehr verspäteten Staatsekretär und dessen Ehefrau. Es klingelte an der Tür. Welch eine Erleichterung, nun konnte es endlich mit dem Essen losgehen!

An der Tür stand der Staatssekretär, allerdings hatte dieser zur allgemeinen Überraschung nicht seine Frau dabei, sondern den nicht eingeladenen Professor Herbert. Die Verwirrung war groß und wurde schnell geklärt. Die Ehefrau war krank geworden, und der Staatssekretär hatte den völlig verstörten Universitätsprofessor etwas orientierungslos auf der Straße aufgegabelt. Vor Schweiß triefend, mit wirren Haaren und einem verstörten Blick hatte sich dieser bei Dunkelheit in einem staubigen dunklen Anzug zu Fuß auf der Sandpiste befunden. Das war nicht nur wegen des Autoverkehrs gefährlich, sondern auch wegen der akuten Gefahr von Überfällen. Kurz und gut, der Staatssekretär hatte Professor Herbert aufgesammelt und mitgebracht, damit sich dieser wieder in akzeptable Form bringen konnte. Der Schlips des Professors hing auf halb acht, der Anzug war staubig, und überhaupt machte er einen bedauernswerten und derangierten Eindruck. Der Professor sollte sich also in den klimatisierten Räumen des Botschafters kurz erholen. Der Botschafter war natürlich damit einverstanden. Der zerstreute Professor legte sich im Nebenzimmer auf ein Sofa und erhielt zur Erfrischung einen kleinen Drink. Er schien sich wohlzufühlen und schlummerte ein.

Die Party nahm indessen ihren Fortgang. Die Gäste hatten es sich bequem gemacht, das Essen schmeckte, der Kaffee wurde serviert, und die Stimmung war hervorragend. Während man sich angeregt unterhielt, öffnete sich plötzlich die Tür des Nebenzimmers. Professor Herbert kam hereinspaziert, schloss ordentlich die Tür hinter sich und wünschte den versammelten Gästen einen wunderschönen guten Abend. An sich kein ungewöhnlicher Vorgang. Trotzdem verstummte die Unterhaltung im Raum. Denn das Ungewöhnliche an dem Vorgang war, dass der Professor splitterfasernackt war. Offensichtlich hatte er sich im Nebenzimmer seiner Kleidung mitsamt Unterhose entledigt. Während eine anwesende zur Hysterie neigende Dame in Ohnmacht fiel, ließ sich der nackte Professor nichts anmerken. Er nahm den Ohnmachtsanfall kopfschüttelnd zur Kenntnis, gabelte in aller Seelenruhe am Büffet ein paar Scampis auf und gesellte sich in der größten Selbstverständlichkeit zu einer Dreierrunde an einem Stehtisch. Dabei ließ er es sich noch nicht einmal nehmen, einen anwesenden Diener um ein Glas Wein zu bitten. Kurzum, er verhielt sich so, als ob seine Nacktheit in dieser Runde der normalste Zustand der Welt wäre. Der Botschafter besaß schließlich die Geistesgegenwart, den Professor höflich und sachte am Arm zu nehmen, um ihn wieder ins Nebenzimmer zu befördern. Kaum hatte der Botschafter aber den Arm berührt, schlug der Professor wild um sich. Der Botschafter ging, von einem gezielten Schlag getroffen, zu Boden. Auch der nächste Botschaftsangestellte wurde mit einem zielsicheren Schlag niedergestreckt. Schließlich entstand eine heftige Rauferei zwischen mehreren männlichen Gästen und Professor Herbert. Der Professor, sonst nur wegen seiner Forschung und als Verfasser wissenschaftlicher Literatur bekannt, erwies sich als außerordentlich begnadeter und sehr schlagkräftiger Boxer. Schließlich gelang es mehreren starken Männern, den Rasenden ins Nebenzimmer zu befördern, wo seine Kleidung mitsamt Unterhose fein säuberlich über einen Sessel gehängt war. In ihrer Not fesselten sie den Professor mit eilig herbeigeholtem Paketband an einen Stuhl. Für den herbeigerufenen Arzt war die Diagnose eine Routineangelegenheit. Es handelte sich um den Tropenkoller, eine mit krankhaften Erregungszuständen und Tobsuchtsanfällen verbundene psychologische Störung, die in der dortigen Klimazone nicht selten ist. Der Professor wurde mit einem Krankenwagen abtransportiert und erholte sich in den folgenden Tagen glücklicherweise sehr schnell. An den Vorfall konnte er sich nicht mehr erinnern. Stattdessen bedankte er sich bei dem Botschafter noch einmal recht herzlich für die gelungene Dinnerparty. Der Botschafter, zwar mit blauem Auge, aber durch und durch Diplomat, dankte Professor Herbert für seine Anwesenheit. Er, der Botschafter, sei sehr beeindruckt von der Schlagfertigkeit des Professors gewesen und auch bei den anwesenden Damen habe er durchaus einen bleibenden Eindruck hinterlassen. Der Professor war zufrieden und konnte glücklich nach Deutschland zurückreisen.

Trotz aller Nacktheit unserer Existenz kann man mit Fug und Recht behaupten, dass Cut, Smoking und Frack zur Berufskleidung eines Diplomaten gehören. Beim Wort Berufskleidung stellt jeder Pragmatiker gleich die Frage: Können Diplomaten den Smoking, den Frack, den Cut und vielleicht sogar den dunklen Anzug von der Steuer absetzen? Oder anders gefragt: Kaufen sich Diplomaten mit steuerlicher Unterstützung einen Frack, um beim nächsten Galadinner eine gute Figur zu machen? Die steuerzahlenden Nichtdiplomaten können beruhigt sein: Die Antwort lautet nein. Bei Diplomaten gehen diese Utensilien nicht als Berufskleidung durch. Der örtliche Finanzbeamte (das eierlegende Huhn aus der Legebatterie) setzt offensichtlich voraus, dass Diplomaten einer ganz besonderen und seltenen Spezies angehören, die auch privat im Cut oder im Frack herumlaufen. Man könnte dabei auf die Idee kommen, das sei der Neid der Hühner auf den Pfau. Denn beispielsweise der Hotel-Empfangschef, der Leichenbestatter, aber auch der Berufsmusiker und der Oberkellner dürfen ihre Fräcke und Cuts steuerlich absetzen. Darüber wird sich so mancher Diplomat heimlich ärgern. Denn zumindest in der Frage der steuerlichen Absetzbarkeit der Kleidung sieht er sich selbstverständlich nicht als besondere Spezies und trägt diese Kleidungsstücke tatsächlich nur zu dienstlichen Anlässen. In allen anderen Fragen sieht er sich trotz allen Understatements schon als etwas Besonderes und möchte keinesfalls mit einem Hotel-Empfangschef oder gar

Leichenbestatter in einen Topf geworfen werden. Gleichzeitig fragen sich aber auch viele Diplomaten völlig zu Recht: Welche privaten Veranstaltungen gibt es denn überhaupt, bei denen ein Cut oder Frack getragen wird? Tatsächlich gibt es sie, diese kleinen, aber feinen Privatveranstaltungen. Aber das ist kein Thema für das Finanzamt.

Und nun kommen wir noch einmal zurück zu den Damen. Zu den Frauen, *den Engeln der Erde, des Himmels lieblichste Schöpfung!* So schwärmte zumindest der französische Diplomat und Poet Alphonse de Lamartine im 19. Jahrhundert über die Frauen. Und welcher Diplomat möchte sie schon missen, die Frauen? Sie bringen auch in den ödesten Alltag Farbtupfer und für diplomatische Abendveranstaltungen gilt das sogar im wahrsten Sinne des Wortes. Das ist aber genau der Punkt, der Frauen damals wie heute in arge Bedrängnis bringt. Denn sie stehen damals wie heute vor dem Kleiderschrank und haben tatsächlich die Qual der Wahl in Sachen Bekleidung. Doch sie sind in diesen Dingen einfach viel kreativer, viel flexibler, viel bunter und viel abwechslungsreicher als Männer, und deshalb ist die Kleiderordnung bei Diplomatinnen oder den Frauen von Diplomaten weniger strikt. Der einzige kleine Farbklecks bei der männlichen Abendbekleidung sind die Orden am Frack, und die sind in der Regel nicht besonders groß. Und jeder, der bislang keinen Orden verliehen bekommen hat, läuft lediglich in Schwarz-weiß herum. Es ist die Kleidung der Damen, die einer Veranstaltung Farbe verleiht. Dafür haben es die Damen aber auch wirklich schwer bei der Wahl ihrer Kleidung. Als kleine Entscheidungshilfe für diese Fälle soll hier einmal aus dem Buch *Das diplomatische Protokoll* des Auswärtigen Dienstes der DDR aus dem Jahre 1985 von Daniel Dreimann zitiert werden. Dort heißt es unter der Überschrift »Damenbekleidung im diplomatischen Leben«:

> Farbe, Muster und Schnitt hängen vom Typ, der
> Figur und dem Alter der Trägerin ab und sind
> stärker an die Mode gebunden als bei den Herren.

Aber hilft das der Diplomatin vor dem Kleiderschrank wirklich bei der Lösung ihres Problems? Denn gerade die dort genannten Punkte sind ja das Problem. Der Kleiderschrank ist zwar randvoll, aber es passt nichts mehr, weil die Figur aus dem Ruder geraten, das Alter zu weit fortgeschritten und man ohnehin nicht mehr so schön ist wie noch vor einigen Jahren. So bildet es sich zumindest die Frau vor dem Kleiderschrank ein. Im Grunde wären aus Sicht der Frau ein Einkaufsbummel und der komplette Austausch der Garderobe angesagt. Dieser Einkauf sollte sich aus protokollarischer Sicht von dienstlichen Belangen leiten lassen. Der Kauf welcher Kleidung wäre denn zweckmäßig? Dazu rät das Protokoll des DDR-Außenministeriums:

> Zweckmäßig ist ein zeitloser Kleiderbestand, der
> jeden Modewechsel überdauert. Dazu gehören
> Kostüme, dunkle, schlicht gearbeitete Kleider,
> die durch Beiwerk dem Anlass entsprechend abge-
> wandelt werden können.

Möchte man oder besser gesagt frau heutzutage wirklich einen »zeitlosen« Kleiderbestand sehen, der »jeden Modewechsel überdauert«? Gibt es so etwas überhaupt? Das wäre doch entsetzlich langweilig, und das diplomatische Leben wäre um eine bunte Facette ärmer. Auch wenn es da ja noch das beschworene »Beiwerk« zur »Abwandlung« gibt. Aber was soll das eigentlich sein? Den Begriff Beiwerk verbindet man eigentlich eher mit dem zusammengefummelten Grünzeug, welches bei einem Blumenstrauß behelfsmäßig zwischen die Blumen gesteckt wird. Handelt es sich dabei um einen Schal oder vielleicht eine Federboa? Jedenfalls um ein Utensil, mit dem man den Staub des »zeitlosen Kleiderbestandes« übertünchen könnte.

Aber damit sind die Ausführungen für den diplomatischen Dienst der DDR noch nicht erschöpft:

> Das Straßenkleid ist betont einfach, oft sportlich
> im Schnitt, das Material der Jahreszeit und ihren
> Temperaturen angepasst.

Diese Ausführungen erscheinen gerade wegen des Hinweises, dass das Material den Temperaturen angepasst ist, als außerordentlich hilfreich. Denn wer möchte schon auf einem Botschaftsempfang im Oman im dicken Wollkleid herumlaufen?

> Das Nachmittagskleid ist aus gutem Material und
> in Farbe, Muster und Schnitt von schlichter Eleganz.
> Es wird bei Besuchen und kleinen Festlichkeiten
> getragen, zu denen der Herr einen dunklen Anzug
> bevorzugt.

Okay. Hier wird der Zusammenhang zur Kleidung des Mannes hergestellt. Das ist tatsächlich ein nützlicher Tipp, da sich die Damenkleidung in dieser männerdominierten Branche immer nach den Vorgaben für die Männer richtet.

> Das Schneiderkostüm ist aus dunklem oder sogar
> schwarzem Material in einer zeitlos modischen
> Gestaltung gearbeitet. Mit einer entsprechenden
> Bluse kann es bei vielen offiziellen Anlässen bis in
> den Abend hinein getragen werden.

Der Begriff »Schneiderkostüm« ist entweder etwas aus der Mode gekommen oder es handelte sich um einen rein sozialistischen Ausdruck, der die Wende nicht überlebt hat. Oder sagt Ihnen das »Schneiderkostüm« etwas? Immerhin gibt es aber bei diesem Passus aus dem Protokoll der DDR einen Hinweis zum Farbton, was der vor dem Kleiderschrank stehenden überforderten Dame schon einmal eine Richtung vorgibt. Und schließlich geht es auf den Abend zu:

> Das Cocktailkleid ist ein kleines Festkleid, das aus hochwertigem Material gearbeitet ist. Es wird am späten Nachmittag zu Veranstaltungen getragen, für die das Nachmittagskleid nicht mehr angebracht ist.
> Das Abend- oder Festkleid ist aus betont festlich wirkendem Material.

Interessant ist an alledem, dass der sozialistische diplomatische Dienst sich offensichtlich komplett den bürgerlichen Vorgaben des diplomatischen Protokolls unterworfen hatte. Selbst die Wortwahl klingt nicht etwa nur bürgerlich, sondern sogar fast spießbürgerlich. Sie hätte auch einem Katalog des Otto Versands aus den siebziger Jahren des letzten Jahrhunderts entnommen sein können. Dennoch bekommt man hier einen kleinen Überblick darüber, was die Damen zu welchen Anlässen anziehen können. Zwar wenig konkret, aber immerhin wird irgendwie eine Richtung klar. Letztlich gilt für die ratlose Dame vor dem Kleiderschrank am Rande des Nervenzusammenbruchs die Richtschnur: Orientieren Sie sich an der Kleidung, die für die Herren vorgegeben ist. Und es gilt ganz banal: Je später der Abend und je festlicher der Rahmen desto eleganter die Kleidung.

Diplomatische Mythen III

Diplomaten dürfen falsch parken

Dass Diplomaten immer falsch parken dürfen, ist auch so ein weitverbreitetes Märchen. Vielleicht liegt es daran, dass man in Berlin ständig Diplomatenfahrzeuge vor Geschäften sieht, die quer über den Bürgersteig im Halteverbot stehen. Und trotzdem sieht man selten ein Knöllchen an der Windschutzscheibe. Da kommt der pure Neid auf.

Diplomaten dürfen aber selbstverständlich nicht falsch parken. Sie sind wie alle Normalsterblichen auch an Recht und Gesetz gebunden. Parken sie falsch, muss die Politesse auch bei einem CD-Kennzeichen ein Knöllchen hinter den Scheibenwischer heften (das Kürzel CD ist übrigens die Abkürzung für Corps Diplomatique und kennzeichnet die Fahrzeuge des Diplomatischen Corps, also aller Diplomaten). Das Knöllchen wird dann von der Bußgeldbehörde an die jeweilige Botschaft geschickt – nicht an den Diplomaten persönlich. Fein säuberlich mit einem angehefteten Überweisungsträger, so wie es jeder kennt. So weit, so gut. Kommt es allerdings zur Frage der Zahlung oder Nichtzahlung wird der Unterschied zwischen Diplomaten und Normalsterblichen deutlich: Überweist nämlich der Diplomat das Knöllchen nicht, hat die Bußgeldbehörde keine Möglichkeit, den ausstehenden Betrag rechtlich einzufordern oder zu vollstrecken. Bei vielen Staaten ist es allerdings so, dass der falsch parkende Diplomat Ärger von seiner Botschaft bekommt, wenn zu viele Knöllchen auflaufen und nicht bezahlt werden. Andere Staaten wiederum sehen das nicht so eng und halten unsere Parkreglementierungen für nett gemeinte Empfehlungen. Bei diesen Diplomaten landet ein Knöllchen schnell und vor allem für immer im Mülleimer. Falsch parken dürfen die Diplomaten deshalb aber noch lange nicht.

Frauen und Damen

Kennen Sie den Unterschied zwischen einer Dame und einem Diplomaten? Wenn Sie jetzt antworten: Na klar, ein Diplomat ist männlich und eine Dame weiblich, haben Sie zwar irgendwie ins Schwarze getroffen, bei Diplomaten darf es aber ruhig ein bisschen feinsinniger sein. Was halten Sie also von dieser Unterscheidung:

> Sagt der Diplomat »Ja«, meint er »Vielleicht«, sagt er »Vielleicht«, meint er »Nein«, und sagt er »Nein«, ist er kein Diplomat. Wenn eine Dame hingegen »Nein« sagt, meint sie »Vielleicht«, sagt sie »Vielleicht«, dann meint sie »Ja«, und wenn sie »Ja« sagt, dann ist sie keine Dame.

Dieses hintergründige Bonmot stammt von einem wahren Meister der Diplomatie. Von jemandem, der es wirklich zu etwas gebracht hat in seinem Metier. Sein Name ist Charles-Maurice de Talleyrand-Périgord. Diplomaten verehren ihn bis auf den heutigen Tag.

Gut, der Begriff Dame in seinem Bonmot mag etwas überholt sein. Und die moderne Frau mag durchaus einmal »Ja« sagen können, ohne dass ihr gleich ein unsolider Lebenswandel unterstellt werden muss. Vor zweihundert Jahren allerdings, zu Talleyrands Lebzeiten, galten andere Sitten. Eine Frau aus gutem Hause konnte da nicht einfach »Ja« sagen, wenn sie zarte Bande mit einem Kavalier knüpfen wollte. So etwas taten nur die Frauen von der Straße, die für ihr »Ja« allerdings Geld verlangten.

Talleyrand war ein ausgemachter Frauenheld. Berühmt ist er aber als Diplomat geworden. Und als solcher ist er Legende. Ein Meister – bis heute unerreicht. Niemand war so meisterhaft im Spinnen von Intrigen, niemand so gerissen und niemand so prinzipienlos wie er. Er diente fünf völlig unterschiedlichen Regimen als Diplomat und hatte keine Skrupel, sowohl während der französischen Revolution, als auch unter Napoleon Bonaparte und danach zur Zeit König Ludwigs XVIII. das Amt des Außenministers zu bekleiden. Unterschiedlicher können Regierungsformen gar nicht sein. Allein das schon zeugt von einer geradezu teuflischen Gerissenheit. Diese kommt im übrigen auch in der folgenden kleinen Geschichte zum Ausdruck:

Während der Julirevolution 1830 sitzt Talleyrand mit Freunden in Paris beim Abendessen. Als von draußen Gefechtslärm zu hören ist, sagt er: »Hört, wir siegen!« Daraufhin fragen die Freunde: »Wer sind ›Wir‹?« Talleyrand antwortet: »Das werde ich euch morgen sagen!«

84-jährig verstarb er 1838 in Paris. Die Witzbolde scherzten:

Ist Talleyrand gestorben? Das ist interessant. Was er damit wohl meinte?

Talleyrand tat in seinem ganzen diplomatischen Leben nichts ohne Berechnung. Sein Tod allerdings wird die erste ›Handlung‹ ohne Hintergedanken gewesen sein. Das eingangs zitierte Bonmot hat ihn überlebt. Es ist auch heute noch aktueller, als man denkt. Doch dazu später.

Erst aber ein kleiner Exkurs über den Unterschied zwischen Mann und Frau in diplomatischen Kreisen. Die folgende Geschichte ist so unglaublich, dass hier folgender Hinweis angebracht ist: Alle Tatsachen wurden Ende der achtziger Jahre in einem Gerichtsverfahren vor einem ordentlichen französischen Gericht bestätigt. Und in diesem Gerichtsverfahren gab es eine erstaunliche Enthüllung. Eine Enthüllung, die in dieser Form wahrscheinlich nur in der Welt der Diplomaten geschehen kann. Denn keine andere Berufsgruppe ist so diskret, dass auch im Bett zuweilen alles im Verborgenen bleibt.

Vor einigen Jahren wurde ein junger französischer Diplomat nach China versetzt. Er hieß Bernard Boursicot. Boursicot war damals ein junger Mann. Jung und unerfahren in jeder Beziehung. In China, auf seinem ersten Auslandsposten, wollte er endlich sein langweiliges Leben hinter sich lassen und spannende Abenteuer erleben. Genau das ist ihm dann auch gründlich gelungen. Aber anders als erwartet. Er erhoffte sich insbesondere Abenteuer mit Frauen, denn er hatte sein Junggesellenleben gründlich satt. Und was eigentlich viel schlimmer war: Der arme Kerl war noch Jungfrau. Aber irgendwann findet jeder Topf einmal einen Deckel, und so lief ihm eines Abends bei der Privatparty eines britischen Diplomaten ein junger Chinese über den Weg, der fließend Französisch sprach. Zu damaliger Zeit kam es so gut wie nie vor, dass Chinesen auf solchen Privatveranstaltungen erschienen. Der Mann stand daher im Mittelpunkt des allgemeinen Interesses, so auch des Interesses unseres jungen Mannes, der ja eigentlich eine Frau und keinen Mann suchte. Sie kamen ins Gespräch, waren sich sympathisch und trafen sich ein paar Tage nach der Party zum Abendessen. Es stellte sich heraus, dass der Chinese mit Namen Shi Sänger der Pekingoper war und dort fast ausschließlich weibliche Rollen spielte. Viel interessanter für Boursicot war aber die Tatsache, dass es sich bei dem Chinesen in Wirklichkeit um eine Chinesin handelte. Er oder vielmehr sie schüttete ihm nämlich gleich beim ersten Abendessen sein Herz, Entschuldigung: ihr Herz, aus und tischte ihm eine rührende Geschichte auf: Ihre Mutter habe nur Mädchen geboren, der Vater wollte aber einen Jungen haben und drohte, sich eine Zweitfrau zu nehmen. Daher wurde Shi kurzerhand als Junge ausgegeben. Sie musste ihr wahres Geschlecht verstecken und wurde während ihres ganzen bisherigen Lebens als Junge erzogen. Sie habe sogar Hormone genommen, um männlicher auszusehen.

Nach dieser Geschichte nahm sie schlürfend einen Schluck aus der Teetasse und drückte ein paar Tränen aus den mandelförmigen dunklen Augen. Verstohlen blickte sie ihn an. Er war erschüttert und glaubte ihr jedes Wort. Von seiner Seite war es Liebe auf den ersten Blick. Und verblendet von der Liebe, legte er sich sofort seine eigene Wahrheit zurecht: Gut, zuerst dachte er, sie sei ein Mann. Aber sie war so zart und so zurückhaltend, dass er sich einredete, seinen Fehler gleich bemerkt zu haben. Er war sich also sicher, sie von Anfang an für eine Frau gehalten zu haben. Die beiden trafen sich ständig, hielten Händchen und küssten sich. Und eines Tages war es dann so weit: Die Stunde der Wahrheit schlug. Sie übernachtete in seiner Wohnung, und sie schliefen miteinander. Shi war scheu, ja fast ängstlich. Sobald er sie berührte, nahm sie seine Hand und sagte: »Lass mich deine Hand führen.« Es war dunkel. Es ging alles sehr schnell. Sie steuerte ihn. Danach führten sie eine Art Liebesbeziehung. Allerdings war es mit Shi immer schwierig und ein dauerndes Auf und Ab der Gefühle. Schließlich wurde er an einen anderen Posten versetzt, und das war das Ende. Fast. Denn auf dem Flughafen bei der Verabschiedung beichtete ihm Shi, dass sie schwanger war. Der Abschied fiel ihm dadurch noch schwerer. Nach ein paar Jahren kehrte er wieder an die Botschaft zurück, eigentlich nur, um in der Nähe von Shi und seinem Sohn zu sein. Die Nähe war da, eine Kontaktaufnahme zwischen ihm und Shi war aber politisch fast unmöglich. Die Zeiten hatten sich geändert, und ein Chinese konnte sich unmöglich in der Öffentlichkeit mit einem Ausländer zeigen. Doch wie gut, dass es in schweren Zeiten immer hilfreiche Geister gibt, die Menschen zusammenführen! Wie ein Wunder erschien plötzlich aus dem Nichts ein Retter und klopfte an Boursicots Tür. Dieser Retter war niemand anders als ein Agent des chinesischen Geheimdienstes. Aus heiterem Himmel und völlig unverblümt bot er ein Geschäft an: Er versprach, Shi und den gemeinsamen Sohn Bertrand zu schützen sowie regelmäßige Treffen zu arrangieren. Im Gegenzug sollte Boursicot ihm geheime Dokumente der Botschaft übermitteln. Boursicot ging sofort darauf ein, da er um die Sicherheit seiner kleinen Familie besorgt war. Er plante, Shi und seinen Sohn möglichst bald außer Landes zu schaffen. Über fünfhundert geheime Dokumente übergab er dem Chinesen und irgendwann gelang es ihm tatsächlich, Shi und den Sohn nach Frankreich zu bringen.

1986 wurden Boursicot und Shi in Frankreich verhaftet. Zum damaligen Zeitpunkt allerdings war die Liebe zwischen beiden schon längst verblasst, und sie gingen getrennte Wege. Im Laufe des Prozesses erfuhr Boursicot das wahre Geschlecht seiner großen Liebe: Shi war tatsächlich ein Mann! Ungläubig und schweigend ertrug er diese Wahrheit. Er erfuhr auch, dass Shi seinen angeblichen Sohn als Baby von einem Arzt gekauft hatte.

Die Wahrheit ist manchmal wirklich bitter. Daher ist das Prinzip der Diplomatie so genial: Sage möglichst nur dann die Wahrheit, wenn sie für alle Beteiligten ausschließlich positiv ist. Ansonsten sage gar nichts oder begnüge dich mit allgemeinen Höflichkeitsfloskeln. Damit erspart man sich so manchen bitteren Moment. Shi starb 2009. Monsieur Boursicot und sein vermeintlicher Sohn leben nach wie vor in Frankreich.

So kann es einem ergehen, wenn man sogar biologische Fragen mit diplomatischer Diskretion behandelt und die Regeln diplomatischer Höflichkeit auch im Bett befolgt.

Beim Lesen dieser Geschichte verbleibt irgendwie ein schaler Beigeschmack, gerade beim männlichen Leser. Da hat doch ein herzhaftes »Ja« im Sinne von Talleyrands Bonmot etwas unglaublich Erfrischendes. Wenn man allerdings solche klaren Aussagen wie ein »Ja« erwartet, hat man auf dem diplomatischen Parkett nichts zu suchen. Denn Diplomaten winden und drehen sich so um klare Aussagen herum, dass einem schwindelig werden kann. Eingelullt bleibt man zurück und fragt sich, was denn nun eigentlich die Kernaussage der wortreichen Ausführungen war. Und nach einiger Überlegung stellt man fest: Es gab gar keine Kernaussage, sondern es wurde sehr höflich und verbindlich drumherum geredet. Diplomaten verfolgen mit ihren wortreichen Ausführungen oftmals dieselbe Intention wie Herr Shi, nämlich die Täuschung ihres Gegenübers und das Erzeugen einer Illusion. Doch glücklicherweise nimmt das in den meisten Fällen nicht ganz so menschliche Formen an wie im beschriebenen Gerichtsfall. Und in diese Welt diplomatischer Unklarheiten und Halb- oder Unwahrheiten fügt sich ein harmlos dahingehauchtes, kokettes »Vielleicht« aus der Damenwelt perfekt ein.

Die Geschichte von Herrn Boursicot und Herrn Shi handelte von Liebe und Spionage. Und die Spionage ist seit Urzeiten ein Teilgeschäft der Diplomatie. Es gab sogar Zeiten, in denen der Sinn und Zweck von Diplomatie eigentlich nur aus Spionage bestand. Die Zielpersonen wurden dabei seit jeher mit den Mitteln der Liebe gefügig gemacht und anschließend ausspioniert. Die Liebe vereinfachte die Durchführung und verband das Angenehme mit dem Nützlichen. Für diese Aufgabe waren früher in erster Linie Männer, oder besser: Kavaliere, gefragt, deren Kernkompetenz das Erzeugen von Illusionen war. Seit geraumer Zeit allerdings wird dieses dunkle Geschäft auch von Frauen betrieben. Staaten beauftragen diese Liebes-Profis in schwierigen Fällen, in denen es um wirklich Wichtiges geht: um die Staatsräson. Was ist schon das Schicksal eines unglücklich Verliebten im Vergleich zum Wohlergehen ganzer Nationen? So werden bis zum heutigen Tage sogenannte Romeo-Agenten auf die Damenwelt und Julia-Agenten auf die Herrenwelt angesetzt, um die Geheimnisse fremder Staaten auszukundschaften. Das Erwecken von Sehnsüchten und das Wahrmachen von Träumen ist der Job dieser Männer und Frauen im Staatsdienst. Und damit wären wir gleich beim tragischen Teil dieses Jobs. Denn die Person auf der anderen Seite träumt bei dieser Art von Geschäften meist doch von der großen Liebe.

Aber wie macht man das eigentlich, wenn man als Romeo-Agent plötzlich folgenden Auftrag bekommt: Du hast hier drei alleinstehende Damen zur Auswahl! Überleg es dir gut! Suche dir eine von den Frauen aus! Lerne sie kennen, heirate sie und spioniere dann deine Ehefrau aus!

Genauso machte es der Agent, der in den sechziger Jahren in Deutschland für Furore sorgte:

Die Wohnadresse der Dame, die beim Auswärtigen Amt arbeitete, bekam der Agent vom Führungsoffizier zugesteckt. Mit der Adresse in der Tasche ging er in den nächstgelegenen Blumenladen und kaufte einen großen Strauß roter Rosen. Anschließend ließ er sich mit dem Taxi zur Wohnadresse fahren. Hierfür suchte er sich eine geeignete Uhrzeit aus. Die meisten Menschen sind sonntags am frühen Abend zu Hause. Aus taktischen Gründen ging er erst einmal mit fragendem Blick vor dem Haus auf und ab. Zwischendurch schaute er immer wieder auf die Klingelschilder. Schließlich klingelte er bei der betreffenden Dame: »Entschuldigen Sie, wo finde ich bloß die Dame xy? Hier nicht? Das ist ja schade. Was soll ich jetzt bloß mit den Blumen machen?«

Jetzt kann sich jeder an fünf Fingern abzählen, wo die Blumen schließlich landeten. Richtig! In der Vase im Wohnzimmer der angesprochenen Dame. Der Auftrag wurde weisungsgemäß erfüllt. Die Hochzeit folgte drei Jahre später, und dann ging es ohne weiteres romantisches Zögern mit der Spionage los.

Bei dem geschilderten Fall handelte es sich um einen Agenten des KGB, der eine Sekretärin in Schlüsselstellung des Auswärtigen Amtes weisungsgemäß verführte und heiratete. Über diese Frau hieß es beim KGB:

> Eine warmherzige und kameradschaftliche Sekretärin aus guter Familie, die zwei unglücklich verlaufene Liebesaffären hinter sich hatte, die sich ungeschickt anzog und die zur höchsten Klasse der Geheimnisträger im Auswärtigen Amt gehörte.

Die Spionagehandlungen selbst waren dann noch das geringste Problem. Romeo sprach seine Frau ganz harmlos auf Dokumente an, die ihn als Mitarbeiter eines Vereins zur Wiedervereinigung Deutschlands interessierten. Die treusorgende Ehefrau legte ihrem Mann alles auf den Tisch, was er brauchte. Sie plünderte buchstäblich den Panzerschrank im Vorzimmer ihres Chefs. Es war alles so unglaublich einfach! Doch eines Tages kam es so, wie es kommen musste. Ein Überläufer verriet den Agenten. Die Tarnung platzte, und beide wurden verhaftet. Aus den roten Rosen wurde ein Fall für den Staatsanwalt. Im Laufe des Prozesses erfuhr die Sekretärin die ganze Wahrheit: Ihr Mann war ein Romeo mit offiziellem Heiratsauftrag. Hatte er sie überhaupt je geliebt, oder war es von Anfang an nur ein Geschäft für ihn gewesen? Die Grübeleien in der Einzelzelle brachten keine Lösung. Ganz im Gegensatz zu ihrem Pyjama, den man auch als Strick verwenden konnte und der sie in eine andere Welt ohne Fragen und Lösungen beförderte. Ihr Mann wurde zu sieben Jahren Zuchthaus verurteilt.

So sieht die Arbeit von Romeo-Agenten aus. Nomen est omen könnte man sagen. Denn es spielen sich dabei Dramen ab, die in den meisten Fällen nicht zu einem Happy End führen.

Insofern war die Geschichte oben ein Musterbeispiel für die menschlichen Tragödien, die Romeo-Agenten heraufbeschwören können. Gleichzeitig ist die gutherzige Sekretärin ein beliebtes Zielsubjekt solcher Geheimdienstoperationen. Denn im Regelfall geht es bei der Jagd nach dem »Vielleicht« einer Dame gar nicht um solche in exponierter Stellung. Nein, es geht gezielt um jene Frauen, die noch von der großen Liebe träumen und gleichzeitig einen Posten in der zweiten oder dritten Reihe bekleiden. Oder um Frauen, die eine immens wichtige Stellung auf dem Schoß, im Ehebett oder im Vorzimmer eines Mannes innehaben, der viele Titel und viel Ehre angehäuft hat und noch dazu viele Staatsgeheimnisse hütet. Dabei sind die Geschäfte der Romeo-Agenten so alt wie die Geschichte der Diplomatie. Und damit viel älter als Shakespeares Drama.

So lautete etwa das Motto des französischen Königs Ludwig XI. im späten Mittelalter:

Wer nicht heucheln kann, kann nicht herrschen.

Ludwig XI. wurde daher auch ›der Listige‹ oder ›die Spinne‹ genannt. Seine Gesandten waren sein Ebenbild. Ihre Arbeitsweise bestand einzig und allein aus Lug und Trug. Es war eine Zeit, in der die Spionage bei Diplomaten quasi zum guten Ton gehörte. Gesandte bespitzelten die fremden Höfe und wurden wiederum selbst bespitzelt. Die Welt der Diplomatie bestand aus einem einzigen Bespitzeln, Bestechen und Intrigieren. Zwischendurch wurde immer wieder jemand vergiftet oder erdolcht. Da jeder königliche Hof auf dieselbe Art handelte, bestand unter dem Deckmantel größter Höflichkeit ein einziges Hauen und Stechen. Fremde Gesandte wurden misstrauisch beäugt, und man war froh, wenn die Gesandten wieder abreisten. Je kürzer eine Gesandtschaft im Lande war, desto besser. Das war der damals geltende Grundsatz. Hat sich in den seither vergangenen Hunderten von Jahren etwas geändert? Nun gut, heute wird nur noch in außerordentlichen Notfällen vergiftet oder erdolcht. Und man benutzt statt Arsen lieber Polonium 210 und statt des Dolchs den inszenierten Verkehrsunfall. Aber das Prinzip bleibt das Gleiche. Allerdings machen sich Diplomaten im Gegensatz zu früher heute nicht mehr selbst die Hände schmutzig, sondern überlassen das den Geheimdiensten. Mit Diplomatenpässen ausgestattet, treiben die Spione heutzutage in Botschaften ihr Unwesen. Selbst in deutschen Botschaften gibt es einen sogenannten Residenten des Bundesnachrichtendienstes, der vor Ort mit einer Tarnidentität seinen Geschäften nachgeht, ohne dass die Diplomaten des Auswärtigen Amtes offiziell wissen, wer von den Botschaftsmitarbeitern nun für den BND arbeitet.

Auch Friedrich der Große bezeichnete Diplomaten noch als privilegierte Spione. Daher wies er ausländischen Diplomaten sogenannte Ehrenwachen zu, deren Zweck nicht etwa das Erweisen protokollarischer Ehren war, sondern die Überwachung der Gäste auf Schritt und Tritt. Er traute den ausländischen Gesandten einfach nicht über den Weg. Ganz selbstverständlich nutzte Friedrich aber gleichzeitig die menschliche Schwäche für Romantik und Liebe schamlos aus. So entsandte er an den Hof seiner größten Gegnerin, Maria Theresia, regelmäßig junge attraktive Diplomaten. Diese jungen Männer aus gutem Hause waren das Beste an Manneskraft, was der alte Fritz auftreiben konnte. Da die preußischen Adligen als besonders ungehobelte und unkultivierte Landjunker verschrien waren, griff er kurzerhand auf kultiviertere Adlige aus anderen deutschen Fürstentümern zurück. Die Bezeichnung Diplomat ist in diesen Fällen allerdings irreführend. Denn das einzige diplomatische Geschick, das von diesen jungen Männern erwartet wurde und dessen sie fähig waren, war die Kunst der Verführung. Sie sollten die Kammerjungfern am Hofe Maria Theresias verführen und ihnen im Liebesrausch einige Geheimnisse entlocken. Die jungen Casanovas führten ein herrliches Leben zwischen opulentem Essen, Trinkgelagen und Schäferstündchen. Mehr erwartete der König nicht von ihnen. Dafür erhielten sie ein gutes Gehalt und der ansonsten sehr geizige Friedrich erstattete ihnen sämtliche Auslagen, die zur Verführung der Damen notwendig waren. Mit anderen Worten: Es war ein Traumjob!

Aber nicht nur am Wiener Hof spielten die Verführungskünste eine Rolle. So wird der alte Fritz mit seiner Einschätzung über den neuen preußischen Gesandten Graf P. in Warschau folgendermaßen zitiert:

> Dass der Etats-Minister v. S. sowohl wegen seiner Jahre als auch sonsten nicht geschickt sei, sich bei Frauenzimmern zu insinuieren und beliebt zu machen, welches in Polen sehr viel thäte und welches der Graf P. wegen seines guten Extérieurs und insinuanter Manieren zu tun vermöchte. Was den Umstand anlangete, dass vermeldeter Herr Graf keine Idées von den polnischen Sachen hätte, sei weniger an dem; er hätte aber den Résident H. beständig bei sich, der alle Minutissima von Polen gründlich kennte.

Der Graf war also für die Frauen zuständig und der benannte H. für das Tagesgeschäft. Eine nachvollziehbare und, wenn man so will, fast intelligente Arbeitsteilung, die damals vorgenommen wurde. Sie berücksichtigte die Fähigkeiten jedes einzelnen Mitarbeiters in besonderem Maße: Der eine ist für die Akten und der andere für die Frauen zuständig. Im Auswärtigen Dienst der heutigen Zeit ist eine solche Aufgabenteilung aber schon lange nicht mehr üblich.

So ändern sich die Zeiten. Der damalige unkonventionelle Pragmatismus ist den Anforderungen und Zielen heutiger Diplomatie angepasst worden. Daher wird heutzutage überhaupt gar kein dienstlicher Wert mehr auf die Beziehungen zum anderen Geschlecht gelegt. Diese Dinge überlässt man den Geheimdiensten.

Liebschaften innerhalb oder außerhalb von Botschaften werden heute entweder diskret behandelt oder legitimiert. So wurde mir von einem verheirateten Diplomaten aus einer mittelgroßen deutschen Botschaft im Herzen Europas berichtet, dass er Zeuge mehrere Liebesaffären seiner Kollegen geworden sei. Alle Liebschaften seien aber außerordentlich diskret gehandhabt worden, und er erfuhr eher zufällig von der einen oder anderen Liebesbeziehung. Einer der Diplomaten beging allerdings einen groben Fehler und heiratete seine einheimische Freundin. Das war nicht etwa ein Fehler, weil die Frau ihm das in irgendeiner Form übel genommen hätte oder sie die falsche Wahl gewesen wäre. Ganz sicher nicht. Aber die Zentrale des Auswärtigen Amtes reagiert in solchen Fällen sofort. Und die Reaktion erfolgt leider nicht in Form einer Glückwunschkarte mitsamt Blumenstrauß und Hochzeitsgratifikation, sondern in Form einer Versetzung in ferne Länder. Das frischvermählte Paar wurde damals an die Botschaft in Brasilia versetzt; nicht gerade der attraktivste Standort, wenn man aus Mitteleuropa kommt. Aber das Auswärtige Amt meint, solche Versetzungen aus Gründen der Staatsräson vornehmen zu müssen. Denn bei der Heirat mit einer Einheimischen wird befürchtet, dass die

Identifikation des Diplomaten mit seinem Heimatland verwässert wird. Eventuell spielt auch die Angst vor einer Spionagetätigkeit des frischgebackenen Ehepartners eine Rolle. Auch hier ist das Auswärtige Amt sehr konservativ. Denn wer sagt einem denn, dass nur Ehepartner spionieren und nichteheliche Partner keinerlei Spionagegelüste verspüren?

Während das frischvermählte Ehepaar nach Brasilia abreiste, nahmen die Verführungskünste der verbliebenen Diplomaten unaufhaltsam ihren Lauf. Diplomaten verführen dabei allerdings nicht wie Normalsterbliche mit Liebesschwüren und Romantik, sondern mit sogenannter Courtoisie. Das ist im Grunde das Gleiche, hört sich aber viel eleganter an. Und was noch viel schöner ist: Die Courtoisie strahlen Diplomaten nicht nur beim Verführen, sondern einfach in jeder Lebenslage aus. Die nachfolgend beschriebenen Verführungskünste eines Konsuls sind daher sicher nicht das, was wir uns unter Courtoisie vorstellen:

Selbiger befand sich vor gar nicht langer Zeit mit seiner Sekretärin und einigen Wirtschaftsbossen auf einer Fähre zwischen Finnland und Deutschland. Es handelte sich um eine halb private Überfahrt. Der kleine Fährbetrieb gehörte einem Konzern, dessen Vorstandsvorsitzender eine illustre Gesellschaft zur feuchtfröhlichen Überfahrt eingeladen hatte. Mittendrin war der Konsul, der gerne guten und auch gerne schlechten Wein trank – Hauptsache alkoholisch. Kein Wunder also, dass er ab und zu ein Gläschen zu viel trank. So auch auf der Abendveranstaltung mit Tanz an Bord. Der Konsul war vom Alkohol schon ziemlich mitgenommen, als er seine Sekretärin zum Tanz aufforderte. Beide torkelten über die Tanzfläche und stießen aufgrund von Koordinationsschwierigkeiten ab und zu mit dem einen oder anderen Pärchen zusammen. Das tat der guten Laune allerdings keinen Abbruch, ganz im Gegenteil. Bei jedem Zusammenstoß lallte der Konsul laut: »Das war wieder ein guter Bumser!« Die

Sekretärin hatte ebenfalls einen über den Durst getrunken und lachte wiehernd. Niemand störte sich daran, der Alkohol hatte die Hemmschwelle des guten Geschmacks bereits deutlich heruntergesetzt. Schließlich zogen beide ab. Arm in Arm. Jeder dachte sich seinen Teil und fand das absolut angemessen. Einige beneideten den Konsul sogar, die Sekretärin allerdings wurde von niemandem beneidet. Damit ist die Geschichte aber noch nicht beendet. Als die anderen Gäste zu Bett gingen, hörten sie plötzlich laute Schreie auf einem der Flure vor den Kabinen. Um die Ecke kam die Sekretärin gerannt. Laut wiehernd und lachend mit BH, Unterhose und Nylonstrümpfen bekleidet. Hinter ihr her, völlig außer Atem, der Konsul. Komplett nackt und dem Objekt der Begierde hinterherschreiend. Den Zuschauern erschloss sich der Sinn des ganzen Spektakels nicht wirklich. Aber das machte nichts, denn ganz offensichtlich hatten die beiden sehr viel Spaß. Der Spaß war ihnen auch von Herzen zu gönnen. Mit der Courtoisie von Diplomaten allerdings hatte das Verhalten des Konsuls wenig zu tun.

Zum Glück handelte es sich in dieser Geschichte zwar um einen Konsul, aber lediglich um einen deutschen Honorarkonsul, also nicht um einen Diplomaten. Denn ein Honorarkonsul ist kein Angestellter des Auswärtigen Amtes, sondern übt seine Tätigkeit nur wegen der damit verbundenen Ehre aus. Für die Inanspruchnahme dieser Ehre wird es ihm erlaubt, sämtliche Kosten seines Honorarkonsulats selbst zu tragen. Ist das nicht außerordentlich großzügig von den Staaten, die die Hilfe eines Honorarkonsuls in Anspruch nehmen? Wie gut, dass es immer wieder Menschen gibt, die ihre persönliche Eitelkeit über finanzielle Erwägungen stellen. Denn trotz der damit einhergehenden Kosten sind solche Posten außerordentlich beliebt. Ein Konsul, und wenn es nur ein Honorarkonsul ist, genießt eben immer noch gesellschaftliche Anerkennung und ein hohes Ansehen. Das ist die eine Seite des Deals. Die andere Seite ist die, dass das vertretene Land durch den Einsatz eines Honorarkonsuls Geld spart und trotzdem vor Ort vertreten ist. Eine wirklich pragmatische Lösung. Das Problem dabei ist nur, dass man solche Auftritte wie den des lebensfrohen Konsuls auf der Fähre, nicht so recht im Griff hat. Auch ein Honorarkonsul sollte das von ihm vertretene Land natürlich würdevoll repräsentieren. Zumal er ja neben seinem Ansehen auch noch diplomatische Immunität genießt. Das zwar nur bei der Erfüllung seiner Aufgaben, aber immerhin. Diese Immunität erhöht das Ansehen und vor allem das Selbstwertgefühl. So wie auch der Aufkleber ›CC‹ auf dem Mercedes der S-Klasse. Neben dem Konterfei von Sylt macht ein solcher Aufkleber wirklich etwas her. CC steht dabei für das *Corps Consulaire*, also für das Konsularische Corps. Ein CC ist zwar noch kein CD, kommt aber zum CC am Auto noch das Bundeswappen mit dem Schriftzug *Bundesrepublik Deutschland Honorarkonsul* an der Bürotür dazu, kann man sich wie ein richtiger Diplomat fühlen.

Viel schöner als eine Fähre auf der Ostsee mit betrunkenen Protagonisten ist die Kulisse, die man sich landläufig beim Begriff Courtoisie vorstellt:

D'Artagnan aus *Die drei Musketiere* steht in einem herrlichen Saal einer eleganten Dame gegenüber. Alles sieht aus, wie man es aus den üblichen Kostümfilmen kennt. D'Artagnan scharrt mit den Füßen, verbeugt sich höflich und lüftet seinen großen Hut, an dem eine riesige weiße Feder baumelt. Die Dame versteckt während dieser Verbeugung ihren koketten Blick hinter einem Fächer und lächelt verlegen.

Die diplomatische Courtoisie hat mit dieser filmreifen Szene allerdings wenig zu tun. Sie meint etwas völlig anderes. Denn der Begriff steht in der Welt der Diplomatie für die Regeln der internationalen Höflichkeit auf diplomatischem

Parkett. Mit anderen Worten und im übertragenen Sinne: Wie bahnt man sich den Weg durch eine große Menschenmenge, ohne jemandem auf den Fuß zu treten oder gar anzurempeln? Diese Kunst beherrschen Diplomaten im Schlaf. Sie sind und waren beim Thema Courtoisie schon immer Meister ihres Fachs. Auf Frauen angewendet öffnet aber die Courtoisie nicht nur die Herzen, sondern vor allem die Lippen, um ihnen keineswegs nur weibliche Liebesschwüre, sondern insbesondere Staatsgeheimnisse zu entlocken. Im Grunde hat sich an dieser Strategie auch heute nichts geändert, so wenig wie sich an der Macht der Liebe etwas geändert hat.

Es sind im übrigen nicht nur die Frauen, die den Liebeskünsten der Romeos verfallen, sondern auch Männer, die von Julia-Agentinnen umgarnt werden. Diese Julias wollen immer nur das eine: streng geheime Informationen. In den gängigen Julia-Fällen gibt es einen Mann, der einer gewissen – nennen wir es auch hier einmal – Romantik bedarf und sich auf eine Julia einlässt. Diese Julia ist selbstverständlich eine Meisterin ihres Fachs. Um eine besondere Meisterin handelte es sich kürzlich bei einer Dame in China. Die Chinesin hatte zeitgleich drei Affären mit Diplomaten der Südkoreanischen Botschaft; eine beeindruckende Leistung. Ihren Einfluss nutzte sie, um Visa für chinesische Arbeiter zu beschaffen. Das Ganze flog auf, weil ihr eifersüchtiger Ehemann sich beim Südkoreanischen Außenministerium über die Männer beschwerte. Das Südkoreanische Außenministerium war durch diese und ähnliche Vorfälle in der öffentlichen Meinung schwer angeschlagen. In der Öffentlichkeit wurde nur noch vom »Liebesministerium« gesprochen. Sicherlich für den einen oder anderen ein Grund mehr, sich bei diesem Ministerium zu bewerben. Da stellt sich nur die Frage, ob diese Bewerber wirklich die richtigen Kandidaten für den Diplomatenberuf wären. Die Männer, die von solchen Femmes fatales verführt werden, haben im übrigen mit den Frauen der Romeo-Agenten wenig gemein. Denn diese Männer sitzen meist nicht im Vorzimmer, sondern in der Chefetage und sie sagen auch nicht »Vielleicht«, sondern voller Überzeugung »Ja«.

Aber wie macht man das eigentlich, wenn man als Julia-Agentin plötzlich den Auftrag erhält, eine definierte Zielperson auszuspionieren? Das ist gar nicht so schwer: Man setze sich in die Lieblingsbar der Person, mache ihr schöne Augen und antworte bei der Frage nach Sex mit: »Bei dir oder bei mir?«. Und schon ist das Thema erledigt.

Im letzten Jahr ist denn auch prompt ein sogenannter deutscher Spitzendiplomat in die von der Presse so titulierte »Sexfalle« einer russischen Agentin getappt:

In der Presse kursierten Fotos einer bildhübschen Russin mit Namen Jekatarina Z. Sie hatte, so wurde berichtet, einen ranghohen deutschen Diplomaten in die »Sexfalle« gelockt. Die Falle hatte zugeschnappt und der arme Mann war dem Mädchen restlos verfallen. In seinem Wahn hatte er ihr beim Liebesspiel Geheimnisse über die NATO, über Europabesuche ranghoher US-Politiker und andere sensible dienstliche Daten verraten. Das Ganze wurde in London ruchbar, wo der britische Inlandsgeheimdienst MI5 dem Mädchen auf die Schliche gekommen war. Ein 65-jähriger britischer Abgeordneter und Mitglied des Verteidigungsausschusses war bereits vorher in die »Sexfalle« der 26-Jährigen getappt und musste seinen Hut nehmen. Es war zu lesen, dass es sich bei dem Deutschen um einen Spitzendiplomaten handelte. Das wiederum lässt Rückschlüsse auf sein Alter zu. Denn das Bundesbesoldungsgesetz hat großen Respekt vor dem Alter. Das Erreichen einer höheren Dienststufe ist qua Gesetz immer mit einer gewissen Lebenserfahrung, also einem gewissen Alter, verbunden. Der liebestolle Diplomat in seiner Spitzenposition war also sicher schon Anfang fünfzig. Das

Gesetz handhabt das Alter übrigens so ähnlich wie es die Vorschriften der alten Griechen taten. Damals war für Gesandte ein Lebensalter von mindestens fünfzig Jahren vorgesehen. Denn Gesandte hatten meist schwierige Verhandlungen zu führen, und für derartige Aufgaben brauchte man eben Personen mit großer Lebenserfahrung. Insofern kann man fast sagen, dass unsere gesetzlichen Regelungen griechische Verhältnisse widerspiegeln, auch wenn wir das heutzutage eigentlich nicht hören wollen.

Die junge Dame, die in der Presse auch als Agentin 90-60-90 bezeichnet wurde, bevorzugte offensichtlich ältere Herren. Sicherlich aber nicht wegen deren größerer Erfahrungen als Liebhaber, sondern wegen des größeren Potenzials. Letzteres natürlich im Hinblick auf die geheimen Verschlusssachen. Trotz des Altersunterschiedes kannte die Liebe des Diplomaten keine Grenzen: Er schickte ihr in seinem Liebesrausch täglich bis zu hundert E-Mails und SMS-Nachrichten. Eine große deutsche Zeitung stellte daraufhin die Frage: »Ist Jekatarina Z. Agentin 00Sex?«

Nach all diesen enttäuschten Lieben nun aber zur wahren Liebe und Leidenschaft.

Einen der schönsten Aufträge in der Geschichte der Diplomatie erhielt ein Gesandter des französischen Königs im ausgehenden Mittelalter. Der König stand damals vor einem großen Problem. Er hatte eine Heiratskandidatin im Auge, von deren Schönheit er verzaubert war. Allerdings hatte er die Kandidatin noch nie gesehen. Er besaß nur ein kleines Ölbild der Prinzessin, welches er immer mit sich führte. Das Bild zeigte eine prachtvolle Schönheit, in die er sich gleich verliebt hatte. Sie war so schön, dass er dieses Bild immer wieder anschauen musste. Aber konnte man dem Gemälde glauben? Der König misstraute dem Bild und wollte sich ihrer Schönheit in Natura vergewissern. Erst wenn er sich ihrer Schönheit sicher war, wollte er um ihre Hand anhalten.

Und genau darin lag das Problem. Denn er selbst konnte schlecht an den Hof der Prinzessin reisen, das wäre zu damaliger Zeit undenkbar gewesen. So schickte er einen Gesandten mit dem Auftrag, die Prinzessin in Augenschein zu nehmen. Die einzige Aufgabe des Diplomaten bestand darin festzustellen, ob das Original mit dem Porträt übereinstimmte. Zur Schönheit des Königs selbst ist leider nichts bekannt, da auf derartige Nebensächlichkeiten zur damaligen Zeit kein Wert gelegt wurde. Ebenso wenig ist das Ergebnis dieses Auftrags überliefert. Wir wissen also nicht, ob dieses Märchen sein glückliches Ende gefunden hat.

Überhaupt gab es seinerzeit für Diplomaten neben den normalen Geschäften viele delikate Aufgaben zu erledigen. Einen Gesandten auf Brautschau zu schicken, war unter europäischen Fürsten nicht unüblich. Für Gesandte werden solche Aufträge eine willkommene Abwechslung gewesen sein.

Auch diejenigen unter den heutigen Diplomaten, die bereits eine Braut oder einen Bräutigam gefunden haben, geben keine Ruhe. So wird aus den sogenannten Härteposten berichtet, dass die Langeweile insbesondere bei den Partnern sehr groß ist, die sich um den Haushalt kümmern. In diesen Ländern gibt es aber auch wirklich nichts, ja einfach gar nichts zu tun. Bei den Partnern, die zu Hause die Stellung halten, handelt es sich meistens um die Ehefrauen der Diplomaten. Sind diese auch noch gut qualifiziert und aus ihrem Heimatland das Arbeiten in verantwortungsvoller Stellung gewohnt, fängt es an, schwierig zu werden. Manch eine gelangweilte Ehefrau kommt da auf die Idee, die Scheidung einzureichen oder einen mehrmonatigen »Urlaub« in der Heimat zu verbringen. Dieser »Urlaub« wird dann regelmäßig verlängert, sodass es sich irgendwann gar nicht mehr um einen Urlaub, sondern um eine handfeste Trennung handelt. Andere Ehepartner halten ihrem arbeitenden Diplomaten zumindest örtlich die Treue. Allerdings versüßen sie sich den öden Alltag in Untreue mit einem Liebhaber. Und wie Sie sich vorstellen können, wird ein solcher Liebhaber in den seltensten Fällen aus Einheimischen rekrutiert. Meist handelt es sich um andere Diplomaten, die der Ehefrau die Langeweile vertreiben. Auch bei dieser Tätigkeit ist diplomatische Diskretion gefragt und für einen Diplomaten natürlich Ehrensache.

Wenig ehrenhaft hingegen war vor Jahren die angebliche Affäre des Schweizer Botschafters in Berlin mit einer Kosmetikerin. Das Brisante dabei war, dass der Botschafter mit einer vollbusigen amerikanischen Schönheit verheiratet war und beide als strahlender Mittelpunkt der Berliner Society galten. War es der Vergleich mit der Botschaftergattin, der die Kosmetikerin veranlasste, sich Jahre später in einer Fernsehsendung die Brust auf einer Yacht im Genfer See vergrößern zu lassen? Das bleibt ebenso ein Geheimnis wie die Frage, ob es diese Affäre tatsächlich gab. Denn erst ging die Dame mit allen Details ihrer angeblichen Affäre groß an die Presse, um kurze Zeit später ihr Abenteuer zu widerrufen. Dabei hatte alles so schön angefangen. Sei es das Liebesspiel auf dem Botschaftstisch oder das Herumkrabbeln auf dem Leopardenteppich bei der Suche nach den verloren gegangenen Ohrringen. Wirklich alles nur gelogen? Der Karriere des Schweizer Botschafters jedenfalls war es nicht förderlich. Er wurde kurzerhand nach Bern zurückbeordert und quittierte dann kurze Zeit später seinen Dienst. Die Kosmetikerin ging als das sogenannte ›Botschaftsluder‹ in die Annalen der Diplomatiegeschichte ein. Musste das Ganze eigentlich wirklich in der Öffentlichkeit breitgetreten werden? Auch diese Frage bleibt unbeantwortet, deshalb zurück zur guten alten Zeit, wo solche Pikanterien etwas eleganter gehandhabt wurden.

Begeben wir uns also ins Venedig des 13. Jahrhunderts. Die Venezianer wurden durch den internationalen Handel reicher und reicher. Gleichzeitig betrieben sie eine rege diplomatische Tätigkeit, die natürlich in erster Linie der Förderung des Handels diente. Sie waren große Freunde der Frauen. Geschwätzige Weiber allerdings waren dem venezianischen Senat, einem reinen Männergremium, ein Gräuel. Der Senat rechnete bei Frauen grundsätzlich damit, dass Staatsgeheimnisse bei einem Essen oder einer Schäferstunde ausgeplaudert wurden. Ob das tatsächlich zutraf oder nicht, ist nicht überliefert. Die Venezianer, zu damaliger Zeit absolute Profis und Vorreiter in allen Fragen der Diplomatie, griffen rigoros durch. Per Dekret verboten sie ihren Gesandten, sich von ihren Ehefrauen bei einer Gesandtschaft begleiten zu lassen. Damit versuchte man, die Damen erst gar nicht in irgendeine schwatzhafte Versuchung kommen zu lassen. Mit demselben Erlass wurde übrigens den Gesandten befohlen, ihren eigenen Koch mitzunehmen. Nicht etwa als Ersatz für die Frau, sondern weil die Herrschaften befürchteten, an fremden Höfen vergiftet zu werden. So schön sich dieser Erlass auch anhört, besaß er doch im Grunde eher theoretische Bedeutung. Denn die Strapazen einer solchen Reise waren im Mittelalter ohnehin so groß, dass die Gesandten ihren Frauen das gar nicht erst zumuteten.

Dass die Venezianer nicht so ganz unrecht hatten mit ihren Befürchtungen, verdeutlicht die nachfolgende Geschichte. Hier geht es zwar nicht um Geheimnisverrat, aber um andere traditionell Frauen zugeschriebene Eigenschaften. Es geht um Klatsch und Tratsch, ums Lästern und um den Zickenkrieg, der auch vor Ländergrenzen nicht haltmacht. Wohlgemerkt: Das Ganze ereignete sich unter den Ehefrauen von Diplomaten und nicht etwa in einem hundsordinären anderen Milieu. Wir befinden uns in der ausklingenden Kolonialzeit. Ort der Handlung ist Japan, eine Hochkultur, die sich hinter Europa nicht zu verstecken brauchte:

Damals behandelten europäische Frauen ihre japanischen

Gegenüber mit einer geradezu brutalen Verachtung und sprachen mit einer solchen Hochnäsigkeit über sie, dass es geradezu unerträglich war. Ganz schlimm wurde es, wenn ein derartiges Lästertreffen von dem offiziellen Besuch einer einheimischen Dame gestört wurde. Dann schnatterten alle los und meinten, nun würde die große Langeweile ausbrechen. Selbst nach dem Eintreffen der besuchenden Dame wurde in ungeminderter Lautstärke geradezu hemmungslos weitergelästert. Immer getreu dem Motto: Die Eingeborenen sind so hinter dem Mond, dass sie unsere Sprache ohnehin nicht verstehen!

Zu damaliger Zeit hatten die Damen wöchentlich einen sogenannten Empfangstag, an dem man unangemeldet zu Besuch erscheinen konnte. Es war an solchen Tagen eine Selbstverständlichkeit, einen Übersetzer vor Ort zu haben, da notgedrungen immer auch lokale Damen empfangen wurden. Es saßen also mehrere Damen in einer dieser üblichen Runden zusammen, als der Diener plötzlich die Ankunft einer japanischen Prinzessin meldete. Schon ging die übliche Lästerei los. Es war wie in einem Wespennest. Ein gellendes Schreien, hämisches Lachen und Echauffieren. In dem Moment, als die Prinzessin den Raum betrat, warf die Gastgeberin mit einer Geste der Verzweiflung die Arme in die Luft und schrie: »Großer Gott! Was mache ich bloß mit dieser Kreatur! Was für eine abscheuliche Langweilerin! Wo ist der Übersetzer? Kann denn etwas lästiger sein als so ein Besuch?« Sie schrie das auf Französisch, der Sprache der Diplomatie, der sich auch die Damen bei ihren Treffen bedienten.

Trotzdem wahrte sie noch einen letzten Rest Anstand und erhob sich mühsam, um mit einem zwar falschen, aber doch strahlenden Lächeln auf die Prinzessin zuzugehen. Sie begrüßte sie artig und bot ihr sogar einen Tee an. Gleichzeitig zwinkerte sie in unbeobachteten Momenten ihren Freundinnen zu und rollte mit den Augen. Eigentlich war der Auftritt fürchterlich peinlich. Die Prinzessin, ganz Dame, ließ sich überhaupt nichts anmerken, blieb nur einige Minuten und verabschiedete sich aufs höflichste. Die Geschichte ist aber noch nicht zu Ende. Einige Tage später kam besagte Gastgeberin ihrerseits gerade von einem Besuch bei einer japanischen Dame. Noch im Treppenhaus beschwerte sie sich lautstark über das schlechte Benehmen dieser Dame. Wie es der Zufall wollte, kam just in dem Moment die Prinzessin um die Ecke und sagte in ausgesucht gutem Französisch: »Entschuldigen Sie, Madame, aber Sie müssen bei Ihren Besuchen bedenken, dass wir Japaner im großen Ozean der Höflichkeit noch mit kleinen Booten herumfahren, während Sie als Europäerin bereits mit großen Dampfschiffen unterwegs sind.«

Die Angesprochene schaute, als ob sie gerade nicht richtig gehört hätte. Sie stammelte etwas Unverständliches und verabschiedete sich in aller Eile. Dieser Schlag hatte gesessen. Zunächst einmal wurde der Dame bewusst, dass die Prinzessin ihre verbalen Ausfälle beim letzten Treffen komplett verstanden hatte. Und dann noch diese Aussage, die in ihrer Doppeldeutigkeit geradezu genial war. Die angesprochene Botschaftergattin wird noch lange darüber nachgedacht haben. Jedenfalls war auffällig, dass sie den anderen Damen gegenüber niemals von dieser Begegnung erzählte und von dieser Stunde an ihre japanischen Gäste ausgesucht höflich empfing. Sie ließ sich zu diesem Zwecke sogar dazu herab, einige Worte Japanisch zu lernen, was wirklich ungewöhnlich war. Ein paar Worte nur, aber gerade genug, um ihre Gäste höflich begrüßen und wieder verabschieden zu können.

Die japanische Prinzessin lieferte mit ihrer Schlagfertigkeit übrigens ein Musterbeispiel diplomatischen Verhaltens mit Anstand und Würde. Sie ließ sich eine Demütigung gefallen und schlug bei geeigneter Gelegenheit in einer so höflichen und geschickten Form zurück, dass es keinerlei böses Blut gab. Ganz im Gegenteil. Sie erreichte die von ihr gewünschte Reaktion. Zugleich wäre es aber bei einer Beschwerde der angesprochenen Dame unmöglich gewesen, aus der Aussage der Prinzessin irgendeine Beleidigung zu konstruieren. Denn in ihrer Doppeldeutigkeit konnten die Worte ohne weiteres als Kompliment verstanden werden.

Wenn man diese Geschichte aus Japan liest, könnte man doch wirklich auf die Idee kommen, dass die Venezianer mit ihrem Verbot recht hatten: Frauen sorgen für Unruhe und sind als Begleiter männlicher Diplomaten einfach ungeeignet. Dabei wissen wir in Deutschland spätestens seit 1941, dass Frauen gar nicht so schlecht sind. 1941 kam nämlich ein Kitschfilm mit dem Titel *Frauen sind doch bessere Diplomaten* in die Kinos. Der Titel war dabei vielversprechender als die banale Handlung: Die schöne und von allen Männern begehrte Tänzerin Marie-Luise betätigt sich als Friedensstifterin in der turbulenten Zeit um 1848. Sie betört alle Männer und erreicht so den Friedensschluss zwischen den verfeindeten Hannoveranern und Homburgern. Zum Schluss gibt sie ihre koketten Spielchen auf und heiratet einen Adligen. Und wenn sie nicht gestorben sind, dann leben sie noch heute. Schlichter geht es von der Handlung kaum.

Irgendwie hatten sich die Frauen und die Zeiten aber schon vor 1848 verändert. Denn bereits in der Ära des berühmten Sonnenkönigs Ludwig XIV. war es üblich, dass Diplomaten von ihren Ehefrauen begleitet wurden. Das konnte man weder den Diplomaten noch den Ehefrauen verübeln. Zu zweit ist es allemal schöner, noch dazu in der Fremde. Ob das nun immer mit der eigenen Ehefrau der Fall ist, mag jeder für sich selbst beurteilen. Fakt war aber, dass die Frauen eine immer größere Rolle im diplomatischen Leben spielten. Sei es als Begleiterin oder auch als Strippenzieherin am Hofe des Empfangsstaates. Und wie im richtigen Leben, stellten die Frauen auch damals schon die Welt auf den Kopf. In diesem Fall die diplomatische Welt. Denn durch die Teilnahme von Frauen am diplomatischen Leben wurden die ohnehin schon schwierigen Protokollfragen noch schwieriger. Frauen überforderten schlicht und ergreifend das Protokoll. Es gab keinerlei Erfahrungen und keinerlei Regeln zur protokollarischen Behandlung von Frauen. Denn Frauen waren protokollarisch quasi nicht existent.

Man glaubt es kaum, aber die protokollarischen Unsicherheiten zogen sich bis in die zweite Hälfte des zwanzigsten Jahrhunderts. Dies zeigt ein Blick in die Schweiz des Jahres 1953: Das Frauenwahlrecht lag noch in weiter Ferne. Erst ab 1971 durften die Frauen in der Schweiz wählen. Und im Kanton Appenzell sogar erst ab 1990. Und das mitten in Europa! Gerade in dieses Umfeld schickten die USA eine Botschafterin, eine leibhaftige Frau. Die ganze Schweiz war in Aufruhr, es herrschte eine riesige Aufregung. Die Schweizer verstanden die Welt nicht mehr. Fast sah man es als Affront an, dass die USA ausgerechnet ihnen, der letzten Bastion der Männlichkeit in Europa, eine Frau als Botschafterin schickten. Einige einheimische Politiker in den Bergen verglichen die Erteilung des Agréments, also die völkerrechtliche Zustimmung der Schweiz zum Empfang der Botschafterin, mit der Entgegennahme des hölzernen Pferdes durch die Trojaner. Aber noch größer als die Aufregung in der Bevölkerung war die Aufregung bei der Protokollabteilung des Schweizer Außenministeriums. So einen Fall hatte man in der langen Schweizer Geschichte noch nie erlebt. Man war völlig überfordert, ja sogar kopflos. Hektisch wurde mit den Außenvertretungen in Staaten telefoniert, in denen mit weiblichen Diplomaten bereits Erfahrungen gesammelt worden waren. Auch das brachte nicht wirklich ein befriedigendes Ergebnis. Doch plötzlich hatte jemand eine geniale protokollarische Idee: Man behandelt die Diplomatin einfach so wie einen Mann! Erleichtert wurde dieser geniale Wurf durch das geschlechtsneutrale englische Wort Ambassador, von dem es nämlich keine weibliche Form gibt. Ganz Diplomatin baute die Botschafterin, Miss Willis, den Schweizern auch noch eine goldene Brücke und ließ verlauten, dass sie als Madam Ambassador angesprochen werden will. Also war dieses Thema schon einmal erledigt. Aber wie sollte man bloß den Ehegatten ansprechen? Da merkte jemand an, dass es sich um eine »Miss« Willis und nicht um eine »Mrs.« Willis handelte. Die Botschafterin war unverheiratet. Um ihren Ehemann musste man sich also protokollarisch keine Gedanken mehr machen. Allen Beteiligten fiel ein Stein vom Herzen, da hatten sie noch einmal Glück gehabt. Das Geniale an der Idee der Klassifizierung der Botschafterin als Mann war für die Schweizer auch noch Folgendes: Da es sich um einen Mann handelte, war es unnötig, zur Begrüßung der Botschafterin auch Frauen einzuladen. Sonst hätte man womöglich einige der aktiven und sehr lästigen Damen des Schweizerischen Frauenverbandes einladen müssen. Diese wiederum trugen es mit Fassung, dass die Politik sie bei der Begrüßung ihrer Geschlechtsgenossin, die zwar als Mann durchging, aber biologisch ja doch eine Frau war, ignorierte. Ganz im Gegenteil. Die Vorsitzende des Verbandes sagte sogar, dass jede zu deutliche Freudenbezeugung der Sache der Frau in der Schweiz schaden könnte. Sie müssten sich daher möglichst ruhig verhalten. Frau Willis blieb vier Jahre in der Schweiz, dann kam, Gott sei Dank, wieder ein männlicher Botschafter ins Land.

Aber auch männliche Botschafter können für Verwirrung sorgen. Im Jahre 2001 wurde durch den Europäischen Gerichtshof für Menschenrechte der Artikel 200 des rumänischen Strafgesetzbuchs für rechtswidrig erklärt, der Homosexualität unter Strafe gestellt hatte. Kurz zuvor hatten die USA ihren neuen Botschafter nach Rumänien entsandt. Es handelte sich um einen bekennenden Schwulen. Auf seiner ersten Pressekonferenz hatte er der versammelten Presse unverblümt erklärt, dass er schwul sei und ob es noch weitere Fragen gebe. Es gab keine Fragen. Stattdessen herrschte betretenes Schweigen. Mittlerweile dürfte man sich auch in Rumänien an solche Erscheinungsformen gewöhnt haben. Das ist aber nicht in allen Teilen Europas so. Unlängst hatte Außenminister Westerwelle den weißrussischen Präsidenten Lukaschenko als »letzten Diktator Europas« bezeichnet. Der konterte mit der Aussage: »Ich sage mir, es ist besser Diktator zu sein als schwul.« Der Austausch diplomatischer Höflichkeiten zwischen beiden war damit erst einmal beendet.

Deutschland hat mittlerweile ebenfalls offen schwule Botschafter. Da fällt mir insbesondere ein Botschafter ein, der nicht wegen seiner Verdienste im Auswärtigen Amt, sondern wegen seiner Verdienste in der Partei des Außenministers auf einem relativ unbedeutenden Botschafterposten in der Pampa gelandet ist. So weit, so gut. Sein Lebensgefährte ist ein Thailänder, der sich auf seinem Profilfoto bei *Facebook* in sehr engen Shorts breit grinsend an einem undefinierbaren Pfeiler räkelt. Dabei handelt es sich um einen Schnappschuss aus irgendeinem Urlaub. Aber Diplomaten sind wandelbar. Denn das Urlaubsfoto hat natürlich nichts mit dem offiziellen Auftritt des Lebensgefährten eines deutschen Botschafters zu tun, der bei Veranstaltungen der Botschaft ganz seriös im Smoking mit den Gästen plaudert.

Schwul hin oder her, bei uns hat man eigentlich eher Männer als Frauen vor Augen, wenn man an den diplomatischen Dienst denkt. Deren weibliche Begleiterinnen werden in erster Linie mit gesellschaftlichen Aktivitäten in Verbindung gebracht. Da wird eine gute Gastgeberin erwartet, die sich zu benehmen weiß, Small Talk mit den Gästen führen kann, ihre Gäste bei Abendveranstaltungen geschickt platziert und für das angenehme Ambiente zuständig ist. Nicht zuletzt wird natürlich auch erwartet, dass sie die Dienerschaft koordiniert, die ständigen Umzüge organisiert und mit den anderen Damen Tennis spielen geht. Was sonst bliebe noch zu tun? Ach ja, es wäre schön, wenn die Dame auch noch gut aussähe, dezent geschminkt sowie geschmackvoll und nicht zu extravagant gekleidet wäre. Und dann wäre da noch die Tatsache, dass sie bei Dinnerpartys neben den Wichtigen der Welt sitzt und sich dadurch nicht einschüchtern lassen sollte. Sonst noch einen Wunsch? Wenn schon so gefragt wird, sollte sie natürlich immer zufrieden sein und sollte trotz der vielen dienstlichen Abwesenheiten ihres Mannes die Freizeit nicht mit einem fremden Mann verbringen. Dann sollte sie natürlich nicht unbedingt die Scheidung einreichen, wenn der Umzugswagen zum zehnten Mal vor der Tür steht. Im übrigen sollte sie auch auf gar keinen Fall dem Alkohol verfallen sein. Das war es dann aber auch schon mit den Anforderungen an die eierlegende Wollmilchsau.

Diese Wollmilchsäue haben dann sogar noch neben den eben beschriebenen Qualitäten in ihrer Freizeit den sogenannten Frauen- und Familiendienst des Auswärtigen Amtes gegründet. Das war in den sechziger Jahren. Heute heißt der Dienst politisch korrekt Familien- und Partnerdienst. Damit will man den Eindruck erwecken, dass nicht nur Frauen Partner von männlichen Diplomaten sind, sondern dass auch Männer Partner von weiblichen Diplomatinnen sein können. Theoretisch ist das durchaus denkbar, in der Praxis jedoch eher selten.

Aber zurück zum Familien- und Partnerdienst: Der Dienst ist eine Selbsthilfeorganisation, die Partner von Diplomaten in allen Lebenslagen unterstützt. Damit sind nicht nur Lebenslagen gemeint, die mit den Umständen des Diplomatendaseins einhergehen. Es werden Seminare zu unterschiedlichen Themen veranstaltet, kulturelle Veranstaltungen organisiert und vielfältige Unterstützung angeboten. Da geht es um Fragen zum Auslandsposten, zu Möglichkeiten der Berufstätigkeit, den richtigen Schulen und allem, was sonst noch von Belang ist. Der hausbackene Charme der Gründungsjahre ist längst abgelegt. Im damaligen Merkblatt zum Posten in Mali hieß es zum Beispiel, dass von Entbindungen in Bamako, der Hauptstadt Malis, dringend abzuraten sei. Das ist durchaus verständlich, erklärt sich aber auch von selbst. Weiter hieß es zum Klima in Bamako, dass dieses äußerst ermüdend sei. Hierzu heißt es weiter: *»Ihre Unternehmungslust nimmt ab und nähert sich daher dem geringen Maß der hier gebotenen Möglichkeiten.«* Diese Umschreibung einer geradezu katastrophalen Situation hätte jedem hochrangigen Berufsdiplomaten große Ehre gemacht. Besser kann man nicht ausdrücken, dass das Klima unterträglich ist und man eigentlich nur auf dem Sofa liegt, wenn die Klimaanlage mal wieder kaputt ist.

Die Anfangsjahre des Frauen- und Familiendienstes sind tatsächlich nicht nur hausbacken, sondern fast schon von einer rührenden Naivität. Wie konnten es diese Frauen auf den diversen Posten überhaupt aushalten? Offensichtlich waren sie noch nicht einmal in der Lage, die folgende Frage zu beantworten. Denn auch hierzu musste ein Rundbrief herhalten. Die Frage lautete: *»Was soll ich tun, wenn kurz vor einem Essen mit geladenen Gästen der Koch verschwindet?«* Es gibt in diesem kniffligen Fall vier verschiedene Möglichkeiten des Handelns:

Möglichkeit 1: Freunde darum bitten, deren Koch ausleihen zu dürfen
Möglichkeit 2: Selbst kochen
Möglichkeit 3: Das Essen von einem Restaurant liefern lassen
Möglichkeit 4: Das Abendessen absagen

Es ist grotesk. Derart simple Fragen musste der Frauen- und Familiendienst beantworten. Man fragt sich wirklich, wie diese Frauen unbeschadet durchs Diplomatenleben gekommen sind. Eine interessante Frage wäre auch die folgende gewesen: *Ich bin verzweifelt! Was mache ich bloß? Ich bin Diplomatin und bekomme von dem liebestollen Besitzer einer Kognakfabrik jeden Monat eine Kiste besten Kognaks gratis vor die Tür gestellt!*

Der guten Diplomatin kann man eigentlich nur zwei Dinge raten: Entweder selbst austrinken, was bei der Menge sicherlich eine Herausforderung ist, oder unter Bedürftigen verteilen. Soll heißen, an die Kollegen ausschenken. Jedenfalls sollte man den Kognak so verwerten, dass alle etwas davon haben. Die Protagonistin dieser wahren Geschichte hatte den Fabrikbesitzer bei einem dienstlichen Besuch der Fabrik kennengelernt. Er hatte sich Hals über Kopf in die Frau verliebt und anstatt Blumen übersandte er ihr nun regelmäßig Kognakkisten. Getreu dem Motto: Blumen vergehen, und Kognak bleibt bestehen. Ob Blumen oder Kognak, seine ganzen Mühen nützten leider nichts, er biss auf Granit. Die Liebe blieb unerwidert und brachte die Diplomatin sogar in schwere Gewissensnöte. Sie fühlte sich als gute deutsche und vor allem korrekte Beamtin von dem Fabrikbesitzer bestochen. Solche Geschenke konnte sie einfach nicht annehmen, das wäre nicht korrekt gewesen. Was machte also die deutsche Diplomatin? Sie meldete sich bei dem großzügigen Kognakschenker nie wieder, nahm die Flaschen, schüttete den guten Kognak ins Klo und warf die leeren Flaschen in die Mülltonne. Genau das machte sie mit jeder Kiste, die ihr vor die Tür gestellt wurde. Hunderte von Litern besten Kognaks gingen so verloren! Und es bleibt die Frage: Warum warf sie nicht die Flaschen mitsamt Inhalt in den Müll? Stattdessen machte sie sich die Mühe, jede einzelne Flasche vorher im Klo zu entleeren. Die Geschichte liegt ein paar Jahre zurück, und die Dame arbeitet heute noch anstandslos und sehr korrekt im Auswärtigen Amt. Sie trinkt allerdings keinen Kognak mehr.

Hilfreich und notwendig waren bei den offensichtlich doch etwas unbeholfenen Vorstellungen der Diplomatengattinnen sicherlich die angebotenen Konversationskurse des damaligen Familien- und Frauendienstes: *Wie unterhalte ich mich auf einer Cocktailparty? Wie halte ich Ansprachen zur Begrüßung von Gästen?*

Auch die Kurse mit dem Thema: *Wie arrangiere ich ein Dinner?* und die Beratungsdienstleistungen in allen Garderobefragen waren damals sehr nachgefragt.

Nicht unwichtig waren auch die Ausführungen zur Körperpflege. So wurde den Damen beispielsweise empfohlen, Ersatzgummis für BHs und Haarwaschmittel gegen Schuppenbefall mit nach Indien zu nehmen.

Den Ehemännern wurden derartige Handreichungen nicht mit auf den Weg gegeben. Offensichtlich war man der Meinung, dass sich ein Mann mit derartig nebensächlichen Dingen wie Körperpflege nicht befassen sollte. Das würde ihn nur von seinen dienstlichen Verpflichtungen abhalten.

Diese ganzen Empfehlungen waren den Rundbriefen des Familiendienstes zu entnehmen, die über den normalen Verteiler des Auswärtigen Amtes an die Diplomaten geschickt wurden. Und da die Herren der Schöpfung in solchen Dingen immer so schusselig sind, gab es einen großen Aufdruck auf den Briefen: *Diesen Rundbrief bitte zu Hause abliefern!* Heute läuft das natürlich alles online mit Download-Möglichkeiten per E-Mail-Newsletter.

Die Botschafterfrauen kümmerten sich gemeinhin um das sogenannte Backoffice des Mannes. Immerhin haben sie damit in vielen Teilen der Welt bei manch einer Abendveranstaltung den besseren Part erwischt. Denn ihr Ehemann, der Botschafter, sitzt neben den Frauen der Präsidenten und Minister und muss sich womöglich Geschichten über Kinderkrankheiten, die neuen Vorhänge und die Probleme mit den Bediensteten anhören. Allerdings kann es bei den Selbstdarstellern, die in der diplomatischen Welt herumlaufen, auch umgekehrt sein. Es ist wenig unterhaltsam neben jemandem zu sitzen, der die ganze Zeit über seine Erfolge bei der Arbeit berichtet und sich für seinen Gesprächspartner letztlich gar nicht interessiert. In diesen Fällen ist es durchaus legitim, zum letzten Ausweg zu greifen und sich aufs Klo zu verabschieden. Dort bleibt die versierte Diplomatenfrau dann so lange sitzen, bis sie durch ihren Ehemann erlöst wird. Dies tut der geschickte Diplomat, indem er der versammelten Abendgesellschaft mitteilt, dass er mal nach seiner Frau schauen müsse, die sei schon so lange auf dem Klo und ihr sei bereits den ganzen Tag so übel gewesen. Anschließend verabschiedet man sich, weil man ja die Frau nach Hause bringen müsse. Der ginge es sehr, sehr schlecht. Mit einem Schlag sind solche Langweilerabende Geschichte und man kann die Zeit zu Hause viel interessanter bei einem Glas Wein genießen. Wenn man denn aber bei solchen Veranstaltungen unbedingt durchhalten will, dann ist eiserne Disziplin gefragt. Es ist eine große Kunst und bei einer solchen Abendveranstaltung ein Gutteil der Arbeit, bei den größten Langweilern Haltung zu bewahren, das Gähnen zu unterdrücken und sich mit einer solchen Miene zu unterhalten, als würde man gerade auf den wunderbarsten Entertainer treffen. Dieser Langweiler geht dann mit dem guten Gefühl nach Hause, jemanden so richtig glücklich gemacht zu haben. Und man selbst kann sich sagen: Heute habe ich wieder eine gute Tat vollbracht! Bei Cocktailpartys hingegen besteht die hohe Kunst geschickter Diplomaten darin, den Langweiler so schnell und so elegant wie möglich zu entsorgen. Die Zeit ist schließlich zu schade für dauerhafte Langeweile.

Das ist also die klassische Arbeitsteilung, und der Anteil, den die Ehefrauen der Diplomaten am Erfolg deutscher Diplomatie hatten und haben, kann gar nicht hoch genug eingeschätzt werden. Der kostenlose Einsatz der Frauen im Dienste des Vaterlands wurde dabei immer als selbstverständlich vorausgesetzt.

Wie es so manch einer Frau als Ehepartnerin eines Diplomaten ergeht, fasste ein britischer Generalkonsul im 19. Jahrhundert, der die Nachricht von seiner Versetzung erhielt, in einem Telegramm an seine Frau so zusammen: *Pay, pack and follow.*

Aber wie sieht es denn heutzutage in Deutschland mit den Frauen im diplomatischen Dienst aus? Mit Fug und Recht kann das Auswärtige Amt sagen: Nicht gut, aber wir geloben Besserung! Immerhin gibt es seit 2011 eine weibliche Staatssekretärin. Wie auch in vielen Bereichen der Wirtschaft, ist der Aufstieg für Frauen im diplomatischen Dienst aber grundsätzlich ein langer steiniger Weg. Das diplomatische Corps ist wie das Auswärtige Amt extrem traditionsbewusst. Zur Tradition gehörte dabei seit anno dazumal das traditionelle Rollenverständnis der sorgenden Ehefrau und Mutter, die dem erfolgreichen Mann den Rücken freihält. Das spiegelt sich bis heute auch in Zahlen wider. Nur 21 deutsche Auslandsvertretungen werden von Frauen geleitet. Das sind circa zehn Prozent und im internationalen Vergleich sehr wenig. Die USA beispielsweise besetzen bereits dreißig Prozent der Botschafterposten mit Frauen und selbst das katholische Polen hat eine Quote von zwanzig Prozent aufzuweisen. Und dazu muss man bedenken, dass selbst Länder wie Burkina Faso mittlerweile Botschafterinnen ins Ausland schicken. Frauen auf Botschafterposten berichten allerdings davon, dass sie als Gesprächspartnerinnen nicht wahrgenommen werden, wenn sie von einem männlichen Mitarbeiter begleitet werden. Wie selbstverständlich wird bei solchen Gesprächen davon ausgegangen, dass es sich bei dem Mann um die Führungspersönlichkeit handelt.

Im Auswärtigen Amt sind also nur zehn Prozent der Botschafterposten mit Frauen besetzt; trotzdem macht aber der Frauenanteil unter den Mitarbeitern im Auswärtigen Amt stattliche 45 Prozent aus. Wie kann das sein? Die Sache ist ganz einfach: Je höher es die Karriereleiter nach oben geht und je dünner die Luft wird, desto niedriger ist der Frauenanteil. Das sieht man schon bei der Besetzung des höheren Dienstes, also der Dienstgruppe mit Hochschulabsolventen, aus denen die Botschafterposten besetzt werden: 75 Prozent Männer stehen 25 Prozent Frauen gegenüber. Geht es hingegen um die einfachen Tätigkeiten wie Kaffeekochen, Schreiben und Telefonieren dann sind dort vier Prozent Männer und 96 Prozent Frauen beschäftigt. Ein altgedienter Diplomat, der schon einige Zeit pensioniert war, sagte mir einmal halb im Scherz: »Haushalt, Kaffeekochen und Telefonieren können Frauen einfach viel besser, daher ist diese Arbeitsteilung perfekt.« Sagte es und suchte in der Küche verzweifelt nach Kaffeetassen für uns, da seine Frau nicht anwesend war. Diese einfache Tätigkeit überforderte ihn schlichtweg, er führte sie offensichtlich nie selbst aus. Das Kaffeekochen übernahm dann sicherheitshalber ich.

Das Auswärtige Amt ist unter den Bundesministerien sogar das Schlusslicht, was den Anteil von Frauen in Führungspositionen angeht. Frauen sind im diplomatischen Dienst über Jahrhunderte eine Rarität gewesen und wurden bestaunt wie seltene und gerade erst im tiefsten Urwald entdeckte Tiere. Manche Exemplare dieser Spezies haben ihre Chancen dann auf andere Art genutzt. Es gab immens einflussreiche Frauen mit einer Machtstellung am Hof, die gewandte Diplomaten niemals vernachlässigen durften, wenn sie erfolgreich sein wollten. Im 17. und 18. Jahrhundert kam beispielsweise kaum ein Diplomat an der sogenannten Favoritin des Königs vorbei, wenn er ein Anliegen hatte. Und damit wären wir wieder bei der Agentin 00Sex oder zumindest etwas Ähnlichem. Und das Interessante dabei war, dass sogar Ehemänner ihre eigenen Frauen an die Front schickten, um beruflichen Nutzen daraus zu ziehen. Ob aus Kalkül oder aus Neugier oder vielleicht sogar Spaß ist heute nicht mehr überliefert. Jedenfalls heißt es über den holländischen Gesandten in Paris im 16. Jahrhundert:

> Es war die Ansicht aller, dass Heinrich IV. mit
> seiner Ehefrau schlief und dass der Ehemann damit
> einverstanden war wegen des großen Nutzens, den
> er daraus zog. Dieser Verkehr war der Anfang seines
> Glücks.

Vielleicht war der Glückspilz einfach froh, seine Frau beschäftigt zu wissen. Seinem beruflichen Aufstieg jedenfalls scheint es sehr genützt zu haben.

Frauen hatten und haben immer ganz besondere Möglichkeiten der Einflussnahme. Viele haben diese auch genutzt, ob dokumentiert oder nicht. In den allermeisten historischen Fällen haben sie indirekten Einfluss geübt. Ganz selten gab es aber auch Begebenheiten der direkten Einflussnahme durch Verhandlungen oder Ähnlichem. Diese Fälle sind allerdings so selten, dass man sich sogar bemüßigt fühlte, einen Friedensvertrag im 16. Jahrhundert, der von zwei Frauen stellvertretend für zwei Könige geschlossen wurde, als *Damenfriede* zu titulieren. Sonst wirkten Frauen eher im Verborgenen, sozusagen im Dunklen, aus der Deckung heraus. Oder vielleicht besser gesagt, aus der Decke heraus: Sie suchten ihren Einfluss im Bett. Daher könnte man dieses Thema auch unter die Überschrift stellen: Wie schlafe ich mich am besten nach oben? Eine Kunst, die sich auch heute noch einiger Beliebtheit erfreut. Manche der in früheren Zeiten erfolgreichen Frauen waren Künstlerinnen ihres Fachs, sie scheinen eine Menge verstanden zu haben von dem Zusammenhang zwischen Biologie und Macht. Sie waren dabei aber nicht nur biologisch begabt, sondern außerordentlich intelligent und nahmen daher einen Platz ganz oben an der Sonne ein. Einige historische weibliche Persönlichkeiten mit immensem Einfluss im Bereich der Diplomatie will ich nachfolgend kurz vorstellen:

Wenn es um das Thema Mätressen geht, kommt man an der Marquise de Pompadour als Geliebte des französischen Königs Ludwig XV. im 18. Jahrhundert nicht vorbei. Ihr war schon als Kind von einer Wahrsagerin prophezeit worden, einst Mätresse von Ludwig XV. zu werden. Zwar dauerte ihr Verhältnis mit dem König nur sechs Jahre, doch machte sie sich durch geschicktes Taktieren am Hof unentbehrlich. So wurde aus der einstigen Beischläferin ein Erster Minister. An ihr kam kein Diplomat vorbei.

Mit Madame de Staël verhält es sich etwas anders. Sie war keine Mätresse. Im Grunde war sie fast schon eine Botschafterin. Offiziell war sie allerdings nur die Frau eines Botschafters. Um die märchenhafte Mitgift seines zukünftigen Schwiegervaters zu erlangen, musste ihr Mann vor der Heirat vom schwedischen König die Zusicherung erhalten, dass er bis zum Lebensende Botschafter in Paris sein würde. Diese Zusage wurde erteilt, und aus der schwedischen Botschaft machten das Geld des Schwiegervaters und der Geist der Botschafterin die glänzendste Vertretung im Paris des 18. Jahrhunderts. In ihrem Salon gingen die einflussreichsten Persönlichkeiten der Zeit ein und aus. Madame de Staël war in ihrer Schönheit und Klugheit der Mittelpunkt jeder Gesellschaft.

Die Fürstin von Lieven war Anfang des 19. Jahrhunderts die Frau des russischen Botschafters in London. Zu Beginn ihrer Londoner Zeit bestand das Diplomatische Corps aus nur wenigen Mitgliedern, da die meisten Staaten unter dem Druck Napoleons ihre Beziehungen zu England hatten abbrechen müssen. Der russische Botschafter und seine Frau wurden begeistert empfangen. Fürstin von Lieven ließ sich schließlich in Paris nieder und entpuppte sich als kein Kind von Traurigkeit. Sie war die Geliebte des österreichischen Staatsmannes und Diplomaten Fürst von Metternich und anschließend die des französischen Ministerpräsidenten Guizot. Wie es damals üblich war, führte sie einen Salon, in dem die wichtigsten Persönlichkeiten der Zeit verkehrten. Zur Zeit ihres Aufenthaltes in London wurde sie vom russischen Zaren gebeten, den britischen Außenminister darüber zu informieren, dass der geplante neue englische Botschafter in Russland nicht akzeptabel sei. Sie führte diesen Auftrag anstandslos und mit großem diplomatischen Geschick aus, obwohl das eigentlich die Aufgabe ihres Mannes gewesen wäre. Ihr Mann, der Botschafter, war vom Zaren aber gar nicht erst gefragt worden.

Aus diesen Damen, die Salons führten, machtbewusst, intelligent und begehrenswert waren, wurden im Laufe der Zeit leibhaftige Diplomatinnen. Das erste Exemplar dieser bis heute eher seltenen Gattung kam aus dem bolschewistischen Russland. Ihr Name war Alexandra Kollontai. Pikanterweise handelte es sich bei ihr um eine Adlige, noch dazu um die Tochter eines zaristischen Generals. Obwohl sie sich zum Bolschewismus bekehrt hatte, war sie eine typische Salonkommunistin. Sie liebte den Luxus. Luxuriöse Pelze, elegante Kleidung, rauschende Feste und ein extravaganter Lebensstil waren ihr Markenzeichen. Das passte nun so gar nicht zu den Zielen der Bolschewisten. Trotzdem machte sie ihren Weg. Zuerst als Botschafterin in Norwegen, dann in Mexiko und in Schweden.

Auch die USA entsandten bereits relativ früh Diplomatinnen ins Ausland. Deutschland hingegen, auch die DDR, war da sehr zögerlich. Zwar hatte die Bundesrepublik im Jahre 1953 eine Quotenfrau als Leiterin einer deutschen Auslandsvertretung nach Houston, Texas entsandt. Doch handelte es sich dabei lediglich um ein Generalkonsulat. Bis die erste Frau als Botschafterin ins Ausland entsandt wurde, vergingen noch weitere 16 Jahre: 1969 wurde Professorin Ellinor von Puttkamer Botschafterin beim Europarat in Straßburg. Auch in der DDR hatten es Frauen im diplomatischen Dienst schwer. Dennoch leitete Anne Kundermann ab 1950 bereits sehr viel früher eine Botschaft – zunächst in Bulgarien.

Das Frauenbild der Nazis mag damals in Deutschland noch ein wenig nachgewirkt haben. Denn trotz des bereits erwähnten Films *Frauen sind doch bessere Diplomaten* entsandten die Nazis natürlich keine einzige Diplomatin ins Ausland. Dafür haben sie aber einige Damen quasi auf der horizontalen diplomatischen Ebene beschäftigt. In dem berühmten Salon Kitty im noblen Berliner Stadtteil Berlin-Charlottenburg betrieb die Gestapo einen florierenden Bordellbetrieb. Es wurden dort nur handverlesene Damen mit geprüften Qualifikationen eingestellt. Einstellungsvoraussetzung waren nicht nur Intelligenz und Mehrsprachigkeit, sondern diese Damen mussten darüber hinaus auch »mannstoll« sein. Als Arbeitsanweisung wurde offiziell ausgegeben: »Nicht bummeln!« Die Damen bekamen dann noch eine kurze Einweisung in die Kunst der Spionage und sollten schließlich der internationalen diplomatischen Klientel durch vollen Körpereinsatz die größten Staatsgeheimnisse entlocken. Die Gäste sollten quasi im Liebesrausch die Staatsgeheimnisse herausschreien. Und zwar so, dass die sich im Keller befindliche Abhörzentrale alles bequem mithören konnte. Denn das ganze Etablissement war natürlich von oben bis unten verwanzt. Sehr praktisch war, dass der Chef der Gestapo gleich im Nebenhaus residierte und so die Qualitäten der Damen jederzeit persönlich unter die Lupe nehmen konnte. Die Arbeit der Damen war allerdings nicht so erfolgreich wie erhofft, sodass der Betrieb bald eingestellt wurde. Kein Wunder, wenn man sich das Zitat eines hochrangigen bayerischen Gastes vor Augen führt, der da sagte: »Also, auffi geht's Madl. I bin do net zum Redn herkomma.«

Reden ist nicht unbedingt immer hilfreich. Gerade in der Welt der Diplomatie ist oftmals Schweigen die bessere Option. Die handverlesenen Damen des Etablissements schwiegen nach dem Krieg über ihren Einsatz. Aus welchen Gründen sie schwiegen, bleibt ein Geheimnis. Auch die Abhörprotokolle sind vernichtet, sodass die eventuellen Spionageerfolge nie ans Tageslicht kommen werden.

Nach diesen Geschichten über Liebschaften, über Spionage im Bordell, von der Agentin ooSex und den braven Hausfrauen, die ohne Entlohnung einen immens wichtigen Beitrag zum Erfolg deutscher Diplomatie leisten, zum Schluss noch eine ganz besondere Frauengeschichte:

Die deutsche Botschaft in Khartum, Sudan, war gerade mit einem neuen Botschafter besetzt worden. Es war März. Ich hatte bis dahin als sogenannter Chargé d'affaires den Botschafter vertreten. Dabei handelt es sich um den zweiten Mann an der Botschaft, der den Botschafter bei Abwesenheiten vertritt. In dieser Funktion kam ich in den zweifelhaften Genuss, als Mitglied des Diplomatischen Corps den berühmt-berüchtigten Kaiser des Zentralafrikanischen Kaiserreichs Jean-Bédel Bokassa am Flughafen zu empfangen. Der launische Kaiser ließ stundenlang auf sich warten, und wir Diplomaten schwitzten bei sengender Hitze und 45 Grad im Schatten. Es war eine Qual. Und das Ganze nur, um einem zweifelhaften Kaiser eine Sekunde lang die Hand zu schütteln. Aber auch das ging vorüber, und irgendwann war dann der neue Botschafter da.

Kaum war er eingetroffen, wurden schon die ersten Gäste aus Deutschland erwartet. Es war der

1. März. Der Parlamentarische Staatssekretär des
Auswärtigen Amtes und einige Bundestagsabgeord-
nete machten uns ihre Aufwartung. Noch ahnten
wir nichts Böses. Doch für uns alle sollte es ein
aufregender Tag werden, der uns fast das Leben
gekostet hätte.

1. März
**** Khartum/Flughafen 08:15 Uhr ****
Landung der Lufthansamaschine pünktlich um 08:15 Uhr.
Der Botschafter und ich nehmen den Staatssekretär und die
aus fünf Bundestagsabgeordneten bestehende Delegation in
Empfang. Anwesend ist auch der zweite Minister des sudane-
sischen Außenministeriums mit einigen Mitarbeitern. Herz-
liche Begrüßung.

**** Außenministerium 09:00 Uhr ****
Offizielle Begrüßung und kurze, sehr freundliche Besprechung
zwischen dem Staatssekretär und dem zweiten Minister.

**** Botschaft 09:45 Uhr ****
Interne Besprechung in der Botschaft mit kleinem Gabelfrüh-
stück. Der Staatssekretär berichtet noch einmal persönlich
über die geplanten Gespräche vor Ort. Der Botschafter und
ich geben dazu einige wichtige und hilfreiche Hinweise.

**** Wirtschaftsministerium 11:15 Uhr ****
Treffen mit dem Wirtschaftsminister. Das Gespräch verläuft
in freundlicher und konstruktiver Atmosphäre. Teilnehmer
von unserer Seite neben dem Staatssekretär: der persönliche
Referent, der Botschafter und ich. Die übrigen Delegationsmitglieder führen Besprechungen auf Arbeitsebene.

**** Villa des Wirtschaftsministers 12:30 Uhr ****
Es wird ein kleines – Arbeitsessen genanntes – Mittagessen in der Villa des Wirtschaftsministers serviert. Danach weitere Besprechung in den dortigen Räumen in derselben Besetzung.

**** Khartum/Innenstadt 14:45 Uhr ****
Die Besprechungen waren effektiv und erfolgreich. Es bleibt einige Zeit für eine Stadtrundfahrt, die wir, der Staatssekretär, der Botschafter und ich, mit dem Botschaftswagen unternehmen.

**** Omdurman 16:45 Uhr ****
Der Staatssekretär erweist sich als außerordentlich landeskundig. Er äußert den Wunsch, das Haus des Mahdi in Omdurman zu besuchen. Auch will er das kleine metallene Boot besichtigen, mit dem Marchand bis Faschoda gekommen war. Sehr kurzweilige und persönliche Unterhaltung.

**** Residenz des Botschafters 18:45 Uhr ****
Der Ausflug nach Omdurman und die persönliche Atmosphäre haben die Zeit schnell voranschreiten lassen. Für die geplante Teilnahme am Abschiedsempfang des amerikanischen Botschafters in der Residenz des saudi-arabischen Botschafters ist es nun zu spät. Stattdessen fahren wir zum Abendessen in die Residenz des Botschafters.

**** Residenz des Botschafters 19:05 Uhr ****
Das Abendessen wird serviert. Plötzlich hören wir mehrere Salven von Schüssen und lautes Rufen in der unmittelbaren Nachbarschaft. Die Geräusche sind befremdlich, irritieren uns aber nicht weiter.

**** Residenz des Botschafters 19:20 ****
Unsere Gespräche werden erneut durch Lärm unterbrochen.
Wir hören lautes Sirenengeheul in einem dramatischen Um-
fang. Der Botschafter und ich sind außerordentlich besorgt.
Der Lärm kommt aus Richtung der Residenz des saudi-ara-
bischen Botschafters.

**** Residenz des Botschafters 19:45 Uhr ****
Der Diener meldet, der Botschafter müsse umgehend wegen
eines wichtigen Anrufs ans Telefon kommen. Der Botschafter betritt kurze Zeit später wieder den Raum und teilt mit,
dass der Empfang beim saudi-arabischen Botschafter von
schwer bewaffneten palästinensischen Terroristen gestürmt
worden sei. Betretenes Schweigen und Auflösung der Runde
in der Residenz. Abfahrt in die Botschaft.

**** Botschaft 20:00 Uhr ****
Per Telefon übermitteln wir die spärlichen Informationen
über das Geschehen an das Auswärtige Amt. Anschließend
erreichen wir telefonisch den spanischen Chargé d'affaires.
Er war als Gast beim Empfang in der Residenz des saudi-
arabischen Botschafters anwesend und gibt uns folgenden
Bericht:

> Es war kurz vor Ende des Empfangs, gegen sieben
> Uhr. Einige Gäste wollten gerade aufbrechen, als ein
> Landrover vor dem Hause vorfuhr. Acht maskierte
> Männer stürmten plötzlich in die Residenz und
> schossen mit Maschinenpistolen um sich. Der belgi-
> sche Chargé d'affaires wurde am Bein getroffen und
> schwer verletzt. Panik machte sich unter den Gästen
> breit. Es hieß nur noch: Rette sich wer kann. Einige
> Diplomaten kletterten hastig über eine Mauer,
> andere flüchteten über eine Treppe und sprangen

aus dem Fenster. Die militärisch erfahrenen Gäste wiederum gingen bei den ersten Schüssen gefechtsmäßig in volle Deckung und warfen sich auf den Boden. Der französische Botschafter hatte als Offizier in Algerien gekämpft. Dies erwies sich für die jetzt am Boden liegende Gruppe als sehr vorteilhaft. In kaltblütiger Gefechtsmäßigkeit führte der Franzose mit Handzeichen die auf dem Boden liegende Truppe in die Büsche am Gartenrand. Von den Terroristen unbemerkt robbte diese Gruppe in ihren eleganten Anzügen und kniefreien sommerlichen Designerkleidern auf allen vieren durch den Garten und konnte flüchten. Wiederum andere versteckten sich auf der Toilette. Es war ein drunter und drüber. Im Haus trieben die Terroristen die verbliebenen Geiseln in der Halle zusammen. Auch die Kollegen auf der Toilette waren schnell entdeckt. Die Terroristen fesselten den neuen und den scheidenden amerikanischen Botschafter mit Stricken, die sie mitgebracht hatten. Sie gingen dabei mit einer großen Brutalität vor. Anschließend wurden die Gäste in der Halle selektiert. Mir selbst wurde signalisiert, dass Spanien eine araberfreundliche Politik verfolge. Das war der einzige Grund für die Gewährung freien Geleits und meine Entlassung aus der Geiselhaft. Der sowjetische Botschafter wurde ohne weitere Umstände durch die Hintertür hinauskomplimentiert, er verschwand sang- und klanglos. Auch andere Kollegen durften die Residenz verlassen. Dem japanischen Botschafter wurde vorgeworfen, dass sich seine Regierung nicht für den japanischen Attentäter auf dem Flughafen von Tel Aviv einsetze, der in israelischer Haft sitzt. Der Japaner nahm das schweigend zur Kenntnis und verhielt sich ansonsten genauso, wie man das von einem japanischen Edelmann erwartet: Er saß aufrecht auf einem Sessel, kreuzte die Arme vor der Brust, und weigerte sich trotz massiver Drohungen, auch nur ein einziges Wort zu sagen. Ein paar Stunden nach dieser Selektierung informierte mich der Japaner telefonisch, dass er ebenfalls freigelassen worden war. Wirklich ein Teufelskerl, seine Methode hatte also funktioniert. Der japanische Kollege berichtete außerdem, dass jetzt noch die beiden Amerikaner, der belgische Chargé d'affaires, der jordanische Botschafter, unser saudi-arabischer Gastgeber und dessen Familienangehörige in der Gewalt der Terroristen seien. Die meisten Gäste konnten flüchten.

Wir bedanken uns beim spanischen Kollegen und verabreden uns für den nächsten Tag. Den Bericht kabeln wir direkt an die Zentrale.

**** Botschaft 20:15 ****
Wir werden von den Sicherheitsbehörden telefonisch informiert, dass die Botschaft militärischen Schutz erhält. Kurz darauf fährt ein Jeep mit vier schwerbewaffneten Soldaten vor und postiert sich vor dem Eingang der Botschaft.

**** Botschaft 22:10 Uhr ****
Nach bangem Warten werden von den örtlichen Sicherheitskräften weitere Informationen telefonisch an den Botschafter übermittelt. Die Terroristen bezeichnen sich als *»Operationsgruppe Abu Daud«* und fordern die Freilassung palästinensischer Terroristen aus jordanischen Gefängnissen. Ich verbleibe als Bereitschaftsdienst die Nacht über in der Botschaft.

2. März

**** Botschaft 04:00 Uhr ****

Information vom Auswärtigen Amt, dass auch der deutsche Botschafter als Geisel genommen werden sollte. Grund: Erzwingen der Freilassung von Terroristen aus deutschen Gefängnissen. Die Geiselnehmer sollen sich wie folgt geäußert haben: »Der Deutsche Botschafter war zu seinem Glück nicht anwesend, wie wir gehofft hatten.« Von den Amerikanern wird unter anderem die Freilassung des Attentäters von Robert F. Kennedy gefordert. Für die Erfüllung ihrer Forderungen haben die Terroristen ein Ultimatum gesetzt: Heute 07:00 Uhr.

Die sudanesische Regierung versuchte noch, die Terroristen durch Verhandlungen zur Aufgabe zu bewegen; leider erfolglos. Die amerikanische Regierung weigerte sich ebenso wie die jordanische Regierung, auch nur irgendeine Forderung zu erfüllen. Das kam einem Todesurteil gleich. Nach zwei weiteren Ultimaten wurden die beiden US-Diplomaten und der belgische Kollege von den Terroristen erschossen. Wir alle waren zutiefst erschüttert. Letztlich haben der Botschafter und wohl auch ich dem Staatssekretär unser Leben zu verdanken. Hätte er nicht auf dem Besuch von Omdurman bestanden und hätte er nicht so ausführlich und persönlich über sein Leben berichtet, dann hätten wir beide am Empfang teilgenommen. So wie es von uns ja eigentlich auch geplant war. Manchmal muss man im Leben einfach nur Glück haben und dafür dankbar sein.

Doch was hat die Geschichte mit Frauen zu tun? In der ganzen Geschichte kommt tatsächlich keine einzige Frau vor! Aber so geht es weiter:

Die beiden amerikanischen Diplomaten wurden zusammen mit dem belgischen Kollegen kurz vor 20 Uhr am 2. März im Keller der Residenz des saudi-arabischen Botschafters erschossen. Der saudi-arabische Botschafter musste die Nachricht telefonisch an die Behörden übermitteln. Erst zwei Tage später ergaben sich die Terroristen den Sicherheitskräften und ließen die verbliebenen Geiseln frei.

Das diplomatische Corps in Khartum war natürlich erschüttert von den Ereignissen und wie gelähmt. Was wir uns aber alle fragten war: Warum eigentlich der Belgier? Das war uns unerklärlich. Er war ein netter Kerl. Völlig unscheinbar. Fast bedeutungslos. Eigentlich so wie sein Heimatland. Belgien ist ein kleines Land, welches weder im Nahostkonflikt noch in der internationalen Politik irgendeine Rolle spielt. Einige von uns meinten, er hätte einfach nur Pech gehabt. Aber warum ließen sie dann den spanischen Gesandten laufen? Andere brachten die Ermordung mit einem geplanten Rüstungsprojekt von Belgien, den USA und Israel in Verbindung. Dagegen sprach, dass die Terroristen zu keinem Zeitpunkt irgendeine Forderung gegen Belgien formulierten. Eine andere Vermutung bestand darin, dass er für den CIA gearbeitet habe. Gerüchte und Vermutungen. Nichts mehr. Man stocherte im Dunkeln.

Wir alle waren erstaunt zu hören, dass der Belgier von den Terroristen sogar außerordentlich grausam behandelt worden war, viel schlechter als die beiden

Amerikaner. Und die Erklärung war dann doch viel prosaischer als vermutet: Es handelte sich um ein ganz gewöhnliches Eifersuchtsdrama. Der arabische Anführer der Terroristen war gleichzeitig der Nachbar des Belgiers, die beiden kannten sich. Sie liebten dieselbe Frau, eine Französin mit Namen Dominique. Der Belgier hatte sie dem Araber ausgespannt und war jetzt sogar mit der Frau verlobt. Sie wollten heiraten. Der arme Kerl hatte die Rechnung ohne seinen gewaltbereiten arabischen Nachbarn gemacht. Vielleicht hatte er sich aber auch schlicht und ergreifend die falsche Frau oder, anders gesagt, die richtige Frau am falschen Ort ausgesucht.

Und die Moral von der Geschichte? Man sollte sich weder die falsche Frau aussuchen noch zum falschen Zeitpunkt am falschen Ort sein.

Diplomatische Mythen IV

Der Botschafter als Exzellenz

In der Welt der Diplomatie ist das Thema der Titel und Anreden voller Stolperfallen. Die Frage »Exzellenz oder nicht?« ist nur die Spitze eines Eisbergs voller Anreden und Titel.

Um es gleich vorwegzunehmen: Die Anrede »Exzellenz« ist keineswegs ein Mythos. Ein Botschafter hat sogar das Anrecht auf die Anrede »Exzellenz«. Erstaunlich ist, dass früher nur Könige als Exzellenz angesprochen wurden, ehe sie die Anrede Majestät oder Hoheit beanspruchten. So wie früher Könige werden also heute Botschafter tituliert. Liest man das, wird einem schnell klar, dass Diplomaten noch nie Probleme mit etwaig mangelndem Selbstbewusstsein hatten. Das Prädikat »Exzellenz« wurde sämtlichen Botschaftern durch die Frieden von Münster und Osnabrück nach dem Dreißigjährigen Krieg offiziell gewährt.

Aber wann benutzt man das Wort »Exzellenz«? Sagt man tatsächlich »Herr Exzellenz«, wenn man einem Botschafter gegenübersteht? Stellt man einen Botschafter mit »Exzellenz« vor? Schreibt man ihm einen Brief mit der Anrede »Sehr geehrter Herr Exzellenz« oder »Sehr geehrte Exzellenz«? An diesen Fragen merkt man schon, dass es bei Titeln und Namen wirklich kompliziert werden kann. Und für die Protokollabteilung des Auswärtigen Amtes, die für solche Fragen zuständig ist, hört es bei der Titulierung von Botschaftern nicht auf. Ganz im Gegenteil. Das ist erst der Anfang eines Titelwirrwarrs, denn da wären noch die akademischen Titel, die adeligen Titel, die kirchlichen Titel, die politischen Titel, und was es sonst noch so an Rang und Namen gibt.

Man könnte das ganze Thema auch als Titel- und Anredenwissenschaft bezeichnen. Denn das Thema ist so kompliziert, dass man damit ganze Bücher füllen kann. Es ist eine Wissenschaft für sich, und es gibt nur wenige, die diese Wissenschaft beherrschen. Diplomaten jedenfalls sollten dazugehören. Zumindest aber müssen die Mitarbeiter der Protokollabteilung des Auswärtigen Amtes diese Fragen im Schlaf beherrschen. Sollte da plötzlich einmal kurz nach dem Aufwachen der Papst vorbeikommen, darf es in der ersten Aufregung nicht heißen »Grüß Gott, Herr Papst«, sondern bitte schön protokollarisch korrekt: »Eure Heiligkeit!«

Der ehemalige Protokollbeauftragte des Bundesinnenministeriums, Graf Finckenstein, hat zu dem Thema Titel und Anreden sogar ein Buch verfasst, in dem auch der Laie alles Wissenswerte nachlesen kann. In diesem Buch, welches in den neueren Auflagen zwischenzeitlich in die Federführung des Auswärtigen Amtes übernommen wurde, findet man wirklich alles, was man protokollarisch bei den Anreden braucht. Oder anders ausgedrückt: Man findet das, was jeder normale Mensch vielleicht ein Mal im Leben oder wohl eher nie in seinem Leben braucht. Dennoch ist dieses Sammelsurium an Titeln und Amtsbezeichnungen wirklich interessant. Man ist erstaunt, was es nicht so alles an Titeln und Würden auf der Welt gibt. Und man wird es nicht glauben, wie wichtig vielen Menschen ihr Titel und ihre amtliche Würdenbezeichnung sind. Weltmeister in der großen weiten Welt des Titulierens sind nach wie vor die Österreicher, die daraus fast schon einen Kult gemacht haben. Auch wenn sie nach dem Ersten Weltkrieg so konsequent waren und die Adelstitel abgeschafft haben. Da heißt es noch ›Frau Magister, Herr Hofrat und Herr Baron.‹

Sollten Sie einmal das Vergnügen haben, einem leibhaftigen Botschafter gegenüberzustehen, machen Sie in jedem Falle alles richtig, wenn Sie ihn mit »Herr Botschafter« ansprechen. Oder natürlich mit »Frau Botschafterin«, die weiblichen Botschafterinnen will ich keineswegs unterschlagen. Ganz korrekt wäre in der direkten Anrede »Exzellenz«, aber keinesfalls »Herr Exzellenz«. »Herr Botschafter« und nicht »Exzellenz« sagen Sie in jedem Fall auch, wenn Sie als Deutscher mit einem Botschafter Deutschlands sprechen. Der Titel »Exzellenz« steht nämlich nur ausländischen Botschaftern zu. Wenn Sie aber einen ausländischen Botschafter einmal zu sich nach Hause zum Abendessen einladen möchten, dann adressieren Sie die Einladung auf jeden Fall an:

S. E.
Herrn …
Botschafter der Republik …
…

S. E. steht dabei für »Seine Exzellenz«. Sollten Sie aber US-Amerikaner sein, dann können Sie das alles getrost wieder vergessen. In den USA ist die Anrede »Excellency« nicht üblich. Überall sonst sind Exzellenzen auch ausländische Staatspräsidenten, Minister und höhere Beamte.

Einen Brief an einen ausländischen Botschafter beginnt man am besten mit »Euer Exzellenz« oder einfach nur »Exzellenz«. Man könnte auch schreiben: »Sehr geehrter Herr Botschafter«.

Damit hätten wir bei den Titeln des diplomatischen Personals etwas Klarheit geschaffen. Der Konsul ist keine Exzellenz und andere Diplomaten erst recht nicht. Da bleibt es bei der Anrede mit dem Dienstgrad oder beim schlichten Herr Meier und Frau Müller, auch wenn die reine Namensansprache nicht mit dem Selbstwertgefühl vieler Konsuln und Diplomaten übereinstimmt.

Bei den Adelstiteln wird es dann noch komplizierter. Das merke ich schon als ganz ordinärer Freiherr. Oft werde ich gefragt, wie man mich ansprechen, anschreiben oder überhaupt mit mir umgehen soll.

Mit meinem Nachnamen geht es mir also ähnlich wie so manchem Botschafter. Manchmal denke ich fast, ich kann froh sein, überhaupt noch angesprochen zu werden. Dabei ist schon ein schlichtes »Herr v. Münchhausen« als Ansprache ausreichend.

Bei Veranstaltungen des Auswärtigen Amtes schwirren manchmal solche Exoten herum, dass man als Ottonormalverbraucher die Titel noch nicht einmal gehört hat, geschweige denn zuordnen kann. Da findet man zum Beispiel Eminenzen, Erlauchte, Durchlauchte, Hoheiten, Majestäten, Heiligkeiten und Hochwürden. Sehr schön sind auch die wohl aussterbenden Titel Spektabilität für Dekane von Hochschulen und Magnifizenz für den Rektor einer Universität. Es gibt also ein unglaubliches Sammelsurium von Titeln, die jeden Normalsterblichen verwirren und nur von Personen beherrscht werden, die tagtäglich damit zu tun haben. Und solche Profis gibt es heutzutage nur noch in den Protokollabteilungen.

Diplomaten und andere Beamte

Diplomaten sind unter den Beamten wie Außerirdische unter den Lebewesen. Man sieht sie gar nicht, sie schweben irgendwo dort oben über den Wolken in anderen Sphären als wir Normalsterbliche. Und manchmal schweben sie sogar im Land der Träume; während der Dienstzeit natürlich:

Ein Diplomat aus der Zentrale des Auswärtigen Amtes in Berlin, den ich sehr gut kenne, berichtete mir neulich von seinen schlafenden Kollegen. Ich dachte, ich hätte mich verhört. Aber zwei seiner Kollegen genießen tatsächlich einen sehr regelmäßigen Büroschlaf, der ja im übrigen außerordentlich gesund sein soll. Geschlafen wird nicht etwa heimlich im stillen Kämmerlein, sondern während der wöchentlichen Dienstbesprechung der Abteilung. Dort sitzen immerhin zwölf Mitarbeiter unter der Leitung des sogenannten Unterabteilungsleiters zusammen, deren Anwesenheit aber die beiden Schläfer ganz offensichtlich wenig stört. Während die anderen Kollegen also wichtige dienstliche Angelegenheiten besprechen, sitzt rechts neben dem mir befreundeten Diplomaten einer seiner schlafenden Kollegen und holt den in der Nacht verpassten Schlaf nach. Links neben ihm wiederum sitzt der andere Kollege laut schnarchend und schläft den Schlaf der Gerechten.

Der Schnarcher ist ein älterer Diplomat, der kurz vor der Pensionierung steht und somit Narrenfreiheit genießt. Ihn kümmert das alles nicht mehr. Aber beim anderen Schläfer handelt es sich um einen Mann in besten Jahren. Das Erstaunliche bei dem Schlafen und Schnarchen ist, dass niemand der Anwesenden auch nur ein einziges Wort darüber verliert oder gar versucht, einen der Schläfer wachzurütteln. Selbst der Unterabteilungsleiter kommt nicht im geringsten auf die Idee, die Schläfer etwa zu wecken oder im Anschluss an die Besprechung zur Rede zu stellen. Alle tun so, als ob der Dienstschlaf während der wöchentlichen Abteilungssitzung die normalste Sache der Welt wäre. Niemand macht eine Bemerkung, und alle lassen die Schläfer Schläfer sein. So merkwürdig das für uns Außenstehende klingen mag, ist das nur ein weiteres Musterbeispiel diplomatischer Höflichkeit und des eisernen Grundsatzes, jedem gegenüber mit Respekt und dem notwendigen Abstand zu begegnen. Getreu dem Motto: Es wird schon einen Grund für die Müdigkeit der Schläfer geben! lässt man sie halt schlafen. Und was den Unterabteilungsleiter angeht, der denkt sich: Was soll ich mich darüber aufregen? In einem Jahr bin ich sowieso weg hier, sollen die Leute doch schlafen.

Trotz Büroschlafs und so mancher Exzentrik sollte man Diplomaten aber auf gar keinen Fall unterschätzen. Das ist alles nur Teil eines ausgeprägten Understatements, und hinter der Kulisse sind Diplomaten in Wirklichkeit sehr zielorientiert und karrierebewusst. Denn gut informierten Menschen – zu denen Diplomaten auf jeden Fall gehören – ist bekannt, dass der Büroschlaf in Form des sogenannten Power Naps sehr gesund ist. Und noch dazu wissen ausgefuchste Diplomaten ganz genau: Nur der Ausgeschlafene gewinnt!

Diplomaten sind wirklich eine ganz besondere Spezies unter den Staatsdienern. Welcher Beamte trifft sich schon in aller Selbstverständlichkeit mit den Mächtigen dieser Welt im Élyséepalast, im Kreml oder im Weißen Haus?

Gleichzeitig bekommt die von allen Beamten erwartete Staatstreue für Diplomaten, die ständig ihr eigenes Land im Ausland vertreten, eine ganz besondere Bedeutung. Für manch einen Diplomaten hat sie fern der Heimat schon fast den Status eines religiösen Heiligtums, was in einigen Fällen zu sehr irdischen und fast schon ernüchternden Reaktionen führt. Da bauscht doch der Botschafter in der folgenden Geschichte einen angeknabberten Marsriegel zur Staatsaffäre auf:

Ein junger Diplomat trat seinen ersten Auslandsposten in Südafrika an. Südafrika ist als erster Posten wirklich angenehm, und der junge Diplomat war sehr glücklich über den Standort. Er lebte sich gut ein, die Kollegen waren nett, und die Arbeit machte ihm Spaß. Alles war gut. Nur mit dem Botschafter gab es menschliche Schwierigkeiten, die im Alltag aber keine Rolle spielten. Nachdem er bereits viele Monate dort war, stieg er an einem besonders schönen Samstagvormittag in sein Auto, holte seine Freundin ab und machte einen Ausflug in die Umgebung Pretorias. Es lockte ein wunderschöner großer botanischer Garten, der gerade in prächtiger Blüte stand. Dort angekommen, spazierten die beiden Arm in Arm durch die Blumenpracht und vergaßen den Rest der Welt. Der Ausflug war ein voller Erfolg. Zur Krönung des Tages kehrten sie auf dem Gartengelände noch in ein schönes Restaurant ein und genossen die untergehende Sonne. Das Essen war gut, aber nicht allzu üppig, sodass sich unser Diplomat zum Nachtisch noch einen Marsriegel kaufte. Dann machten sie sich auf den Heimweg. Die Sonne ging langsam unter, und beide waren beseelt von dem schönen Tag. Es gab nur einen klitzekleinen Wermutstropfen, und das war der Marsriegel; ein absoluter Fehlkauf. Das Ding war einfach viel zu süß. Daher warf der Diplomat den angeknabberten Riegel kurzerhand aus dem Fenster des Autos. Das hätte er besser nicht tun sollen, denn kleine Sünden bestraft der liebe Gott bekanntermaßen sofort.

Am Montagmorgen rief ihn die Sekretärin des Botschafters an: Der Botschafter wünsche ihn zu sprechen, und zwar sofort. Der junge Diplomat wunderte sich zwar, dachte sich aber nichts Böses dabei. Er klopfte also guter Dinge an die Tür und betrat das Büro des Botschafters. Dort saßen neben dem Botschafter bereits der Wirtschaftsattaché und der Kanzler der Botschaft. Der Wirtschaftsattaché war in seiner Funktion als Gesandter dazu gebeten worden, also als zweiter Mann der Botschaft, und der Kanzler als Leiter der Botschaftsverwaltung. Alle drei saßen dort erwartungsvoll und mit finsteren Mienen, die nichts Gutes verhießen. Bereits beim Betreten des Zimmers schwante dem jungen Mann Böses. Der Botschafter fackelte nicht lange und kam gleich zur Sache: Die Botschaft hatte eine telefonische Beschwerde erhalten. Aus einem Diplomatenfahrzeug der deutschen Botschaft sei ein halb aufgegessener Marsriegel auf die Straße geworfen worden. Der Anrufer hatte sich die Autonummer notiert, daher wisse man, dass der junge Diplomat der Übeltäter sei. Der Botschafter beendete den kurzen Bericht mit der strengen Frage: »Was haben Sie zu dem Vorwurf zu sagen?« Ja, was soll man zu einem solchen Vorwurf sagen? Ich war es, ich habe es getan, es war nicht gut, einen Marsriegel, und dann sogar noch einen angebissenen, in die schöne Landschaft Südafrikas zu werfen! So oder so ähnlich hätte man antworten sollen. Der junge Diplomat stotterte stattdessen irgendetwas in der Art, das täte ihm leid und er habe nicht ahnen können, aber es sei ja alles nicht so schlimm. Die gesamte Affäre hätte eigentlich nach ein paar Minuten beendet werden können: Okay, ich habe verstanden, es macht keinen guten Eindruck, wenn ich als deutscher Diplomat einen Marsriegel in die Landschaft werfe! Problem verstanden, Besserung gelobt und jetzt gehen wir alle wieder an die Arbeit. Nein, so leicht ließ der Botschafter den jungen Kollegen nicht davonkommen. Er blies das Ganze zu einer Staatsaffäre auf und machte dem Diplomaten sage und schreibe eine Stunde lang Vorhaltungen über sein ungebührliches Verhalten. Auch der Wirtschaftsattaché und der Kanzler stürzten sich mit Vorwürfen auf ihn. Schwitzend und mit hochrotem Kopf saß der junge Diplomat eine Stunde lang auf seinem Stuhl und wurde von den drei wichtigsten Männern der Botschaft ordentlich in die Mangel genommen. Und die Quintessenz? Er hat nie wieder auch nur den kleinsten Papierschnipsel aus dem Fenster geworfen. Insofern war die Standpauke ein voller Erfolg.

Trotz einer solch übertriebenen Reaktion sollte man Diplomaten aber tatsächlich zugestehen, dass sie Beamte einer höheren Ordnung sind. Denn welche Behörde kann schon Beamte in ihren Reihen zählen, die auf einer Eisscholle nahe der Antarktis eine bundesdeutsche Flagge hissen und ihr Vaterland damit um ein wesentliches Territorium erweitern? Diese große Tat des umtriebigen deutschen Diplomaten und Ministerialdirigenten Dr. Dr. h. c. Edmund F. Dräcker meldeten westdeutsche Medien am 1. April 1982. Die DDR reagierte prompt und apostrophierte diesen Akt als weiteren Beweis für die Abwege des westdeutschen Imperialismus. Dabei fällt nun wirklich jedem das Datum der Meldung auf. Den DDR-Behörden war entgangen, dass die Pressemeldung ein harmloser Aprilscherz war, denn wer will schon ernsthaft eine Eisscholle in Besitz nehmen? Und wie sieht es mit Edmund F. Dräcker aus? War der etwa auch nur ein Aprilscherz?

Zugegeben: Es gab ihn gar nicht. Er existierte zunächst nur als Hirngespinst in den Köpfen einiger kreativer Diplomaten, bekam dann aber immer mehr Anhänger und wurde schließlich sogar mit einer eigenen Personalakte in der Personalabteilung des Auswärtigen Amtes geführt.

Dabei musste Dräcker am Anfang eigentlich nur als Notlösung für langweilige Sitzungen herhalten. Herrn von Etzdorf war es in den dreißiger Jahren an der Botschaft in Rom bei der einen oder anderen Sitzung derart langweilig, dass er regelmäßig unangekündigten Besuch des Ministerialdirigenten Dräcker bekam. Der Botschaftsdiener, der natürlich in alles eingeweiht war, klopfte an die Tür des Sitzungszimmers und meldete den hohen Besuch. Alle Anwesenden hatten selbstverständlich großes Verständnis dafür, dass Herr von Etzdorf sofort die Sitzung verlassen und zum Ministerialdirigenten Dräcker eilen musste. Während sich alle anderen also weiter langweilten, machte es sich Herr von Etzdorf im nächstgelegenen Restaurant gemütlich und trank ein kühles Bier in der Sonne. Von einem Ministerialdirigenten Dräcker war natürlich weit und breit nichts zu sehen.

Das F. bei dem berühmten Dräcker steht übrigens für Friedemann und war der Rufname meines Großvaters, mit dem Herr von Etzdorf gut befreundet war.

Dräcker war besonders in den sechziger und siebziger Jahren sehr aktiv und seine weltweiten Umtriebe sorgten zwischen verschiedenen Botschaften, der Zentrale des Auswärtigen Amtes und anderen Stellen außerhalb des Auswärtigen Amtes für einen regen offiziellen Schriftverkehr. Jeder hatte etwas über die neuesten Abenteuern Dräckers in aller Welt zu berichten, und überall wurden mysteriöse Spuren des Ministerialdirigenten gesichtet, ob als Guru in Indien oder bei Ausgrabungen in Südamerika. Doch niemand konnte ihn ausfindig machen, immer wieder entwischte er. Die große und alle bewegende Frage war: Wo ist Dräcker?

Das war natürlich alles Unsinn, machte den Beteiligten aber offensichtlich sehr viel Spaß. So viel Spaß, dass die Deutsche Welle sogar einen Botschafter zu Dräcker interviewte und sich die Presse mit dem Verbleib Dräckers beschäftigte. Hierzu sei beispielhaft aus einem Schreiben der deutschen Botschaft in Uganda an die Zeitung *Die Welt* vom 3. September 1971 zitiert (aus dem Buch: *Ministerialdirigent a.D. Dr. h.c. Edmund F. Dräcker, Vom Kaiserlichen Reserveoffizier zum indischen Guru*). Die Journalisten hatten sich nach dem Verbleib des ominösen Diplomaten erkundigt und erhielten von der Botschaft folgende offizielle Antwort:

[…] einen ersten Hinweis […] von einem mir persönlich bekannten und im Ostteil des wilden und unwegsamen Karamoja-Gebietes seelsorgerisch tätigen deutschen Weißen Vater, der dem durchreisenden Ministerialdirigenten a. D. Dr. Dr. h.c. Edmund F. Dräcker an einem leichten Julimorgen in einer ausgedörrten Wasserfurt gegen dessen ausdrücklichen Willen die Beichte abgenommen und einige Sakramente gespendet hatte.

Gleicher Quelle zufolge soll sich Dräcker auf der Wanderung nach Tansania befunden haben, um dort seinen ihm unbekannten Sohn ausfindig zu machen, ein Produkt jener kurzen, jedoch heftigen Liaison Dräckers mit einer seinen Weg eilig kreuzenden Hehe-Frau. […]

Interessant ist in diesem Zusammenhang eine Meldung aus der ostafrikanischen Presse. Im Verlaufe der kürzlich entbrannten kriegerischen Handlungen zwischen Uganda und Tansania haben die Ugander einen Obersten, angeblich chinesischer Abkunft, erschossen, den tansanische Regierungskreise jedoch als einen Mischling und Sohn eines Deutschen namens Poppe und einer Hehe-Frau ausgeben.

Durch Befragung und etwaige Gegenüberstellung der beiden Parteien wäre vielleicht herauszufinden, ob sich besagter […] Dräcker auf seinen jahrelangen Durchquerungen der verschiedenen ostafrikanischen Staaten […] daran erinnert, in dem […] Gespräch mit der seinen Weg kreuzenden Hehe-Frau auch nur nebenläufig das Wort »Poppe« erwähnt zu haben, das die den rheinischen Dialekt nur recht mangelhaft beherrschende Hehe-Frau leicht als Dräckers Familienname hat auslegen und später ihrem Kinde weitergeben können.

Dieser von einem deutschen Beamten verfasste Brief auf offiziellem Briefpapier der Botschaft ist von vorne bis hinten reiner Unsinn und – ich muss es jetzt einmal sagen – eines Münchhausen würdig. Es wimmelt von Schreiben ähnlicher Güte, die zwischen allen möglichen offiziellen Stellen gewechselt wurden. Und das Gute dabei ist, dass die Freunde Dräckers nicht davor zurückschreckten, so etwas auch einmal ernsthaft dem Bundesaußenminister oder dem Staatssekretär des Auswärtigen Amtes vorzulegen. Die Anhänger Dräckers, allesamt gestandene Botschafter, haben übrigens nie zugegeben, dass es sich um eine Erfindung handelte.

Diplomaten sind also nicht nur klug und gebildet, sondern noch dazu sehr kreativ. Und ein guter Diplomat besticht nicht nur durch seine künstlerische oder intellektuelle Kreativität, sondern auch durch eine ungewöhnliche Kreativität in der Gestaltung seiner Arbeitszeit. Zwar fällt die kreative Arbeitszeitgestaltung mehr und mehr den Regeln der Stechuhr zum Opfer, doch gibt es sie noch, die Diplomaten, die tapfer Widerstand leisten.

Der Botschafter alten Schlages, von dem jetzt die Rede sein soll, leistete solchen Widerstand und war nachmittags eher auf dem Reitplatz als im Büro anzutreffen. Denn ein solcher Ausritt ist in den meisten Fällen viel erfreulicher als die Arbeit im Büro. In der folgenden Geschichte sind Ähnlichkeiten mit noch lebenden Personen natürlich überhaupt nicht zufällig. Ross und vor allem Reiter sollen aber aus Gründen der Diskretion nicht genannt werden:

Ein Botschafter auf einem nicht ganz unwichtigen Posten – um ehrlich zu sein, handelte es sich sogar um einen außergewöhnlich wichtigen Posten – besaß vor ein paar Jahren gleich mehrere Pferde. Fünf an der Zahl. Und zwar nicht irgendwelche Pferde, sondern schönste Rassepferde! Trotz seiner dringenden Dienstgeschäfte verbrachte der Botschafter jeden Tag sehr viel Zeit mit seinen Pferden. Bei all diesen Pferden im Stall blieb schließlich keine Zeit mehr für seine Frau, die irgendwann die Scheidung einreichte. Aber das ist ein anderes Thema.

Mit ›Zeit für die Pferde‹ ist natürlich nicht etwa die Freizeit, sondern die Dienstzeit gemeint. Und wenn jetzt der Einwand kommt: Was heißt schon Dienstzeit, ein Botschafter ist doch ohnehin 24 Stunden täglich für sein Vaterland im Einsatz, dann ist das natürlich richtig, denn bei Botschaftern und vielen anderen Diplomaten in größeren Vertretungen jagt eine Abendveranstaltung die nächste. Da steht selbst das Wochenende fast ausschließlich im Zeichen von mindestens halbdienstlichen Aktivitäten. Um genau so eine größere Vertretung handelte es sich hier. Daher soll der Einwand ernst genommen und die konkrete Uhrzeit genannt werden: Punkt halb eins (Mittags! Nicht etwa nachts!) stand der Fahrer des Botschafters vor der Tür der Botschaft und chauffierte den Chef zum Reitstall. Jeden Tag wohlgemerkt, da wurde keine Ausnahme gemacht. Zum Glück hatten die Reitknechte schon das Pferd gesattelt – für den Botschafter stand alles bereit. Er brauchte nur noch seinen dunkelblauen Anzug mit Reithose und Reitjackett sowie die Budapester Schuhe mit den Reitstiefeln zu tauschen und sich in den Sattel zu schwingen. Es war jeden Tag dasselbe Ritual. Bis um vier Uhr nachmittags drehte der Botschafter in voller Montur und im englischen Reitstil ein paar herrliche Runden auf einem seiner wunderschönen Rassepferde. Ein außerordentlich eleganter Anblick und auch für die anderen Reiter ein richtiger Hingucker.

Bei jedem normalen Arbeitnehmer rattert es jetzt im Kopf: Es handelte sich tatsächlich um dreieinhalb Stunden bester Bürozeit. Gut, wenn man eine halbe Stunde Mittagspause abzieht, dann verbleiben immer noch drei Stunden, in denen im Büro üblicherweise effektiv gearbeitet wird. Genau um diese Uhrzeit hatte der Botschafter sein Handy abgeschaltet, schwang sich in den Sattel und drehte genüsslich seine Runden auf dem Reitplatz. Dabei ließ er sich durch nichts, aber auch wirklich gar nichts, aus der Ruhe bringen. Die Hufe trabten durch den Sand, das Pferd schnaubte, und der Glückliche war für einige Stunden komplett von der Außenwelt abgeschnitten. Der Chauffeur wartete währenddessen bei einer Zigarette und einer Tasse Kaffee im Reitclub. Vielleicht waren es auch mehrere Zigaretten und mehrere Tassen Kaffee, das weiß nur der Chauffeur selbst. Jeder, der eine dringende Angelegenheit mit dem Botschafter zu besprechen hatte, wusste, wo er ihn um diese Uhrzeit antreffen konnte. Aber die Angelegenheit musste schon sehr dringend sein, um eine Störung des diplomatischen Ausritts rechtfertigen zu können. Im Notfall hätte der Störenfried mit seinem Anliegen dem reitenden Botschafter im Sand des Reitplatzes hinterherlaufen müssen, was in normaler Diplomatenkleidung sehr unvorteilhaft gewesen wäre, sodass man allseits lieber darauf verzichtete.

Das klingt ungewöhnlich? Aber wann hätte der Botschafter denn sonst ausreiten sollen? Für ihn gab es wegen der vielen Abendveranstaltungen und der Termine am Wochenende gar keine Alternative. Und seine Pferde nahmen auf Dienstzeiten ebenfalls keine Rücksicht, denen ging es um regelmäßige Bewegung. So etwas gibt es wohl tatsächlich nur im diplomatischen Dienst. Aber es kommt noch besser: In der Botschaft gab es einen sehr rührigen Referenten, der zwar rührig war, dessen dienstliche Qualitäten sich aber bereits in seiner Rührigkeit erschöpften. Was sollte man also mit einem solchen Mitarbeiter tun? Wie und wo kann man jemanden einsetzen, der für alle Dinge etwas länger braucht und sich in seiner Umständlichkeit selbst im Wege steht? Der Botschafter hatte eine ebenso pragmatische wie nützliche Idee. Der Referent war offiziell zuständig für die Landwirtschaft. Gehören nicht auch Pferde zur Landwirtschaft? Irgendwie schon. Daher wurde der Referent kurzerhand zum Pferdereferenten befördert und durfte sich mit allem rund ums Pferd beschäftigen. Oder sollte man besser sagen, er durfte sich mit allem rund um die Pferde des Botschafters beschäftigen? Er war jedenfalls verantwortlich für eine dicke Akte zum Thema *Pferde des Botschafters*, die er wirklich vorbildlich führte. Darin erschöpfte sich seine Tätigkeit dann aber auch im wesentlichen, man soll es schließlich mit der Arbeitsbelastung nicht übertreiben. Na gut, es war noch der jährliche Landwirtschaftsbericht zu schreiben. Aber das war innerhalb einiger Wochen problemlos zu erledigen.

Eine geniale Idee des Botschafters! Sicher war ihm diese Idee beim Reiten gekommen. Denn die Methode des Botschafters war außerordentlich gut: Beim Reiten den Kopf freibekommen! Gerade im Kopf eines Botschafters auf einem wichtigen Posten schwirren lauter dienstliche Dinge herum, die so manches Mal den Blick auf das Wesentliche vernebeln. Ständig klingelt das Telefon, irgendjemand zerrt an einem, dem einen Referenten zwickt es hier, dem anderen dort, Termine stehen vor der Tür und und und. Um Lösungen für schwierige Dinge zu finden oder neue Impulse für die Arbeit zu bekommen, setzte der Botschafter sich halt einfach mal während der Dienstzeit aufs Pferd. Manche machen Yoga, andere spielen Golf, und der Botschafter ging Reiten. Und beim Reiten kommen einem offensichtlich die besten Ideen. Seine Methode des Abschaltens auf dem Rücken eines Pferdes funktionierte perfekt. Er war unglaublich erfolgreich auf seinem Posten und galt nicht nur als intelligent und effektiv, sondern wirklich als brillanter Diplomat.

In früheren Zeiten war es ganz selbstverständlich, dass ein Diplomat reiten konnte, da wäre die Geschichte über den Botschafter keiner Zeile wert gewesen. Zu den Diplomaten alter Schule gehörte das Reiten wie zum Menschen das Essen und Trinken. Und getreu der alten Diplomatensitte ritt man seine Pferde selbstverständlich während der

Dienstzeit. Insofern stand unser Diplomat in guter alter Diplomatentradition. Wie die alte Tradition aber tatsächlich aussah berichtet uns der österreichische Botschafter in Berlin, Graf Karolyi, im Jahre 1871:

> Morgens reite ich zu Pferde, nachmittags mache ich
> Besuche und spiele Whist im Club; abends gehe ich
> in Gesellschaft oder gebe Empfänge. Aber mittags
> würde ich eine leere Stunde haben, wenn ich nicht
> in die Kanzlei gehen müsste.

Manche Leute hatten in früheren Zeiten ein wirklich angenehmes »Arbeits«-Leben und betrieben sowohl das Reiten als auch den Büroaufenthalt im Gegensatz zu unserem Botschafter als reinen Zeitvertreib.

Zum Abschluss aber noch eine wichtige Frage: Was passiert eigentlich mit den Pferden, wenn der Botschafter umziehen muss? Immerhin findet so ein Umzug alle drei bis vier Jahre statt. Auch diese Antwort ist ganz einfach: Die Pferde werden nicht etwa verkauft oder zu Salami verarbeitet, sondern kommen selbstverständlich mit. Dafür gibt es Spezialunternehmen, die zwar sehr teuer sind, aber vom Auswärtigen Amt bezahlt werden. Denn Pferde werden im diplomatischen Dienst als normaler Hausrat akzeptiert. Sie müssen ja auch nicht ihre fünf Chaiselonguen verkaufen oder im Kamin verheizen, nur weil es sich um ungewöhnliche Möbelstücke handelt. Da darf es sich also beim Umzugsgut gerne auch einmal um mehrere Pferde handeln. Ohnehin ist man in diesen Fragen beim Auswärtigen Amt nicht besonders zimperlich. Mir wurde von einem Fall berichtet, in dem ein Diplomat regelmäßig mit mehr als tausend Flaschen Wein umzog. Das Ganze lief anstandslos über die Bühne. Allerdings ist nicht bekannt, ob dieser Diplomat nicht anschließend vom Psychologischen Dienst des Auswärtigen Amtes wegen seines Alkoholproblems kontaktiert wurde. Man muss ihm aber immerhin hoch anrechnen, dass er nur mit seinem eigenen Weinkeller umzog. Ganz anders stand die Sache kürzlich bei einem türkischen Diplomaten. Nach der Abberufung von seinem Posten in Frankreich ließ er zweitausend Flaschen Botschafts-Wein zusammen mit seinem sonstigen Umzugsgut abtransportieren. Was will jemand mit zweitausend Flaschen Wein anfangen? Selbst wenn er jeden Tag eine Flasche trinken würde, wäre er über fünf Jahre mit Trinken beschäftigt. Den Wein hatte der türkische Staat für Veranstaltungen der Botschaft gekauft. Der Botschafter hatte wohl bei seinem Umzug den Unterschied zwischen Mein und Dein nicht so eng gesehen. Vielleicht hatte er aber auch in alter Botschaftertradition gemeint: Der Staat bin ich! Oder sollte man bei jemandem, der zweitausend Flaschen Wein mitgehen lässt, davon ausgehen, dass seine Unterscheidungsfähigkeit durch allzu regen Alkoholkonsum erheblich eingeschränkt war? Das Ganze flog auf, und bei einem Hausbesuch – oder sollte man besser Hausdurchsuchung sagen? – an seinem neuen Posten wurde festgestellt, dass er gleich auch noch einen Dienstwagen der Marke BMW hatte mitgehen lassen. Sie sehen, auch Botschaftern ist nichts Menschliches fremd. Und was nachdenklich stimmt: Das Fehlen des Weins wurde sofort festgestellt, das Fehlen der BMW-Limousine stellte man hingegen erst zufällig durch den Hausbesuch fest. Sollte man daraus Schlüsse hinsichtlich der Prioritäten von Diplomaten ziehen können?

Durch das ständige Umziehen, immerhin im Laufe eines Diplomatenlebens zwischen zehn und fünfzehn Mal, ist so manch ein Diplomat nicht mehr Herr seiner Möbelsinne. Das Folgende wurde mir über einen deutschen Diplomaten in Kairo berichtet, der gar nicht weiter erwähnenswert gewesen wäre, wenn es da nicht ein kleines unauffälliges Detail gegeben hätte. Es handelte sich um einen ganz normalen netten Kollegen fortgeschrittenen Alters. Immer exzellent gekleidet, immer nett und höflich mit einem ausgeglichenen Wesen. Allerdings handelte es sich um jemanden, der sein ganzes Leben lang Single gewesen war. Und da schrillten bei einigen Frauen bereits die Alarmglocken. Denn wie man weiß, haben männliche Singles so manchen Nachholbedarf in Sachen häuslicher Ordnung. So also auch unser Kollege. Allerdings auf eine etwas eigentümliche Art. Denn die Wohnung war eigentlich in bester Ordnung, wenn da nicht …

Eine Kollegin machte ihm einmal die Aufwartung und klingelte an seiner Tür. Unangemeldet. So etwas sollte man nie tun. Unser Diplomat bewegte sich aber in diesen Dingen so fern der Realität, dass er seine Kollegin tatsächlich in die geräumige Wohnung bat. Sogar einen Kaffee bot er der Kollegin an. Jedem normalen Menschen wäre der Zustand der Wohnung außerordentlich peinlich gewesen. Und zwar so peinlich, dass dieser normale Mensch schon an der Tür nur noch daran gedacht hätte, wie er diese Frau schnellstens ab- wimmeln könnte. Aber der Diplomat sah das nicht so eng, und die Dinge nahmen ihren Lauf. Die Kollegin also betrat die Wohnung und stellte fest, dass sie den Kaffee in quasi leeren Räumen trinken musste. An den Wänden stapelten sich unausgepackte Umzugskisten und irgendwo standen da noch wahllos ein Tisch, ein Stuhl und ein Fernseher herum. Und natürlich die Matratze zum Schlafen auf dem Fußboden nicht zu vergessen. Der Diplomat lebte bereits seit mehr als einem Jahr in diesem Zustand. Die Kollegin wagte es tat- sächlich, die alles entscheidende Frage zu stellen: »Warum packst du deine Kisten eigentlich nicht aus, das ist doch kein Zustand?« Der Diplomat antwortete: »Das lohnt sich doch eh nicht, in spätestens drei Jahren bin ich sowieso wieder weg hier.«

Aus dem Mann spricht ein gutes Stück Resignation. Wen

wundert es? Nach zehn Umzügen bleiben solche Kleinigkeiten wie das wiederholte Einrichten der neuen Wohnung einfach auf der Strecke. Und wenn man keine Frau an der Seite hat, kann einem Mann so etwas schon einmal passieren. Die etwas verwahrloste Wohnsituation tat allerdings seiner sozialen Kompetenz außerhalb der Wohnung keinen Abbruch. Insofern kann man sagen: Was soll's!

Bei manchen Diplomaten hat die ständige Umzieherei so tiefe Spuren hinterlassen, dass sie sich auch noch nach der Pensionierung auswirken. Man könnte diese Spuren auch als ausgeprägte Marotten bezeichnen. So besuchte ich kürzlich einen pensionierten Diplomaten in Berlin. Mir fiel auf, dass alle Lampenschirme in seiner Wohnung von einem durchsichtigen Plastikbezug eingehüllt waren. Auf meine Frage, warum das so sei, gestand er mir freizügig seine Marotte und meinte, das sei ein Überbleibsel der ständigen Umzieherei. Denn Lampenschirme seien bei Umzügen immer als Erstes kaputt gegangen. Daher hätte man die immer mit dem Plastiküberzug schützen müssen. Er lebt seit Jahren in einer Eigentumswohnung in Berlin. Umziehen wird er, so Gott will, in diesem Leben nicht mehr. Die Plastikbezüge bleiben aber trotzdem auf den Lampenschirmen, vielleicht auch irgendwie als Erinnerung an die Diplomatenzeit. Und außerdem gilt wie überall im Leben das Motto: Man weiß ja nie!

Beim Thema Umzug denken viele Diplomaten auf einem angenehmen Auslandsposten: Hoffentlich werde ich nicht nach Berlin versetzt! Denn kaum ein Diplomat des Auswärtigen Amtes wird freudestrahlend in die Zentrale versetzt. Nichts gegen Berlin, aber in der Zentrale ist man als Diplomat nur ein bescheidenes Zahnrädchen im Verwaltungsapparat eines riesigen Ministeriums. Und außerdem geht es mit Dienstbeginn in der Zentrale wieder mit der Sklaverei der Stechuhr los, was eines Diplomaten selbstverständlich unwürdig ist. Im Ausland ist die Stechuhr hingegen vollkommen unbekannt. Ohnehin ist eine Stechuhr für Könige ungeeignet, und genau das ist ein Botschafter im Ausland: ein kleiner König. Nicht umsonst heißt es daher unter den deutschen Diplomaten hinter vorgehaltener Hand: Im Ausland ein Fürstchen, zu Hause ein Würstchen.

Die Zentrale des Auswärtigen Amtes in Berlin beschäftigt, wenn man so will, ca. 2100 dieser Würstchen, und bei einer so großen Zahl gehen die Individualisten naturgemäß im großen Ganzen unter. Jeder sitzt in seinem Büro am Schreibtisch und verrichtet Aktenarbeit. Das ist ganz normaler Büroalltag, der eine Langeweile auslöst, die man als Diplomat an einer Botschaft im Ausland in dieser Form gar nicht kennt. Denn neben der Aktenarbeit gibt es da so viele andere abwechslungsreiche Dinge zu tun, dass Langeweile keine Chance hat. In Berlin ist das anders. Da wird so manchem Diplomaten schnell klar, dass er als Beamter in einem Ministerium arbeitet. Und dann kommt noch hinzu: Ein Ministerialbeamter im Inland erhält keine steuerfreie Auslandszulage. In der Zentrale heißt es daher für Diplomaten: Zurücktreten ins Glied und einreihen in die normale Beamtenschaft! Und das Ganze auch noch mit einer vergleichsweise überschaubaren Vergütung nach den Vorschriften des einheimischen Bundesbesoldungsgesetzes. Das ist hart. Aber fast noch schlimmer ist, dass damit auch das süße Leben mit Dienerschaft, Koch und Chauffeur vorbei ist und man als ein Niemand in der Etagenwohnung lebt. Von niemandem hofiert, von niemandem bekocht und von niemandem chauffiert.

Kaum wieder zu Hause befinden sich Diplomaten also plötzlich im tiefsten Sumpf des gewöhnlichen Lebens. Der Sumpf der Diplomaten ist aber zum Glück kein Feuchtgebiet mit schlammigem Boden, sondern ein nobles Gebäude, in dem Schränke und Türen mit amerikanischem Kirschholz furniert und die Böden mit Eichenparkett ausgelegt sind. Man weiß schließlich, was man seinen Diplomaten schuldig ist. Alles im Ministerium atmet einen gediegenen Luxus. Das sind die besten Voraussetzungen dafür, dass sich auch ein Botschafter im Gebäude wohlfühlt. Nicht ganz so edel ging es seinerzeit in der alten Bundesrepublik zu. Ob das ein Grund dafür war, dass sich der eine oder andere Diplomat in Bonn aus dem Fenster des Ministeriums stürzte? Ein solcher Fall ist mir aus dem neuen Gebäude am Werderschen Markt in Berlin bislang noch nicht bekannt. Die Höhe des Gebäudes lässt aber auch Zweifel aufkommen, ob ein solcher Sturz wirklich zum gewünschten Ergebnis führen würde.

Die aus aller Welt zurückgekehrten Diplomaten arbeiten also offensichtlich in einer wirklich angenehmen Atmosphäre. Die hauseigene Kantine erinnert eher an ein Restaurant als an eine Behördenkantine und zur Krönung des Ganzen gibt es noch den Internationalen Club auf dem Dach des Auswärtigen Amtes: ein edles Restaurant mit guter Küche. Im Sommer kann man auf der Dachterrasse den Blick über die Stadt genießen und bleibt dabei unter Menschen der besseren Gesellschaft. Denn der Zutritt ist nur handverlesenen Mitgliedern gestattet. Mitarbeiter des Ministeriums gehören automatisch zu diesem elitären Club, das empfinden alle als Selbstverständlichkeit. Andere Gäste müssen für ihre Mitgliedschaft zahlen. Das Mittag- und Abendessen ist vorzüglich und auch am frühen Morgen servieren die Kellner dem hungrigen Diplomaten gerne ein hervorragendes Frühstück.

Selbst die Flure des Amtes strahlen eine Internationalität aus, die ein Diplomat braucht wie die Luft zum Atmen. Das ganze Flair des Gebäudes versüßt den Mitarbeitern das ansonsten saure Beamtendasein in der Zentrale.

Obwohl man die Auswüchse des Beamtentums auch auf Auslandsposten nicht unterschätzen darf. Gerade Botschafter können davon ein Liedchen singen. Denn sie sind für die Finanzen der Botschaft zuständig und müssen die verschiedenen Finanztöpfe verwalten. Und wie das bei Behörden so üblich ist, müssen die Töpfe am Ende des Jahres leer sein, koste es was es wolle; das wird unter Insidern auch das ›Novemberfieber‹ genannt. Gleichzeitig darf das Geld des einen Topfes, Gott bewahre, nicht in den anderen Topf wandern. Ist beispielsweise der Veranstaltungstopf leer, wird bei Feiern in der allergrößten Not Dosenbier ausgeschenkt, auch wenn die anderen Töpfe noch randvoll sind. Und da in heutigen Zeiten eigentlich alle Töpfe leer sind, ist es für die Botschaften besonders gut, wenn ihre Veranstaltungen von Sponsoren unterstützt werden. Alles natürlich so dezent wie möglich. Da kann es dann schon mal sein, dass dezent ein elegantes Auto mit hübschen Hostessen vor der Tür steht und sich die Gäste fragen: Warum habe ich mir eigentlich nicht schon längst einen Phaeton gekauft?

Der Autokauf ist für viele Diplomaten ohnehin ein lukratives Geschäft. Denn selbstverständlich bekommt ein Diplomat bei dem Autohaus seines Vertrauens Sonderkonditionen, ganz zu schweigen von der Mehrwertsteuer, die man als Diplomat im Ausland natürlich nicht einkalkulieren muss. So ein Auto ist dann geradezu ein Schnäppchen. Diplomatic Sales nennen sich diese Transaktionen, die von verschiedenen Autohäusern mit großen Anzeigen in der internen Mitarbeiterzeitschrift des Auswärtigen Amtes angepriesen werden. Besonders geschäftstüchtige Diplomaten machen es so: Sie kaufen ihre Limousine mehrwertsteuerfrei mit Diplomatenrabatt, fahren sie ein paar Jahre und verkaufen sie dann weiter zum Einkaufspreis. Wenn sie gut verhandeln, ist sogar noch das Benzin der letzten Jahre mit drin. Nicht nur mit dem Botschaftsfahrzeug wird man also kostenlos durch die Gegend chauffiert, sondern sogar das eigene Auto fährt der Diplomat gratis. Ist das nicht angenehm? Und das waren noch nicht alle Rabatte! Überall werden Diplomaten mit Handkuss begrüßt und mit Rabatten beschenkt. In vielen noblen Kaufhäusern beispielsweise bekommt man als Diplomat bei jedem Einkauf einen Rabatt eingeräumt, egal ob man ein Stück Schokolade, etwas Käse oder ein Designerkleid kauft. In größeren Standorten mit UN-Institutionen gibt es sogar ganze Supermärkte für Diplomaten. Dort wird die Mehrwertsteuer der Waren gar nicht erst mit ausgewiesen, wozu auch? Das führt zu einem schwunghaften Handel insbesondere mit Zigaretten und Alkohol, der von manch einem Diplomaten in der richtigen Welt gewinnbringend unter die Leute gebracht wird. Und da soll noch jemand sagen, Diplomaten seien nicht geschäftstüchtig!

Das ist das schöne Leben ohne Mehrwertsteuer! Aber ärgern Sie sich nicht zu früh! Auch Diplomaten müssen Steuern zahlen und haben sogar den einen oder anderen Ärger mit ihren Beamtenkollegen vom Finanzamt zu überstehen. Diplomaten stehen dabei am einen Ende der Beamtenschaft und der Sachbearbeiter im Finanzamt am anderen Ende. Und dreimal dürfen Sie raten, welches Ende oben und welches Ende unten angesiedelt ist – zumindest aus Sicht eines Diplomaten! Bei dem Verhalten des Finanzamtes in der folgenden Geschichte fragt man sich dann wirklich, ob dieses auf fehlender geistiger Flexibilität, dem Neid der Besitzlosen oder einfach nur auf Ignoranz beruht. Denn das Finanzamt verlangte von dem betroffenen Diplomaten für jeden Kleinkram in seiner Steuererklärung einen Beleg. Und in Ländern der Dritten Welt ist es eher unüblich für jeden Einkauf, jede Taxifahrt und jede Dienstleistung eine Rechnung zu bekommen.

Der Unabhängige Finanzsenat der Stadt Wien rettete unseren Diplomaten. Im entsprechenden Urteil (Geschäftszeichen RV/0125-W/11 vom 22.03.2011) wird der Diplomat mit seinen Nöten wie folgt zitiert:

> Es werden von mir sämtliche Belege verlangt. Anhand einer Aufstellung für ein Buffet für ca. 30 bis

40 Personen möchte ich aufzeigen, wie schwierig
bis unmöglich diese Aufforderung ist:

Postgebühren:
Wie kann ich die Gebühr für Marken verrechnen,
in xy bekommt man dafür keine Rechnungen.

Telefonspesen:
Nicht alle Leute rufen an, ob sie kommen oder nicht.
Daher ruft man eine Woche vor dem Empfang die
Leute durch. Wie kann ich diese Telefonspesen ver-
rechnen, es gibt bei Lokalgesprächen keine Einzel-
auflistung.

Fahrtspesen:
Kann ich für die Einkaufsfahrten das amtliche Kilo-
metergeld verrechnen? Pro Empfang kommen da
gute 200 Kilometer zusammen (man bekommt nicht
alles in einem Supermarkt, ein Markt ist in der Stadt,
das waren ca. 60 Kilometer hin und zurück, ein anderer ist 40 Kilometer in die andere Richtung, das
Biergeschäft ist wieder 30 Kilometer weg, immer in
verschiedene Richtungen).

Einkäufe:
Für die Einkäufe für eine solche Veranstaltung muss
man in mindestens drei verschiedene Supermärkte
fahren, die Rechnungen sind in arabischer Sprache.
Da Sie wahrscheinlich, wie ich, kein Arabisch lesen
können, müsste das, um Sinn zu machen, übersetzt
werden. Wenn ich dafür zahlen muss, wäre das sicher
weit teurer als die paar Euro, die ich da an Steuern
zurückerhalte.

Energiekosten:
Man muss bei so einer Veranstaltung mindestens
20 Stunden zusätzliche intensive Herdbenutzung
rechnen, dazu kommen noch der Dunstabzug und
die mehr verwendete Klimaanlage in der Küche.
Wir haben für so etwas auch einen zusätzlichen
Kühlschrank, der nur für Veranstaltungen einge-
schaltet wird (bei 30 bis 40 Grad muss man alles
kühlen). Kann ich die Anschaffung absetzen?
Noch dazu muss man in einem Zimmer die Klimaanlage mehrere Tage auf höchster Stufe laufen lassen, um vorgekochte oder gebackene Gerichte, für
die in den Kühlschränken kein Platz ist, kühl zu
halten. Bei der Veranstaltung kommen dann noch
weitere Energiekosten für Klimaanlage und Be-
leuchtung dazu.

Personalkosten:
Es gibt keine Empfangsbestätigungen für Aushilfs-
personal (drei Kellner und die Überstunden für
meine Angestellten), dazu kommen noch Trink-
gelder für alle und den Gärtner, damit er den Garten
ordentlich macht und den Müllmann, damit er am
nächsten Tag auch wirklich kommt. Dazu muss man
noch die Taxispesen für An- und Abfahrt zahlen.
In xy gibt es keine Taxirechnungen.

Zusätzliche Aufwendungen:
Für solche Veranstaltungen haben wir jeweils
50 Teller (Suppe, Fleisch, Dessert), Salatschüsseln,
Bestecksets, Stoffservietten, Warmhaltegeräte und
vieles mehr gekauft. Dazu kommen noch sehr teure
Riesentöpfe und Pfannen, die ich im Normalge-
brauch nicht benötigen würde. Wie kann ich diese

Ausgaben geltend machen? Wie berechne ich Glas- und Porzellanbruch? Im Winter wird es auch in xy kalt, da muss man im Garten ein Zelt aufstellen und Gartenheizer anmieten, Rechnung gibt es da keine.

Getränke:
Ich habe nicht wirklich immer nachgezählt, wie viel die Gäste getrunken haben. Ob jetzt 120 Dosen Bier oder nur 96 getrunken wurden, kann ich nicht wirklich angeben. Beim Wein und den antialkoholischen Getränken ist es genauso. Speziell vor dem Ramadan musste man auf Vorrat einkaufen, da es dann in ganz xy einen Monat lang keinen Alkohol zu kaufen gab. Wie viel da übrig geblieben ist und dann auch privat genossen wurde, kann ich nicht wirklich sagen.

Die ganze Posse landete schließlich vor dem besagten Finanzsenat, und die Richter hatten mit dem gebeutelten Diplomaten ein Einsehen.

Hätte sich der Diplomat in der Tradition des Absolutismus befunden, dann hätte die steuerliche Bewertung ganz anders ausgesehen. Denn den Gesandten wurden damals täglich die notwendigen Lebensmittel durch den Herrscher des Gastlandes vor die Tür geliefert. Wie hätte das Finanzamt wohl die tägliche Lebensmittelschenkung im 17. Jahrhundert an den damaligen Gesandten in Moskau beschieden: Aus der Zarenküche erhielten die Diplomaten acht Schafe, dreißig Hühner, Weizen- und Roggenbrot sowie 22 verschiedene Getränke; Wein, Bier, Met und Wodka. Jeden Tag wohlgemerkt!
Eine andere tägliche Lieferung in Moskau sah folgendermaßen aus: 62 Laibe Brot, ein Stierviertel, vier Schafe, zwölf Hühner, zwei Gänse, ein Hase und fünfzig Eier. Daneben

gab es natürlich ausreichend Getränke bestehend aus Wein, Bier, Met und Wodka. Zusätzlich gab es wöchentlich 17 kg Butter, 17 kg Salz und drei Eimer Essig.

Dabei handelte es sich um die sogenannten vom »Kaiser verliehene Nahrung und Getränke«, die an die Botschafter kostenlos ausgeliefert wurden. Das Finanzamt wäre durchgedreht. Denn wie soll man die Schenkung eines Stierviertels an einen Mehrpersonenhaushalt steuerlich bewerten? Neben der steuerlichen Bewertung bleibt noch eine andere Frage offen: Wer hat eigentlich tagtäglich diese Unmenge an Schafen gegessen?

Wo Beamte zusammensitzen, gibt es immer besonders stark ausgeprägte Hierarchien. Im Diplomatischen Dienst sind diese Hierarchien aus Tradition noch ausgeprägter als anderswo. Da gibt es die Krone der Schöpfung, den höheren Dienst, dann den halbwegs passablen gehobenen Dienst und schließlich am Ende der Nahrungskette den mittleren und ganz zum Schluss noch den einfachen Dienst. Über den einfachen Dienst wird aber eigentlich gar nicht geredet, wenn man mit Diplomaten des höheren oder gehobenen Dienstes zusammensitzt. Das sind die Personen, die beispielsweise Hausmeisterdienste versehen und daher von den Menschen mit vermeintlich höheren Weihen oft nicht wirklich wahrgenommen werden. Intensive zwischenmenschliche Kontaktaufnahmen gibt es zwischen den beiden unteren Hierarchiestufen auf der einen und den beiden höheren Hierarchiestufen auf der anderen Seite so gut wie keine. Und das, obwohl die Diplomaten gerade in kleinen Botschaften sehr eng zusammenhocken. Aber traditionell meidet gerade der höhere Dienst den allzu persönlichen Kontakt mit den unteren Chargen und bleibt lieber unter sich. Man hat schließlich studiert und teilt die Botschafterposten unter sich auf. Beim gehobenen und beim mittleren Dienst führt das zu entsprechend heftigen Reaktionen. Auf der Beliebtheitsskala rangiert der höhere Dienst bei den anderen Laufbahnstufen daher ganz weit unten. Dabei gibt es mittlerweile auch im gehobenen Dienst genug Hochschulabsolventen. Mindestens aber haben die Mitarbeiter des gehobenen Dienstes Abitur. Sie sind allerdings eher mit reinem Verwaltungskram beschäftigt, was der höhere Dienst nicht als Krone der Beschäftigung ansieht. Im Vergleich zu früher handelt es sich aber nur um kleine harmlose Querelen innerhalb der Laufbahngruppen. Das Verständnis vom eigenen Wert oder Unwert war in der guten alten Zeit viel größer:

In so manchem Außenministerium wurde beispielsweise dem Gesandten – immerhin dem zweiten Mann an der Botschaft – früher nur ein Flügel der Tür geöffnet, wo dem Botschafter beide Flügel geöffnet wurden. Kaiser Franz Joseph wiederum reichte Botschaftsräten niemals die Hand. Dabei waren und sind Botschaftsräte immerhin nicht mehr ganz unten in der Hierarchie angesiedelt. Es handelt sich um eine Dienstgradstufe, die kurz nach dem Botschafterposten steht. Und der Zar von Russland war der Schlimmste von allen: Er wusch sich jedes Mal demonstrativ die Hand, nachdem er diese den Gesandten zum Handkuss gereicht hatte.

Die Botschafter hingegen waren seit jeher etwas Besseres. Protokollarisch stehen sie bis heute auf einer Ebene mit Staatspräsidenten und Königen. Und genauso wurden sie früher und werden sie bis heute behandelt. Kein Wunder, dass sich das im Selbstwertgefühl eines jeden Botschafters quasi eingemeißelt hat. So waren sie sich früher beispielsweise viel zu fein, jedem die Hand zu geben und gewährten diese Ehre nur den Mitgliedern des Hochadels. Das hat sich glücklicherweise inzwischen geändert, auch wenn Botschafter bis auf den heutigen Tag nicht nur etwas ganz Besonderes sind, sondern sich in vielen Fällen auch für etwas ganz Besonderes halten.

Aber das Selbstwertgefühl von Botschaftern und Königen

in Ehren: Irgendwann kommt immer der Zeitpunkt, an dem in der Hierarchie noch jemand über einem steht. Und sei es bei Königen nur noch der liebe Gott und bei Botschaftern der Bundesaußenminister.

Speisen und Getränke auf diplomatisch

»Eisbein – das ist so wahnsinnig viel Fleisch für einen japanischen Mann!« So äußerte sich vor kurzem der japanische Generalkonsul in München. Für einen Diplomaten ungewöhnlich deutlich. So deutlich, dass dieser Satz ins Nicht-Diplomatische übersetzt im Grunde nur bedeuten kann: »Eisbein ist ein wirklicher Barbarenfraß und für uns kultivierte Japaner absolut ungenießbar!« Wenn man aus dem Land der Sushis und des Kobe-Rindfleischs kommt, muss ein deutsches Eisbein anmuten wie ein sehr großes und unqualifiziertes Stück Fett. Die Sushis in der japanischen Botschaft dagegen sind wie kleine Kunstwerke: Bunt, phantasievoll, perfekt arrangiert und einfach eine Augenweide. Sie sehen so schön aus, dass man sich fast gar nicht traut, ein solches Kunstwerk zu zermalmen und den Weg alles Essbaren gehen zu lassen. Dabei wurden die in der japanischen Botschaft servierten Sushis über Jahre hinweg noch nicht einmal von einem japanischen Sushikoch zubereitet, sondern von einem Berliner mit abgebrochenem Jurastudium. Dieser gescheiterte Jurastudent brachte bereits Anfang der neunziger Jahre die ersten Sushis nach Berlin. Er hatte den richtigen Riecher.

Als Gast auf einem Empfang in der Botschaft ist es ebenfalls ratsam, den richtigen Riecher zu haben. Denn nur mit Erfahrung und Durchsetzungsvermögen kommt man in den Genuss einiger Sushis. Das ganze Prozedere läuft nämlich so ab: Kaum erscheint die Bedienung mit einem Sushitablett, greifen gierige Hände nach dem kalten Fisch. Wie im Piranhabecken sind die Happen in Sekundenschnelle aufgegessen. Das Tablett wird regelrecht geplündert und höfliche Menschen gehen leer aus. Diplomatische Zurückhaltung ist daher bei Annäherung eines solchen Sushitabletts wie überhaupt bei jedem sogenannten Fingerfood absolut unangebracht. Es gilt das Motto: Je schneller und je dreister man zuschlägt, desto mehr Sushigenuss ist einem sicher. Zunächst verhalten sich die Gäste noch ganz unauffällig und tun so, als ob sie die Sushis überhaupt nicht bemerkt hätten. Kaum ist aber das Tablett in Reichweite, schieben sich die Gäste gleich mehrere Sushis gleichzeitig in den Mund und greifen dann noch gierig mit beiden Händen zu, um sich – noch kauend – weitere auf den eigenen Teller zu legen. Bei einem solchen Verhalten sind alle die im Vorteil, die entweder einmal auf dem Internat waren, mit mehreren Geschwistern aufgewachsen sind oder seit Jahren als Diplomat arbeiten. Man muss sich unbedingt die besten Stücke sichern, bevor sie weg sind und auch ein kleiner Vorrat auf dem eigenen Teller kann nicht schaden. Schließlich ist völlig unbekannt, wann und ob überhaupt ein weiteres Tablett im Anmarsch sein wird. Das Perfide bei dieser ganzen Prozedur ist aber, dass Diplomaten selbst bei diesem Wettlauf eine gute Figur machen. Das ganze Schauspiel läuft im übrigen nicht nur in der japanischen Botschaft so ab, sondern im Grunde auf jedem Empfang, wo es entweder Fingerfood oder ein Buffet gibt.

Aber zurück vom Sushi zum deftigen Eisbein. Für den japanischen Generalkonsul gilt das, was für alle Diplomaten gilt: Wird einem ein Barbarenfraß vorgesetzt, nützt es alles nichts. Da heißt es nur noch: Nase zu, wenig kauen, schnell runterschlucken und mit viel Wein nachspülen. Gleichzeitig lächeln und immer schön ans Vaterland denken. Viele Diplomatenmägen sind aber ohnehin aus Leder. Diese Mägen haben so viel mitgemacht, dass es auf keine Kuhhaut mehr geht.

Was bei uns in Mitteleuropa als Delikatesse aufgetischt wird, ist in Japan oder Saudi-Arabien noch lange keine. Das Gleiche gilt natürlich auch umgekehrt und genau darin liegt das Problem. Bei manchen Delikatessen überkommt einem schon beim Hinhören das Grausen. Einige dieser »Köstlichkeiten«, die schon durch so manchen Diplomatenmagen gewandert sind, möchte ich Ihnen hier nicht vorenthalten. Bei kulinarischen Kosmopoliten wie Diplomaten erzeugen die nachfolgenden Speisen nur ein leichtes Gähnen. Denn diese Herrschaften haben solche Gerichte schon diverse Male mit einem Lächeln auf den Lippen heruntergewürgt. Rein dienstlich natürlich. Freiwillig würden auch Diplomaten so etwas niemals essen.

Die kleine kulinarische Rundreise beginnt in Ostasien. Die Ostasiaten, insbesondere die Chinesen, sind für ihre ungewöhnliche – nennen wir es einmal – Kochkunst bekannt. Wer einmal auf einem knorpeligen panierten Hühnerfuß herumgekaut hat, weiß, wovon ich spreche.

Eine sehr große und vor allem sehr teure Spezialität der chinesischen Küche ist die Schwalbennestersuppe. Sollten Sie jetzt denken, der Name hätte nichts mit dem Inhalt zu tun, dann irren Sie. Man kann hier mit Fug und Recht sagen: Der Name hält, was er verspricht. Die Nester bestehen im wesentlichen aus dem ausgehärteten Speichel der Schwalben, sodass man die Speise auch Vogelspeichelsuppe nennen könnte. Sie ist geschmacklich nicht so übel, wie sich das in der Beschreibung anhört. Und diese Suppe würde ich persönlich immer noch den in Japan üblichen gekochten Bienenlarven in Soyasoße vorziehen.

In Kambodscha serviert man den geschätzten Gästen gerne blaubeinige Taranteln. Frittiert. Manch einer graust sich schon vor lebendigen Spinnen. Wie sieht es da mit toten Spinnen aus? Sind tote Spinnen wirklich gute Spinnen? Die Freude über eine frittierte Spinne zum Abendessen wird sich

– auch wenn sie tot ist – in Grenzen halten. Zugegebenermaßen sind die blaubeinigen Taranteln im frittierten Zustand aber gar nicht so schlimm, wie sie sich anhören. Allerdings sollte man eine Serviette bereithalten, denn die austretende schwarze Flüssigkeit ist etwas schmierig und macht sich auf einem eleganten hellen Sommeranzug nicht besonders gut. Man sollte daher sehr achtsam sein, wenn man zu Hause den Gästen frittierte Spinnen serviert. Nicht, dass der schwarze Schleim beim Servieren auf eine anwesende Dame tropft und man folgenden Spruch erntet: »I will thank you never to darken my Dior again.« Denn das passierte nach dem Malheur eines Bediensteten bei einem Staatsbankett im Buckingham Palast. Es wurden damals allerdings keine frittierten Taranteln, sondern ein gewöhnlicher Teller Fleisch mit Soße serviert – soweit man das Essen im Buckingham Palast als gewöhnlich bezeichnen möchte.

Last but not least soll als Ergänzung unserer ungewöhnlichen ostasiatischen Speisekarte noch der Quallensalat erwähnt werden. Im Wasser können Quallen giftig sein. Tot allerdings landen sie in China als Salat auf dem Teller, garniert mit Gurken, Erdnussbutter und Sojasauce. Ausgefuchste Genießer, zu denen Diplomaten selbstverständlich zählen, würden einen solchen Quallensalat als ausgesprochen gewöhnliches Essen bezeichnen, der nun wirklich nichts Besonderes darstellt.

Welcher kulinarischen Höchstleistungen die Chinesen darüber hinaus noch fähig sind, bewiesen zwei chinesische Diplomaten im Jahre 1965. Sie waren Passagiere eines Aeroflot Fluges nach Kuba. Die beiden Diplomaten hatten sich auf einen ruhigen Flug gefreut und es sich in ihren Sitzen bequem gemacht. Den ersten Hunger hatten sie bereits durch mitgebrachte chinesische Köstlichkeiten der oben beschriebenen Art gestillt, als die Maschine wegen Treibstoffmangels in New York notlanden musste. Eine Notlandung stellt selbst für Diplomaten eine nicht ganz alltägliche Situation dar. Das erklärt vielleicht das unerwartete Dessert, das sich die Chinesen gönnten und welches wohl eher einer reinen Überreaktion als wirklichem Appetit geschuldet war. Die beiden Chinesen schauten nämlich aus dem Fenster und mussten feststellen, dass das Flugzeug von der Polizei und der Presse umstellt war. Diese Umzingelung galt allerdings nicht ihnen, sondern einzig und allein der Tatsache der Notlandung. Genau das hatten die Diplomaten aber irgendwie missverstanden. Jedenfalls waren sie sehr nervös, was sicher dem Inhalt der von ihnen mitgeführten Aktentaschen geschuldet war. Als sich dann auch noch die Tür des Flugzeugs öffnete und Polizeiuniformen zu sehen waren, breitete sich Panik bei den beiden aus. Sie öffneten ihren Aktenkoffer und begannen, den Inhalt aufzuessen. Dabei handelte es sich nicht um essbare Lebensmittel, sondern um streng geheime Dokumente, die nach und nach in den Mägen der Diplomaten verschwanden. Ein Papier nach dem anderen wurde fein säuberlich zerrissen, die Einzelteile zerknüllt und hektisch in den Mund gestopft. Der Anblick der essenden Chinesen wiederum versetzte die ebenfalls mitgereisten Diplomaten der DDR in große Not. Nicht, weil die DDR-Diplomaten dadurch großen Appetit bekommen hätten. Nein, die Panik der Chinesen hatte die Diplomaten angesteckt, und sie hätten ihnen fast bei ihrer Mahlzeit Gesellschaft geleistet. Allerdings nicht mit chinesischen Akten, sondern mit den eigenen. Nicht, weil diese besser geschmeckt hätten, sondern weil deren Vernichtung Vorrang hatte. Die anderen mitreisenden Passagiere schauten dem Treiben belustigt zu bis die Starterlaubnis der Mahlzeit ein Ende setzte. Die Chinesen waren im wahrsten Sinne des Wortes pappsatt und atmeten beruhigt auf. Selbst für Chinesen dürfte Papier im rohen Zustand keine besondere Delikatesse darstellen.

Wie sieht es eigentlich auf den Esstischen Europas aus?

Sicherlich glauben Sie, dass bei uns in Europa ausschließlich ganz gewöhnliche Dinge auf den Tisch kommen. Das ist ein gründlicher Irrtum. Haben Sie beispielsweise schon mal etwas von Lutfisk gehört? Das ist eine nordische Spezialität. Es handelt sich um Dorsch, der in einer Lauge aus Ätznatron gewässert wird und dadurch eine schleimig glibberige Konsistenz erhält. In Finnland wird er insbesondere zu Weihnachten serviert. Ätznatron zum Fisch? Eine Chemikalie, die auch in Abflussreinigern oder in Pflanzenschutzmitteln eingesetzt wird? Konzentriertes Ätznatron wirkt, wie der Name schon vermuten lässt, auf der Haut stark ätzend, in den Augen kann er zur Erblindung führen. Der Magen verträgt es offensichtlich, insbesondere natürlich der lederne Diplomatenmagen. Fisch in Ätznatronlauge als besondere Delikatesse!

Eine besondere Delikatesse sind auch gefüllte Meerschweinchen. Nicht das putzige Meerschweinchen, das zu Hause quietschlebendig im Käfig herumturnt und gerade etwas Löwenzahn gegessen hat. Nein, es geht um gebratene Meerschweinchen auf den Tellern in französischen Spitzenrestaurants. Auch hier handelt es sich um eine besondere kulinarische Delikatesse, die angeblich wie Hühnchen schmeckt.

Viele ausländische Delikatessen sind für Mitteleuropäer so abwegig, dass man in Deutschland noch nicht einmal davon zu träumen wagt. Bei all diesen Speisen sollte man daher immer an Jonathan Swift denken, der einmal sagte: »Das war ein mutiger Mann, der als Erster eine Auster schlürfte.«

Diplomaten denken auf ihrer Reise um die Welt sicher öfter einmal an Jonathan Swift. So auch eine befreundete Diplomatin: Sie war vor gar nicht langer Zeit mit einer Delegation des Auswärtigen Amtes in einem zentralasiatischen Land unterwegs. Die Reise führte sie nicht nur in die Hauptstadt des Landes, sondern auch in kleinere Orte. Das Problem dabei: Auf dem Land gab es keine einzige landestypische Delikatesse, die nichts mit Hammel zu tun hatte. Es drehte sich bei allen Speisen nur um das Thema Hammel: Hammelinnereien, eine üppige Hammelfettsuppe oder einfach nur Hammelfleisch. Die Gäste aus Deutschland wurden aufs fürstlichste bewirtet, das gebot die Gastfreundschaft. Nur essen zentralasiatische Lokalfürsten eben kein Menü vom Sternekoch, sondern ein deftiges Hammelpotpourri. Hammelfettsuppe wurde den Diplomaten als Vorspeise serviert. Hammel ist bekanntlich nicht nur außerordentlich streng im Geruch, sondern auch im Geschmack. Sowohl lebend als auch tot in der Form eines gebratenen oder gekochten Fleischstücks – der Geschmack und der Geruch sind wirklich schwer erträglich. Und manche Dinge sind doch sehr simpel: Hammel schmeckt genau so wie er riecht. Die Hammelfettsuppe verhieß also nichts Gutes mit ihren herumschwimmenden Fettaugen und viel verkochtem Hammelfleisch. Jeder der Anwesenden dachte bereits daran, wie er das zu erwartende Nachfolgende bloß überstehen sollte. Einige berechneten schon jetzt die notwendige Wodkamenge zur Beseitigung des Fetts im Magen. Die Mehrheit hätte sich beim Anblick der Suppe am liebsten als Vegetarier geoutet. Aber Diplomaten sind hartgesottene Esser, die so leicht nichts aus der Bahn wirft. Noch dazu sind sie außerordentlich höflich und würden einen Gastgeber niemals brüskieren oder sonstwie in Verlegenheit bringen. Daher kommen Diplomaten auch nur selten auf die Idee, Äußerungen wie die des japanischen Generalkonsuls zum Eisbein von sich zu geben. Der versierte Diplomat lässt sich vielmehr überhaupt nichts anmerken, isst mit großem Appetit und plaudert von Gott und der Welt, als ob er nie etwas anderes als Hammel gegessen hätte. Einige Mitglieder der deutschen Delegation bedankten sich nach dem Essen bei den Gastgebern geradezu überschwänglich für diese hervorragend gekochte Suppe. Man achte hier allerdings auf eine sprachliche Kleinigkeit:

Nicht die Suppe war hervorragend, sondern die Suppe war hervorragend gekocht. Das ist ein großer Unterschied, der den Gastgebern glücklicherweise nicht auffiel. Einige der Delegationsmitglieder übertrieben es dann aber doch mit ihrer Höflichkeit. Man höre und staune: Sie verlangten gleich mehrfach einen Nachschlag. Und das, obwohl sie die Suppe nur mit großem Ekel herunterbrachten. Man bedenke außerdem, dass der Hammel in Geruch und Geschmack nachwirkt. Zwar dauerte das Herunterlöffeln der Suppe nur einige Minuten, das kostete schon Überwindung genug. Die Nachwirkungen waren aber noch Tage danach zu spüren, oder besser gesagt zu riechen. Damit meine ich nicht die Ausdünstungen, an die man jetzt landläufig denken könnte. Nein, das wäre viel zu naheliegend. Der Hammelgeruch überträgt sich vielmehr während der Verdauung auf seine Esser. Durch jede Pore des Körpers strömt noch tagelang der üble Geruch dieses Tieres. Daher hätte man anschließend fast meinen können, keine Delegation, sondern eine Hammelherde sei im Land unterwegs. Na dann: Guten Appetit! Und immer schön ans Vaterland denken!

Und trotzdem war diese Delegation noch froh, dass es ihr nicht wie einem Kollegen ergangen war. Diesem Botschaftsmitarbeiter war im Nachbarland noch Schlimmeres passiert. Er hatte die große Ehre, mit einem geradezu köstlichen Fettschwanz des Fettschwanzschafes bewirtet zu werden. Als weitere Speisen lagen die altbekannte Hammelfettsuppe, gesottene Kuttelstücke und ein Stück Hammelkiefer zum Abnagen bereit. Wie Sie sehen, hatten sich die Gastgeber nicht lumpen lassen und alle Delikatessen aufgefahren, die ihnen zur Verfügung standen. Und das Fatale ist: Es wäre außerordentlich unhöflich gewesen, eine solche Delikatesse wie den Fettschwanz abzulehnen. Denn in der Tat haben die Zentralasiaten eine Gastfreundschaft, die hierzulande bereits lange ausgestorben ist oder vielleicht auch nie existiert hat.

Den Gästen wird nur das Beste serviert, auch wenn der Gastgeber noch so arm ist. Sollte man dies nicht zu schätzen wissen und also den Fettschwanz ablehnen, dann wäre das eine enorme Beleidigung des Gastgebers. Trotz dieser großen Ehre kam bei dem Diplomaten keine rechte Freude auf. Ein gewiefter Diplomat macht jedoch auch in solchen Fällen das Beste aus der Situation. So legte sich der hier Betroffene, der ein außerordentlich versierter Esser war, zuallererst einmal den Namen der Speisen in einer sehr viel schmeichelhafteren Form zurecht. Getreu dem Motto *Mehr Schein als Sein* wurde dann aus der Hammelfettsuppe, dem abzunagenden Kiefer und den gesottenen Kuttelstücken folgendes Menü: *Soupe de gras de mouton, Mâchoire de mouton à ronger et Des morceaux de tripes bouillies.* Na also, hört sich doch schon viel besser an! Jeder Diplomat und Gourmet wird sich bei einer so eleganten Speisenfolge gleich heimisch fühlen, zumal auch die Speisen bei Staatsbanketten am englischen Hof auf den Menükarten in Französisch tituliert werden. Denn Französisch ist die traditionelle Gastronomiesprache, und der Buckingham Palast ist bekanntlich eine Hochburg der Tradition. Auf der Menükarte beim Staatsbankett im Buckingham Palast werden Sie daher kein einziges nicht-französisches Wort finden. Trotz der sprachlich deutlichen Verbesserung des ungenießbaren Barbarenfraßes hat sich unser Diplomat aber beim Anblick der zentralasiatischen Delikatessen ganz sicher das Essen beim letzten Staatsbankett im Buckingham Palast herbeigesehnt.

Dort stehen traditionell vier Gänge auf der Speisekarte, bestehend aus Fisch, Fleisch, Pudding und Dessert. Um die Verwirrung perfekt zu machen, wurde diese Tradition unlängst gebrochen, und es standen stattdessen folgende vier Gänge auf der Speisekarte:

Velouté Tourangelle aux Truffes
❧❧
Médaillon de Saumon Poché
Sauce Mousseline
❧❧
Poussin Poêlé au Champagne
Courgettes Sautées
Pois Gourmand
Pommes Fondantes
Salade
❧❧
Cherry Ratafia Parfait

Das ist ja nun vom Verständnis her völlig unproblematisch, oder? Egal, ob man es versteht oder nicht. Man kann sich in dem Ambiente sicher sein, dass sich eine Köstlichkeit an die nächste reiht. Trotz aller Unverständlichkeit ist es also auf jeden Fall besser als

Soupe de gras de mouton
❧❧
Mâchoire de mouton à ronger
❧❧
Des morceaux de tripes bouillies

Trotzdem der Vollständigkeit halber hier noch die Übersetzung der Speisenfolge, die die Queen ihren Gästen seinerzeit servieren ließ:

Trüffelcremesuppe nach Art
der Region Touraine
❧❧
Pochiertes Lachsmedaillon mit Muschelsoße
❧❧
Gebratene Küken au Champagne

Das ist offensichtlich allemal genießbarer als das zentralasiatische Menü. Allein beim Lesen läuft einem schon das
Wasser im Munde zusammen. Ein entsprechend großer Aufwand wird im Buckingham Palast betrieben: 25 Köche und
fast hundert Bedienstete führen die großen Staatsbankette
der Queen generalstabsmäßig durch, an denen gerne einmal
mehr als hundertsiebzig Gäste teilnehmen. Das Oberkom-
mando über die Bediensteten führt der sogenannte Palast
Steward. Er steuert die Lakaien in rotgoldenen Livrees und
die dunkelblau livrierten Pagen. Erstere liefern das Essen
an die Servierstände, Letztere servieren es von dort den Gästen. Damit die Bediensteten wissen, wann der nächste Gang
serviert werden soll, existiert eine Art Ampelsystem. Blaues
Licht signalisiert »Bereithalten«, und beim gelben Licht geht
es los. Ein Staatsbankett ist natürlich ein riesiges Ereignis.
Schon der kleinste Fehler kann zu diplomatischen Verwicklungen führen. Daher wird ein solches Bankett über fast sechs
Monate hinweg minutiös geplant. Die Einladungen werden
bis zu drei Monate im voraus verschickt. Bei der Planung
wird ebenso wenig dem Zufall überlassen wie bei der Umset-
zung. Allein acht Personen sind während der Vorbereitungsphase drei Wochen damit beschäftigt, das zweihundert Jahre
alte, 8000-teilige »Große Service« aus vergoldetem Silber zu
waschen, abzutrocknen und mit weichen Tüchern zu polie-
ren. Es handelt sich dabei um silbernes Essgeschirr, Besteck,
Leuchter, Schüsseln und alle möglichen anderen Pretiosen,
die auf dem riesigen Esstisch platziert werden. Bevor aber

das Silber und auch das Porzellan auf den Tisch kommen, werden die Tische mit sieben Tüchern aus feinstem Damast von insgesamt 68 Metern Länge bedeckt. Anschließend decken zehn Personen den Tisch ein, wofür sie mindestens zwei Tage benötigen. Jedem Gast stehen dann exakt 46 cm Tischfläche zu. Auf dieser Breite werden Teller, Besteck und Gläser millimetergenau platziert. 46 cm ist wirklich nicht viel. Da müssen die Ellbogen beim Essen eng am Körper anliegen. So wie es sich gehört. Mit einem Zollstock misst der Palast Steward alles nach. Die Endkontrolle wird von der Königin selbst vorgenommen. Hinter der geschlossenen Seite des U-förmigen Tisches sitzen die Queen, Prinz Philip und die Ehrengäste. Leibgardisten mit Perücke und Hellebarden wachen an den Türen und direkt hinter der Queen. Es kann also kaum etwas schiefgehen. Denkt man.

Doch auch in den höchsten Etagen von Gesellschaft und Politik handelt es sich nur um Menschen aus Fleisch und Blut. Zum Glück. Es ist fast beruhigend, wenn man liest, dass auch dort Dinge schiefgehen und so manchem Staatspräsidenten peinliche Fehler unterlaufen. Präsident Obama zum Beispiel geriet bei einem Staatsbankett 2011 in eine hochnotpeinliche Situation. Der Hintergrund war folgender:

Bei einem Staatsbankett im Buckingham Palast halten nur die Queen und der Ehrengast eine Rede. Die Rede des Ehrengastes endet üblicherweise mit einem Toast auf die Königin. Obama hielt nun seine Rede und sprach seinen Toast: »Ladies and Gentlemen! Please stand with me and raise your glasses as I propose a toast! To her majesty The Queen!«

Danach machte er eine klitzekleine Pause, um noch einmal auf seine vorbereitete Notizkarten zu schauen. Diese klitzekleine Pause war einen klitzekleinen Moment zu lang. Denn kaum war der Satz mit »The Queen« beendet, interpretierte das die auf der Balustrade sitzende Militärkapelle der Scots Guards als Ende der Rede und legte mit der briti-

schen Nationalhymne los, *God Save the Queen.* In diesem
Moment hätte Obama die Situation noch retten können,
wenn er einfach geschwiegen hätte. Manchmal, und das beherzigen Diplomaten mehr als alle anderen, ist weniger einfach mehr. Obama ist aber kein Diplomat und so setzte er
während der Hymne seinen bereits begonnenen Toast fort.
Er sprach also einige weitere Sätze, während die Nationalhymne gespielt wurde, die so zur Begleitmusik geriet. Niemand der anwesenden Gäste hatte das Glas erhoben, auch
die Queen nicht. Nur der Präsident stand etwas verloren
da mit seinem Glas in der Hand, wandte sich der Queen zu
und sagte zum Abschluss seiner Rede sogar noch: »To The
Queen«. Währenddessen spielte die Kapelle weiter die Hymne, und die Queen rührte sich nicht. Sie starrte bewegungs-
los nach vorne. Überhaupt rührte sich von den Gästen seit
Beginn der Hymne niemand mehr. Obama realisierte die
Situation, stellte sein Glas wieder ab und wartete, bis die
Hymne beendet war. Erst dann kam für ihn der Moment der
Erlösung. Denn alle Gäste erhoben ihr Glas, und die Queen
prostete ihm zu. Obama bot in dieser Situation das Bild eines
kleinen Schuljungen, der sich in einer peinlichen Situation
befindet und wartet, bis die strenge Lehrerin ihn daraus erlöst. Immerhin befand sich Obama in guter amerikanischer
Tradition, denn George Bush Junior hatte sich zu einer Zeit,
als sein Vater noch Präsident war, bei der Queen folgendermaßen vorgestellt: »Ich bin bei uns das schwarze Schaf in der
Familie.« Er besaß dann sogar noch die Unverschämtheit,
die Queen zu fragen, wer denn sein Äquivalent bei ihr in der
Familie sei. Als er seinen Fauxpas realisierte, zwinkerte er der
Königin noch frech zu.

Obama trug seinen Fauxpas mit Fassung und machte am
nächsten Tag bereits Scherze darüber. Teile der amerikanischen Presse schrieben, die Queen hätte Obama mit ihrem
Verhalten brüskiert. Die englische Presse sah das naturgemäß

anders und machte sich in gewohnter Manier über die unkultivierten Amerikaner und deren mangelnden Respekt vor der britischen Nationalhymne lustig.

So kann sich aus einem harmlosen Essen eine Staatsaffäre entwickeln. Und so mancher Bissen bleibt den Gästen diplomatisch im Halse stecken. Aber letztlich kommt es immer auch darauf an, was die Beteiligten selbst daraus machen. Insofern kann man Präsident Obama nur beglückwünschen: Er hat die Flucht nach vorn angetreten und über seinen Fauxpas gelacht. Wie ein guter Diplomat hat er sich selbst nicht zu ernst, sondern sogar noch auf die Schippe genommen. Damit hat er der ganzen Angelegenheit die Schärfe genommen, die im Topf der Presse bereits hochgekocht war. Sein eigener Botschafter hätte das nicht besser machen können.

Dies war ein kleiner Einblick in den Ablauf eines Staatsbanketts bei der Queen. Aber stellen Sie sich einmal vor, Sie sitzen wirklich dort. Die Reden sind gesprochen, und Sie haben es sich als Gast auf roten Samtkissen und goldenen Stühlen so richtig gemütlich gemacht. Bereits der erste Gang des Essens macht Appetit auf mehr. Beim Staatsbesuch von Obama handelte es sich um:

> Paupiette de Sole et Cresson
> Sauce Nantua

Während Sie mit Ihrer entzückenden Tischnachbarin plaudern, schauen Sie in die neben Ihnen liegende Menükarte und freuen sich schon auf:

> Agneau de la Nouvelle Saison de Windsor au Basilic
> Courgettes et Radis Sautées
> Panaché d'Haricots Verts
> Pommes Boulangère
> Salade

Danach gibt es:
Charlotte à la Vanille et Cerises Griottes

und ganz zum Schluss
Fruits de Dessert

Während Sie die Menükarte studieren, denken Sie: Hoffentlich werde ich davon auch satt. Nach dem Verspeisen des ersten Gangs sind Sie nicht sehr zuversichtlich. Die erste Portion war wirklich etwas klein geraten. Ihr Blick geht die Karte hinunter zu den alkoholischen Getränken. Wenn man schon nicht satt wird, denken Sie, sollte man mindestens betrunken sein. Dort finden Sie unter der Überschrift *Les Vins* folgendes exquisites Angebot:

Ridgeview Cuvée Merret Fitzrovia Rosé 2004
Chablis Grand Cru Les Clos 2004
(Domaine William Fèvre)
Échezeaux Grand Cru 1990
(Domaine de la Romanée-Conti)
Veuve Clicquot Ponsardin, Vintage Rich 2002
Royal Vintage Port 1963

Damit dürfte der Abend gerettet sein. Denn wenn Sie denken, dass Sie hier sind, um satt zu werden, haben Sie sich getäuscht. Diplomatische Abendessen sind im wesentlichen nicht zum Sattwerden und zur Nahrungsaufnahme gedacht, sondern in erster Linie für die Konversation und das Knüpfen wichtiger Kontakte. Es ist sozusagen die Königsdisziplin des Networking, wobei der sogenannte Visitenkartenweitwurf als etwas primitivere Veranstaltung eher bei einer Cocktailparty zu finden ist. Dort ist der Durchlauf an Personen, mit denen man spricht, allein schon deshalb höher, weil man nicht an irgendeinem Platz festgenagelt ist.

Es ist also nicht unwesentlich, wer bei einem solchen Bankett neben einem sitzt. Jedenfalls ist es nicht der Ehepartner. Denn bei solchen Staatsbanketten werden Ehepaare auseinandergesetzt. Für viele Paare ist das ein außerordentlicher Segen, da sie sich nach zwanzig Ehejahren ohnehin nichts mehr zu sagen haben. Für andere ist es ein Fluch, da hier eventuell die Gelegenheit zum Ehebruch geschaffen wird. So kursiert unter Diplomaten die Geschichte eines Premierministers, der die Zwanglosigkeit des nach solchen Banketts üblichen Beisammenseins wörtlich nahm und dieses mit seiner Tischnachbarin auf der nächstgelegenen Toilette verbrachte. Vor dieser Toilette bildete sich eine kleine Schlange wartender Gäste. Alle Wartenden wurden dann Zeuge, wie der Premierminister und seine Begleiterin mit geröteten Wangen und leicht derangierten Frisuren aus besagter Toilette traten.

Sollten sich die Gäste bei einem solchen Bankett auf einen langen, gemütlichen und vor allem zwanglosen Abend eingerichtet haben, dann wird das eine große Enttäuschung. Denn Gemütlichkeit ist bei diesem Dinner völlig deplatziert. Es geht vielmehr im Sauseschritt durch das Menü, und ehe man sich einmal am Kopf gekratzt hat, ist schon wieder alles vorbei. So als ob es nie geschehen wäre. Der ganze Spuk dauert wirklich nicht lange. Und von der kurzen zur Verfügung stehenden Zeit gehen immer noch neun Minuten Redezeit der Queen, neun Minuten Redezeit des Ehrengastes und die Zeit für das Abspielen der Nationalhymne ab. Für das Aufessen des viergängigen Menüs und das Trinken bis zum Abwinken verbleibt also nur ein vergleichsweise kurzer Moment.

Dazu soll Barbara Bush aus ihren Memoiren zitiert werden, die Frau des ehemaligen amerikanischen Präsidenten George Bush senior. Sie schrieb über ein Staatsbankett im Buckingham Palast: »… beim Bankett saß ich neben Prinz Philip. In der Minute, in der ihm das Essen serviert wurde, war es auch schon heruntergeschluckt und sein Teller wieder weggeschnappt.«

So lief es jahrhundertelang an königlichen Tafeln. Sobald der König oder in diesem Fall der Prinzgemahl sein Essen beendet hatte, man selbst jedoch nicht, hatte man Pech gehabt. Die Teller wurden abgeräumt, da gab es keine Gnade. Alte Hasen bei königlichen Dinners kannten das Prozedere. Sie aßen und tranken daher so schnell wie möglich, damit sich der Abend auch kulinarisch lohnte.

Prinz Philip muss man aber immerhin zugutehalten, dass er strikt auf die Einhaltung der maximal neunminütigen Redezeit achtet und in seiner unnachahmlich undiplomatischen Art auch nicht davor zurückschreckt, Redner mit Zwischenrufen darauf hinzuweisen, dass die Redezeit überschritten ist. Ihm könnte man also tatsächlich mangelnden Respekt vorwerfen. Da er aber Gemahl der Königin von England ist und noch dazu die neunzig überschritten hat – somit also aus einer anderen Zeit stammt – steht er über jeder Kritik und kann sich solche Unverschämtheiten leisten. Allerdings hat er sich diese Unverschämtheiten schon immer geleistet, auch im Ausland. Britische Diplomaten hatten nach seinen Auftritten regelmäßig viel zu tun.

Das Staatsbankett beginnt mit der Rede der Queen, nachdem sie zusammen mit Prinz Philip und dem Ehrengast die Gäste zunächst im angrenzenden Musikzimmer empfangen hat. Von dort geht es pünktlich in den Ballsaal, unter Führung des Ersten und Zweiten Obersthofmeisters. Im Anschluss gibt es die Rede des Ehrengastes und die Nationalhymne. Nach diesem offiziellen Teil verbleibt den Gästen wenig Zeit für vier Gänge und möglichst viele Gläser des vorzüglichen Weins. In die Umgangssprache übersetzt heißt so etwas auch Sturztrunk und Fast Food. Am Ende des Banketts betreten zwölf Dudelsackbläser den Saal und marschieren einmal um den Tisch. Das ist das Signal zum Aufbruch. Die Queen und ihre Gäste verlassen den Saal, um sich in den angrenzenden Salons Kaffee und Petits fours servieren zu lassen.

Die ganze Veranstaltung schnurrt wie ein Uhrwerk und ist an Professionalität, Prunk und Glamour nicht zu überbieten. Kein Vergleich mit dem zentralasiatischen Gastgeber und der Hammeltruppe aus dem Auswärtigen Amt. Es liegen Welten dazwischen. Es liegen aber auch Welten zwischen der Gastfreundschaft und Herzlichkeit. Denn Diplomaten berichten, dass die Gastfreundschaft und die Herzlichkeit gegenüber Gästen in den zentralasiatischen Staaten oder auch im Kaukasus so immens ist, dass wir diese mit unseren Maßstäben gar nicht messen können. Ehe man sich's versieht, wird man da bei den am Tisch üblichen Trinksprüchen als guter, wenn nicht sogar als bester Freund tituliert, und es fehlt nicht viel, dass man sich weinend vor Liebe und Rührung in den Armen liegt. Stockbetrunken natürlich, denn das gehört in jedem Fall zum guten Ton.

Aber es gibt auch noch andere gastfreundliche Gefilde. Denn ähnlich wie in Zentralasien ergeht es einem in Saudi-Arabien. Dort ist der Gast noch wirklich König und bekommt beim Essen selbstverständlich immer nur das Beste serviert, nämlich Hammelfleisch. Und in einigen Fällen wird dem Gast sogar das Allerbeste vom Hammel vorgesetzt: das Auge. Man bekommt ein Auge überreicht, um es vor den Augen der anwesenden Würdenträger zu verspeisen. Und es steht nicht zu befürchten, dass das Auge durch das Kochen seine Form oder seine Ähnlichkeit mit dem Auge des lebendigen Tieres verloren hätte. Nein. Das Auge schaut einem sogar noch mit dem Ausdruck des verzweifelten Todeskampfes an, in dem sich das Tier beim Prozess des Schlachtens befand. Selbst hartgesottenen Diplomaten wird da etwas mulmig zumute, manch einem dreht sich schon der Magen um beim bloßen Gedanken, in den Augapfel zu beißen. Aber geht nicht, gibt's nicht. Das Auge abzulehnen wäre außerordentlich unhöflich, um nicht zu sagen völlig undenkbar. Also heißt es: Augen zu und ans Vaterland denken. Rein in den Mund mit dem Auge, einmal kauen, runterschlucken und mit dem nächstbesten Getränk runterspülen. Dann schnell etwas Reis oder Hirse hinterher, und schon ist es geschafft. Diplomaten, die dieses Zeremoniell hinter sich gebracht haben, berichteten mir, dass der Geschmack eigentlich gar nicht so schlimm sei. Man empfinde nur einen wahnsinnigen Ekel, den man überwinden müsse.

Die Überwindung des Ekels erfordert ein Geschick, welches Diplomaten auch bei vielen anderen Gelegenheiten haben müssen: Sie müssen über den Dingen stehen. Sie müssen abstrahieren können. Abschalten und sich selbst von außen betrachten, eine Distanz zu allem haben. Hat man die Distanz zum Schafsauge aufgebaut und löst man das Auge gedanklich sowohl vom Tier als auch von der Tatsache, dass es sich um ein Auge handelt, dann fällt einem das Abbeißen leichter. Dafür muss man kein Fakir sein. Es reicht, wenn man ein ausgefuchster Diplomat und kulinarischer Kosmopolit ist. Denn enorm wichtig für den gesamten Auftritt als Gast ist der Gesichtsausdruck, mit dem man isst. Es sollte genüsslich aussehen, wenn man sich das Auge in den Mund schiebt. Keinesfalls sollte der Gastgeber bei einer solchen Delikatesse irgendeine Form des Ekels im Gesicht ablesen können. Unerschrockenheit, das ist die Qualität, die in solchen Fällen gefragt ist. Und mal ehrlich: Was ist denn an gequirltem Fett, Gedärm und Knorpel in Form einer Mettwurst besser als an dem reinen Genuss eines Augapfels?

Trotzdem ist es schon schlimm genug für Diplomaten, wenn sie solche Dinge in stoischer Ruhe herunterwürgen müssen. Dann brauchen sie als Beilage nicht unbedingt noch solche Randerscheinungen wie in der nachfolgenden Geschichte. So erzählte mir ein in Russland stationierter Diplomat von der Einladung russischer Kollegen zu einem touristischen Ausflug in die Umgebung Moskaus. Es handelte sich um eine Einladung für ein paar wenige Diplomaten der deutschen Botschaft. Die Mitglieder des diplomatischen Corps sehen solche Ausflüge üblicherweise als willkommene Abwechslung zum Büroalltag an. Gerade in kleineren Botschaften sind derartige Ausflüge sehr beliebt, aber auch in größeren Vertretungen ist die Freude groß, wenn man unter sachkundiger Führung Land und Leute kennenlernen kann. Und in Russland ist das allemal etwas Besonderes. Die kleine Gruppe machte sich also in einem kleinen gemieteten Bus und in guter Stimmung auf den Weg. Das Ziel war das Dreifaltigkeitskloster von Sergijew Possad, seit Jahrhunderten eines der bedeutendsten religiösen Zentren der russisch-orthodoxen Kirche. Nach der ausgiebigen und ziemlich anstrengenden Besichtigung einiger Kirchen des Klosters, der Zarengemächer, der Brunnenkapelle und der anderen Sehenswürdigkeiten, mit anderen Worten: nach getaner Arbeit, bekamen die Gäste und Gastgeber Hunger. Die Überraschung war groß, als die russischen Gastgeber zur Feier des Tages ein Picknick ankündigten. Kaum gesagt, brachte der Bus die Gruppe auch schon zu einer geeigneten Picknickstelle in freier Wildbahn. Dort wurde eine große Decke ausgebreitet, und die Russen packten die mitgebrachten Speisen aus. Wie bei den Russen üblich quoll das Tuch über vor Köstlichkeiten: Es gab Piroggen, Hühnerfleisch, getrockneten Fisch und andere russische Spezialitäten. Selbstverständlich hatten die Russen auch für Getränke gesorgt: Bier, Kwaß und natürlich der obligatorische Wodka.

Warum bloß kam bei den Diplomaten keine wirkliche Freude auf? Den einen oder anderen packte sogar das blanke Entsetzen bei der Nachricht eines Picknicks. Denn ein wichtiges Detail blieb bislang unerwähnt: Der Ausflug fand im tiefsten Winter statt, und die Temperaturen lagen weit unter null. Für den durchschnittlichen Westeuropäer also nicht wirklich die typische Jahreszeit, um ein gemütliches Picknick zu veranstalten. Aber was soll man sagen? Die Ausflügler saßen tapfer und zähneklappernd auf dem steinhart gefrorenen Boden. Bei den Temperaturen kam keine rechte Freude über das Picknick auf. Aber bei den Gästen handelte es sich um Diplomaten. Natürlich ließ sich niemand etwas anmerken, niemand machte einen Kommentar, und alle taten so, als ob man im Sommer bei bester Laune die Landschaft und das Essen genießen würde. Es wurde gegessen und getrunken, bis es im Bus zurück nach Moskau ging. Das Wort ›Essen‹ beschönigt allerdings wohl das, was dort vorging. Man sollte besser sagen, es wurde geschlungen, was das Zeug hält, um das Picknick möglichst abzukürzen. Auffällig war auch der immense Wodkadurst der Gäste, die in ihrer Verzweiflung versuchten, dem Frost durch viel Alkohol zu entkommen. Etwas Gutes hatte der Ausflug: Niemand der Teilnehmer hat ihn je wieder vergessen.

Und das ist das Schöne in der Welt der Diplomatie: Diplomaten versuchen immer, das Positive zu sehen und das Beste aus einer Situation zu machen. Auch wenn das Beste darin besteht, sich bei einem winterlichen Picknick mit viel Alkohol aufzuwärmen. So ist es meist das Positive, was am Ende des Tages übrig bleibt. Negatives wird unter den Teppich gekehrt und – wenn überhaupt – erst zu einem geeigneten Zeitpunkt wieder hervorgeholt.

Wie man sieht, müssen heutige Diplomaten absolut unerschrocken sein, um die speziellen Herausforderungen ihres Berufs zu überstehen. Schaut man sich im Vergleich dazu einmal die Diplomaten früherer Zeiten an, dann fragt man sich aber doch, wie die ihren Berufsalltag nicht nur meistern konnten, sondern wie sie das eigentlich alles überlebt haben.

Einmal ganz abgesehen von den Strapazen der weiten Reisen und der sonstigen Lebensbedingungen, hatten Diplomaten damals nämlich noch ganz andere Gefahren zu bewäl-

tigen. Denn im Mittelalter galten Diplomaten als Meister
der Intrigen, die auch vor dem Mord als Mittel auswärtiger
Politik nicht zurückschreckten. Allerdings galt damals wie
heute der Grundsatz: Wie du mir, so ich dir! Diplomaten
mussten daher jederzeit mit einem Mordanschlag gegen sich
selbst rechnen. Der Einfachheit halber mordete man meistens mit Gift. Das Gift wurde einfach dem Essen oder den
Getränken beigemischt, und schon war der Kontrahent aus-
geschaltet. Die Giftmorde nahmen dermaßen überhand, und
die Gefahr wurde so groß, dass es im 13. Jahrhundert venezianischen Diplomaten per Dekret vorgeschrieben war, auf
ihren Posten einen eigenen Koch mitzunehmen. Denn nur
so konnte man gewährleisten, dass das Essen einigermaßen
sicher zubereitet wurde. Heutzutage beschäftigen viele Diplomaten auf ihren Auslandsstationen ebenfalls einen Koch. Allerdings nicht aus Angst vor Giftmorden. Nein, ein eigener
Koch macht das Leben eines Diplomaten in der Fremde sehr
viel bequemer. Denn regelmäßig werden aus dienstlichen
Gründen offizielle Abendessen für zehn bis zwanzig Personen
veranstaltet. Ohne Koch kämen Diplomaten gar nicht mehr
zum Arbeiten. Schön und angenehm ist es da, wenn man
Hauspersonal beschäftigt, welches alle Aufgaben in der Küche übernimmt. Den eigenen Koch haben Diplomaten also
immer noch, aber die Zeiten der Giftmorde haben sich etwas
beruhigt.

Verglichen mit dem früher beigemischten Gift mutet der
Regenwurm im Salat des Bundespräsidenten außerordentlich harmlos an. Beim Besuch von Bundespräsident Wulff in
Russland 2011 gab es eine kulinarische Delikatesse der besonderen Art. Serviert wurde ein ordinärer Salat, der nicht
weiter bemerkenswert gewesen wäre, wenn sich nicht mittendrin ein lebendiger Wurm getummelt hätte. Der Wurm harr-
te der Dinge, die da kamen, und ließ sich weder durch den
hohen Besuch noch durch die sich nähernde Gabel des Es-

sers stören. So hangelte er sich seelenruhig von Salatblatt zu Salatblatt und wurde offiziell von niemandem bemerkt. Tatsächlich befand sich der Wurm, der letztlich echte Berühmtheit erlangte, nicht im Salat des Bundespräsidenten. Über den Salat des Bundespräsidenten ist vielmehr überhaupt nichts bekannt. Selbst wenn sich ein Wurm im Salat des Bundespräsidenten befunden hätte, hätte dieser das Würmchen selbstverständlich geflissentlich übersehen, um die Gastgeber nicht zu brüskieren. Er hätte seine Gabel so elegant um den Wurm herumgeführt, dass dieser das Staatsbankett überlebt hätte. So wie es der örtliche Lokalpolitiker getan hat, der den Wurm in seinem Salat fand und ihn noch auf dem Teller mit dem Handy fotografierte. Das Foto stellte er anschließend in seinen Blog bei Twitter ein mit der Bemerkung:

Es war eine sehr besondere Art, zu zeigen,
dass der Salat frisch war.

Daraufhin wurde von russischen Politikern gefordert, diesen Politiker abzusetzen. Manche meinten sogar, bei Stalin wäre er für diesen Blog-Eintrag erschossen und bei Breschnew nach Sibirien verbannt worden. Da kann man nur sagen: Gratulation zur Gnade der späten Geburt!

Durch dieses Foto wurde das Ganze überhaupt erst zu einem Politikum, allerdings nur in Russland. Das Bundespräsidialamt kommentierte den Salatwurm nicht weiter. Aber wie hätte sich eigentlich ein versierter Diplomat in dieser Situation verhalten? Hätte er ebenfalls den Salat gegessen und das lebendige Würmchen auf dem Teller liegenlassen? Nein, natürlich nicht. Denn als Profi seines Fachs hätte er davon ausgehen müssen, dass entweder die Tischnachbarn oder spätestens die Bedienung beim Abräumen den Wurm auf seinem leeren Teller bemerkt hätte. So etwas hätte sich herumgesprochen und den Gastgeber in eine peinliche Situation gebracht. Um dem Gastgeber so eine Peinlichkeit zu ersparen, hätte ein versierter Diplomat dem Ganzen schnell ein Ende bereitet und den Wurm einfach verspeist. Damit wäre die Existenz des Wurmes gar nicht weiter bemerkt worden, und das Ganze hätte ein gutes Ende genommen – außer für den Wurm natürlich. Und für einen versierten Diplomaten, der während seiner dienstlichen Laufbahn in Ostasien schon das eine oder andere Regenwurmpastetchen verspeist hat, kommt es auf einen Wurm mehr oder weniger nun wirklich nicht an.

Liebe geht bekanntlich durch den Magen, gute internationale Beziehungen auch. Zahlreiche Spannungen konnten beim Essen gelöst, neue Beziehungen geknüpft und eingefrorene Beziehungen wieder aufgetaut werden. Nicht umsonst sagte Talleyrand:

Der beste Assistent eines Diplomaten ist sein Koch.

Recht hat er! Der Gaumen des Botschafters ist vielleicht das erste Tor zu einem anderen Land, wenn man Handelsbeziehungen aufbauen, Kriege beenden oder abgekühlte Verhältnisse wieder aufwärmen möchte. Aber auch die Zunge von Diplomaten ist ein zentrales Staatsorgan. Sie zu lösen ist seit Hunderten von Jahren die hohe Kunst.

Im neunzehnten Jahrhundert gab es zu diesem Zwecke an vielen Fürstenhöfen sogar Spezialisten – man könnte wohl nach heutigem Verständnis auch Alkoholiker sagen. Deren Aufgabe war es, die Gesandten der fremden Staaten unter den Tisch zu trinken und ihnen dabei Staatsgeheimnisse zu entlocken. So schrieb der preußische König Friedrich Wilhelm I. Anfang des 18. Jahrhunderts über einen seiner eigenen Gesandten in St. Petersburg:

Ich meine den S., den kann der Zar gut leiden und kann stark saufen und bleibt doch bei Verstand.

Der legendäre russische Außenminister Andrej Gromyko wiederum, bis heute mit 28 Dienstjahren der dienstlängste Außenminister der Welt, trank aus diesem Grunde niemals Alkohol. Zwar schenkte er bei Empfängen Alkohol in Strömen aus, doch hielt er sich selbst zurück. Er war eben in diesen Dingen ein absoluter Profi seines Fachs. Vielleicht war seine Abstinenz auch ein Grund dafür, dass man ihn niemals lächeln sah.

Sich dem Alkohol zu entziehen ist dabei gerade in der ehemaligen Sowjetunion ein Drahtseilakt. Ein Diplomat, der niemals Alkohol trinkt, erzählte mir von einem Besuch in Sibirien. Als er den besonderen Wodka, eine Spezialität der Region, serviert bekam, teilte er dem Gastgeber mit, dass er allergisch auf Alkohol reagiere und den Wodka daher nicht trinken könne. Sein Gastgeber antwortete nur lapidar, dass er ihn ruhig trinken könne, dieser spezielle Wodka sei antiallergisch. Trotz der antiallergischen Eigenschaften des Wodkas trank der Diplomat zur Enttäuschung der Gastgeber keinen Tropfen.

Hört und liest man die Geschichten über Staatsbankette und sonstige diplomatische Dinnerveranstaltungen kann schnell der Eindruck aufkommen, dass Diplomaten im Grunde gar keinen eigenen Kühlschrank brauchen. Sie essen ohnehin nie zu Hause, wozu also ein solches Gerät? Tatsächlich haben Diplomaten die Gelegenheit, jeden Abend eine Einladung zum Abendessen wahrnehmen zu können. Ein Kühlschrank lohnt sich im Grunde also wirklich nicht. Das Praktische an diesen Einladungen ist, dass man unglaublich viel Geld sparen kann. Nimmt man als Diplomat tatsächlich jede Abendveranstaltung wahr, auf der man gratis etwas zu essen bekommt, braucht man die Haushälterin eigentlich fast gar nicht mehr zum Einkaufen zu schicken. Einige Diplomaten gewöhnen sich aber dermaßen an die Gratisverpflegung, dass sie auch nach ihrer Pensionierung Mittel und

Wege suchen, um sich durchfüttern zu lassen. In Berlin ist mir kürzlich ein Diplomat begegnet, der von vielen großen Unternehmen jeweils eine einzige Aktie besitzt. Die Aktien hat er aber nicht etwa aus Renditegesichtspunkten erworben, sondern um eine Einladung zur Hauptversammlung zu erhalten. Denn auf den Hauptversammlungen, so seine Worte, werde man bestens verpflegt. Da soll noch jemand sagen, Diplomaten verbinden nicht das Notwendige, in diesem Fall die Geldanlage, mit dem Nützlichen.

Die Abendesseneinladungen von Diplomaten haben einen ernsthaften und vor allem professionellen Hintergrund. Nicht umsonst gibt es diese Dinners schon seit Jahrhunderten. Ein berühmter französischer Botschafter des 18. Jahrhunderts schrieb:

> Wenn die Leute bei einem Botschafter speisen
> dürfen, erleichtert die gute Tafel die Ermittlung
> von Nachrichten … Ein gutes Essen söhnt die
> Geister aus, fördert die Vertraulichkeit und die
> Mitteilsamkeit und den Gästen enthüllt die
> Wärme des Weines oft wichtige Geheimnisse.

Um der hier beschworenen Vertraulichkeit eines Essens zu entgehen und das Risiko einzuschränken, war es den Mitgliedern des Senats im Venedig des 17. Jahrhunderts verboten, die Häuser fremder Botschafter auch nur zu betreten. Auch Ludwig XIV. folgte solchen Einladungen niemals und ließ sich, wenn es die Höflichkeit nicht anders zuließ, vertreten.

Das Dinner ist auch heute noch ein wichtiges Kommunikationsmittel der Diplomatie, da es nach wie vor eine nicht zu unterschätzende Vertraulichkeit schafft. Man sitzt im vertrauten Kreis zusammen, lernt sich besser kennen, und so manches Gespräch wird plötzlich vertraulich oder gar privat. Wie wichtig das Essen im Kreise der Diplomatie ist und war, kann man heute noch an manchen Speisen erkennen. Denn manch ein Diplomat lebt heute auf der Speisekarte weiter. So zum Beispiel der französische Diplomat François-René de Chateaubriand, der im 19. Jahrhundert lebte und als französischer Botschafter in London residierte. Als Franzose fühlte er sich den Engländern kulinarisch haushoch überlegen, was niemanden erstaunt, der einmal in den Genuss der englischen Küche gekommen ist. Diese Überlegenheit wollte er seinen englischen Gästen eindringlich demonstrieren und schickte seinen – selbstverständlich aus Frankreich mitgebrachten – Koch ins Rennen. Er beauftragte ihn mit der Kreation eines Fleischgerichts, um das einzig essbare Gericht in England, nämlich das Steak, in den Schatten zu stellen. Der Koch servierte den erstaunten Gästen ein erlesenes Rinderfilet, aus der Mitte geschnitten, zwischen zwei Steaks minderer Qualität gebraten. Die Steaks minderer Qualität, obwohl für jeden durchschnittlichen Menschen noch gut genießbar, wurden den Hunden zum Fraß vorgeworfen. Die einzige Existenzberechtigung dieser beiden Fleischstücke war es, das Filet mit ihrem Saft zu durchtränken, um es noch schmackhafter zu machen. Ein Chateaubriand ist auch heute noch etwas ganz Besonderes und hat den Herrn unsterblich gemacht.

Nicht ganz so bekannt ist der Nesselrode-Pudding, benannt nach dem deutsch-russischen Diplomaten Karl-Robert Graf von Nesselrode. Graf Nesselrode lebte im 19. Jahrhundert und war unter anderem russischer Gesandter in Paris. Schon zu Lebzeiten war er für seine verschwenderische Lebensweise und die opulenten Essen bekannt. Er besaß eine Vorliebe für Esskastanien, die auch der Hauptbestandteil des nach ihm benannten Puddings sind. Der Pudding selbst wurde von seinem französischen Küchenchef entworfen. Grundlage ist ein Vanillepudding, der mit Sahne verfeinert wird. Anschließend wird das Kastanienpüree untergerührt sowie kandierte Früchte, Rosinen und Maraschino-Likör dazugegeben.

Chateaubriand und Nesselrode bevorzugten offensichtlich die feinere Küche. Das kann man von Otto von Bismarck nicht behaupten. Der sogenannte Eiserne Kanzler liebte es durchaus deftiger. Dass ihm gutes Essen aber sehr wichtig war, kann man schon an seinem Gewicht von 125 kg erahnen. Bismarck war jahrelang preußischer Gesandter in St. Petersburg und Paris, bevor er das Amt des Reichskanzlers übernahm. Er genehmigte sich während all der Jahre den von ihm so bezeichneten »leichten Lunch«, welcher unsereinem als Hauptspeise vollends ausreichen würde. Nicht so Herrn von Bismarck. Er genehmigte sich den »leichten Lunch« zweimal täglich, bestehend aus Kaviar, geräuchertem Aal, Königsberger Klopsen, Hausmacherwurst, Gänsefett, Kartoffelsalat und einigem mehr. Wer 125 kg wog, brauchte wohl auch die entsprechenden Kalorien, um einigermaßen unbeschadet durch den Tag zu kommen. Nach Bismarck ist der berühmte Bismarckhering benannt. Auch wer den Namen Bismarck noch nie gehört hat, wird ganz sicher den Bismarckhering kennen. In früheren Zeiten galt der Bismarckhering als gutes Mittel gegen den Kater nach einer durchzechten Partynacht. Der Bismarckhering besteht aus Heringsfilets, die in Essig, Speiseöl, Zwiebeln, Senfkörnern und Lorbeerblättern eingelegt werden. Auch Bismarck soll ein großer Anhänger dieser Speise gewesen sein. Wie dieser Hering allerdings zu seinem Namen gekommen ist, bleibt ungeklärt. Als sicher gilt jedoch, dass Bismarck sein Einverständnis zur Namensgebung erteilte.

Sie sehen, dass manche Diplomaten zwar nicht innerhalb, aber immerhin außerhalb ihrer dienstlichen Pflichten Berühmtheit erlangt haben. Da das Essen von jeher ein wichtiger Bestandteil des diplomatischen Lebens war, kann man mit Fug und Recht sagen: Wer sich als Diplomat in Form eines Essens verewigt, verewigt sich auch in den Annalen der Diplomatiegeschichte.

Der Eiserne Kanzler hatte mit seinem Körpergewicht eine ordentliche Last zu tragen, auch gesundheitlich. Daher begab er sich regelmäßig in die Kur, um seine gesundheitlichen Malaisen auszukurieren. Dieser Ausgleich hat ihm ein langes Leben beschert. Er starb 1898 im Alter von 83 Jahren. Der sehr viel jüngere Diplomat in der folgenden Geschichte war zwar nicht so begabt wie Otto von Bismarck, aber dafür genauso beleibt. Auch er liebte das Essen. Neben dem Essen gab es allerdings nicht viel, was ihn noch hätte reizen können. Daher begab er sich auch nie in die Kur, sondern betrachtete sein ganzes Leben als einzigen Kuraufenthalt. Das steht manchem Diplomaten gut zu Gesicht, allerdings erwartet man zur Rechtfertigung des Müßiggangs bei einem Diplomaten noch ein wenig intellektuellen Tiefgang. Dazu reichte es bei unserem Diplomaten nicht. Er beschränkte sich auf das Essen und geriet damit in ein gesundheitliches Fiasko:

Früher – lange ist es her – war es in Deutschland ganz selbstverständlich, Bewerber nur aufgrund persönlicher Empfehlung in den diplomatischen Dienst zu übernehmen. Aber auch heutzutage ist es in jeder Lebenslage gut, die richtigen Leute zu kennen. In manchen Ländern kann es sogar bei der Jobsuche im Auswärtigen Dienst auch heute nicht schaden, die eine oder andere einflussreiche Person zu kennen. Und den allergrößten Nutzen hat man, wenn sich ein Verwandter an der richtigen Stelle positioniert hat; im folgenden Fall handelt es sich um einen Onkel. Und wer jetzt beim Stichwort Vetternwirtschaft die Nase rümpft, dem würde der besagte Onkel das seit Urzeiten gültige Motto zitieren: Beziehungen schaden nur dem, der sie nicht hat.

Ein nicht mehr ganz so junger Mann war also in der glücklichen Situation, genauso einen Onkel mit Einfluss zu haben. Der Onkel bekleidete eine hohe Position im Auswärtigen Dienst eines nicht ganz unbedeutenden Staates an der

Peripherie Europas. Nicht durch persönliche Qualifikation, sondern allein aufgrund der Protektion seines Onkels ergatterte der Mann einen der begehrten Posten im Auswärtigen Dienst des Landes. Der nicht mehr ganz so junge Diplomat war allerdings nicht wirklich eine Zierde des Amtes. Er sonnte sich zwar sehr in seinem Diplomatenstatus, war aber ansonsten ein regelrechter Nichtsnutz; faul und durch wirklich gar nichts für den Auswärtigen Dienst geeignet. Wie kann man so einen Diplomaten kategorisieren? Wozu ist ein solcher Diplomat zu gebrauchen? Talleyrand hatte damit keine Probleme. Er überlegte sich folgende Kategorien:

Klug und fleißig – gibt's nicht;
klug und faul – bin ich selbst;
dumm und faul – für Repräsentationszwecke noch ganz gut zu gebrauchen;
dumm und fleißig – davor behüte uns der Himmel!

Für Repräsentationszwecke war der Diplomat nach dieser Kategorisierung also noch ganz gut zu gebrauchen. Wie Sie sehen, ist Faulheit also nicht immer etwas Negatives, denn wäre unser Diplomat fleißig gewesen ... es wäre alles anders gekommen. Fleißig jedenfalls war unser Diplomat ganz sicher nicht, wenn man einmal davon absieht, dass er großen Ehrgeiz in sein eigenes Amüsement und in den Genuss guten Essens legte. Sein Ehrgeiz ging aber noch weiter: Seine Teilnahme an einer UN-Vollversammlung in New York wollte er sich durch ein richtig gutes Essen versüßen.

Tatsächlich wird die Zeit der UN-Vollversammlung von September bis Dezember jeden Jahres etwas übertrieben mit dem Wiener Kongress im Jahr 1815 verglichen. Damals trafen sich Diplomaten und Könige aus fast zweihundert Königreichen, Fürstentümern und Städten in Wien, um Europa nach den napoleonischen Kriegen neu zu ordnen. Den Delegierten beim Wiener Kongress war allerdings das Amüsement fast wichtiger als die Neuordnung. So hieß es:

Der König von Württemberg frisst für alle, der König von Bayern säuft für alle, der Zar von Russland liebt für alle, und der Kaiser von Österreich zahlt für alle.

Ein Teilnehmer des Kongresses fasste es so zusammen:

Der Kongress tanzt, aber er bewegt sich nicht.

Der Vergleich der UN-Vollversammlung mit dem Wiener Kongress betrifft natürlich nicht die Neuordnung der Welt, sondern ausschließlich das Fressen, Saufen, Lieben und Tanzen. Denn so ähnlich soll es in New York bei den UN ablaufen. Allerdings mit dem Unterschied, dass eine länderspezifische Zuordnung des Amüsements nicht mehr möglich ist und wir davon ausgehen können, dass alle Teilnehmer – bis auf unseren Diplomaten – wirklich hart arbeiten und sich erst danach vergnügen.

Und die Frage, ob sich etwas bewegt, ist eine Frage der Auslegung. Für einen Laien geht es bei dem ständigen Gerangel um Worte und der Geltendmachung von Vetorechten überhaupt nicht vorwärts. Für Diplomaten jedoch sind schon einzelne Worte in wichtigen Beschlüssen, die wochenlang verhandelt werden, ein großer Fortschritt. Da offenbart sich der Unterschied zwischen Auseinandersetzungen auf diplomatischer und häuslicher Ebene. Beim Familienkrach geht es immer ums große Ganze, da werden Worte nicht auf die Goldwaage gelegt. In der Welt der Diplomatie hingegen geht es ums Kleine, um Wörtchen oder sogar lediglich um die Satzstellung. Da wird gezerrt, gezogen und gefeilscht, bis man schließlich in Gänseschritten am Ziel ist. Abends aber ist das Ziel für alle Teilnehmer klar: Ein Dinner, ein Cocktail und eine Party jagen die nächsten.

Genau diesen Partytrubel wollte sich der Diplomat nicht entgehen lassen. Er wollte zu Hause stolz sagen können: Ich bin dabei gewesen! Allerdings gab es da ein kleines Problem: Die Sitzungen und die Arbeit der offiziellen Delegation seines Landes interessierten ihn herzlich wenig, um nicht zu sagen gar nicht. Denn er fühlte sich für jegliche Form von normaler Arbeit einfach nicht geschaffen. Diese Spezies von Menschen haben es heutzutage wirklich schwer. Eigentlich können sie in der westlichen Hemisphäre nur noch im öffentlichen Dienst überleben. Und das auch nur in der Hoffnung auf eine Verbeamtung und darauf, nicht weiter aufzufallen. Ein guter Unterschlupf für diese Spezies ist ganz sicher aber der diplomatische Dienst auf einem Härteposten irgendwo im Nirgendwo, für das sich niemand in der Zentrale interessiert. Für die Arbeit seiner Delegation war unser Diplomat jedenfalls nicht zu gebrauchen. Nun gut, der Wunsch, einmal dabei sein zu können, ist das eine. Das andere ist die Erfüllung des Wunsches, wenn das eigene »Arbeits«-Gebiet mit der UN nun wirklich gar nichts zu tun hat und auch das ureigene Interesse fehlt. Jetzt kommt wieder der Onkel ins Spiel. Wozu hat man Verwandte? Auch dieses Mal machte es der Onkel möglich. Sein Neffe wurde für drei Monate als Verstärkung an die UN Vertretung in New York versetzt. Ob ihm der Neffe viel Ehre machen würde? Es bestanden von Anfang an Zweifel! Jedenfalls reiste der Neffe mitsamt seiner Frau nach New York und nächtigte standesgemäß im Mandarin Oriental Hotel. Dieser Luxus schlägt für Normalsterbliche mit mindestens siebenhundert Dollar pro Nacht zu Buche. Botschaften und Diplomaten haben natürlich – wie eigentlich überall – Sondertarife. Der Neffe und seine Frau waren begeistert, und er gab sich im Rahmen seiner Möglichkeiten tatsächlich große Mühe. Allerdings nicht bei der Büroarbeit, sondern bei dem Besuch der Partys und Abendessen. Die abendlichen Veranstaltungen nahmen ihn so in Anspruch, dass es ihm neben diesem ganzen Stress nicht auch noch möglich war, einer geregelten Büroarbeit nachzugehen. Besonders in Sachen Essen war er wirklich außerordentlich fleißig. Nachdem er sich fast drei Monate lang nach Herzenslust durch New York gegessen und getrunken hatte, wollte er sich und seiner Frau an einem der letzten Abende noch einmal richtig etwas gönnen. Dafür hatte er etwas ganz Besonderes ausgesucht: das Masa. Eine Empfehlung von seinem Onkel. Das Masa ist angeblich das teuerste japanische Restaurant der Welt, für einen Diplomaten wie unseren also gerade richtig. Allerdings mit einem kleinen Nachteil: Hier gab es ausnahmsweise einmal keinen Diplomatenrabatt. Der Tisch war reserviert, der Neffe und seine Frau nahmen Platz, und schon konnte es losgehen mit dem 28-Gänge-Menü. Die beiden waren aufgeregt wie kleine Kinder und konnten den ersten Gang kaum erwarten. Es war aber auch wirklich köstlich: Toro-Tartar, Kaviar, Suzuki-Sashimi, Ohmi-Beef, Seeigel-Sushi und noch vieles mehr. Nach dem Essen lehnte sich der Diplomat zufrieden zurück und dachte: »Wie geht es mir gut! Das Essen war herrlich! Aber satt sein fühlt sich anders an.«

Was tun? Zum Glück gab es in der Nähe ein ganz bodenständiges Steak-Restaurant, wo er sich im Anschluss an das 28-Gänge-Menü noch ein riesiges Rib-Eye-Steak mit Pommes bestellte. Der Diplomat hatte einen wirklich flexiblen Magen, man könnte auch auf die Idee kommen, ihn als völlig wahllos zu bezeichnen.

Während er also zum Nachtisch das Steak mitsamt fettigen Pommes in sich hineinstopfte, fühlte er ganz plötzlich ein fürchterliches Stechen in der Brust, er konnte kaum noch atmen, geschweige denn weiteressen. Schließlich wurde es so schlimm, dass er einfach auf den Tisch kippte und ihm dabei die letzte Pommes unkontrolliert aus dem Mund fiel. Im Restaurant wurde laut geschrien, das Personal geriet in Hektik, und seine verzweifelte Frau rief die Ambulanz. Sanitäter und Notarzt rückten an, die erste Spritze wurde gesetzt, eine Infusion gelegt, ab auf die Bahre und rein in den Rettungswagen. Dann ging es mit Blaulicht und heulender Sirene durchs nächtliche New York zum nächsten Krankenhaus. Erste Diagnose: Herzinfarkt.

Im Krankenhaus angekommen, bestätigte der Arzt zunächst die Diagnose. Ein EKG sollte Aufschluss über die Details geben. Entgegen den Erwartungen gab es nach dem EKG aber keinerlei Anzeichen für einen Herzinfarkt. Das Herz war kerngesund. Auch eine Blutuntersuchung und ein MRT des Kopfes brachten keinerlei Erkenntnisse. Nach allen möglichen anderen Untersuchungen stellte sich heraus, dass dort ein kerngesunder und im Grunde quietschlebendiger Patient auf der Bahre lag. Die Ärzte waren ratlos, denn der Patient machte alles andere als einen quietschlebendigen Eindruck. Nach ein paar bangen Stunden zog man einen erfahrenen älteren Arzt hinzu. Dieser sollte sich den merkwürdigen Fall mit dem Mann aus der Peripherie Europas einmal genauer anschauen. Der Arzt war der Erste, der es wagte, den elitären Herrn trotz seiner diplomatischen Immunität abzutasten. Er tastete mit beiden Händen auf dem sehr ansehnlichen nackten Bauch herum und stellte fest, dass dieser steinhart war. Bei dem Zustand des Bauchs war dem Arzt die Ursache für die Beschwerden des Diplomaten sofort klar. Es folgten ein Druck hier und ein Druck da und plötzlich gab es eine riesige Explosion. Was war das? Ein Terroranschlag oder vielleicht eine explodierende Gasflasche? Nein, Sie werden es schon erraten haben. Es handelte sich um eine ganz natürliche, aber doch ungewöhnlich starke Explosion. Ein Gas hatte sich den Weg ins Freie gebahnt. Der Raum war von einem sehr unangenehmen Geruch ausgefüllt, und der

Patient war urplötzlich absolut beschwerdefrei. Auferstanden von den Toten! Welche Erleichterung! Der Diplomat rührte sich wieder, packte seine Sachen zusammen, bedankte sich sehr höflich und verabschiedete sich mit einem kräftigen Handschlag vom Arzt. Ende gut, alles gut, denken Sie? Für unseren Diplomaten ja, für den Entsendestaat nein. Denn der Rettungseinsatz und der kurze Krankenhausaufenthalt mitsamt allen Untersuchungen wurden dem Staat mit über 20000 Dollar in Rechnung gestellt. Wie Sie sehen, sind auch die Blähungen von Diplomaten eine ganz besondere und nicht ganz billige Angelegenheit.

Wenn man an die ganzen Abendessen bei den Sitzungsmonaten der UN denkt, wenn man an all die Staatsbankette weltweit denkt und an all die offiziellen Dinners, dann fragt man sich: Wie soll man das eigentlich alles essen? Dabei geht es jetzt nicht um die Menge, sondern um die Technik. Wir wollen jetzt also nicht die Füllgröße des Diplomatenmagens unter die Lupe nehmen, die ja bei jedem individuell verschieden ist, sondern die dazugehörige Fülltechnik. Denn es reicht nicht, dass die auserlesensten Köstlichkeiten vor einem auf dem Tisch stehen, sondern die ganzen Delikatessen müssen schließlich irgendwie in den Mund befördert werden. Wer nun denkt: Was soll daran so schwierig sein? Da liegen Gabel und Messer, und los geht's! der mag an seine schlichte Technik am heimischen Esstisch denken. Doch wenn man einmal die Tischdekoration bei einem größeren Bankett betrachtet, dann sieht die Sache schon anders aus. Der ganze Tisch besteht im Grunde nur noch aus Bestecken, Gläsern und Tellern und hinterlässt bei Laien die komplette Verwirrung. Nicht umsonst brauchen die Bediensteten im Buckingham Palast mehrere Tage zum Decken des Tisches. Wo das Auge hinschaut: Nur Silber und Kristall! Der Amateur ist von diesem Angebot schlichtweg überfordert. Da sitzt er beim Staatsbankett vor seinem Teller, rechts und links davon ein Haufen Besteck, oben am Teller glänzt noch mehr Besteck und vor ihm stehen mehrere Gläser. Kein Wunder, dass manch einer so irritiert ist, dass er gar nicht mehr weiß, was er tun soll:

Ein junger Diplomat, der in vielen Fragen der Etikette noch unerfahren war, lernte eine Mitarbeiterin des österreichischen Außenministeriums kennen. Man verstand sich gut, und so kam es, dass er eines Tages sogar mit anderen Gästen bei den Eltern der Diplomatin zum Abendessen eingeladen wurde. Bei der Gastgeberin handelte es sich um eine Prinzessin soundso, ihre Familie gehörte zu den bekanntesten und ehemals bedeutendsten Familien Mitteleuropas. Der junge Diplomat befand sich also in den besten Kreisen der österreichischen Gesellschaft. Es begann mit einer munteren Plauderei während des ausgezeichneten Aperitifs, bevor man sich an die gedeckte Tafel setzte. Die Mutter der Prinzessin bot dem jungen Mann den Platz an ihrer linken Seite an – eine ganz besondere Ehre. Die Prinzessin saß links von ihm, der Vater des Hauses ihm gegenüber. Besser konnte man protokollarisch nicht platziert werden. Als das Essen serviert wurde, begann die Verwirrung: Es waren mehr als sechs Essgeräte um und an den Teller drapiert. Womit anfangen? Wie jeder halbwegs intelligente Mensch versuchte der junge Mann, sich an den Gastgebern zu orientieren. Ein Blick nach rechts zur Mutter: Diese griff zum äußeren Löffel an der rechten Seite des Tellers. Ein Blick geradeaus zum Vater: Dieser griff zum Löffel am oberen Rand des Tellers. In seiner Panik machte es der junge Mann dem Vater nach. Schließlich handelte es sich bei dem Vater um das Familienoberhaupt. Was der macht, kann ja gar nicht falsch sein. Der Diplomat löffelte die Suppe und stellte mit Entsetzen fest, dass alle anderen Gäste der Mutter folgten. Vollends verwirrt war er schließlich beim Abschluss des Essens, dem Nachtisch. Irgendetwas stimmte hier nicht, denn sein großer Löffel war zwischenzeitlich ungenutzt abgedeckt worden, und nun verwendeten alle Gäste bis auf den Vater den kleinen Löffel und die kleine Gabel am oberen Rand des Tellers. Nur der Vater und er verwendeten ausschließlich die kleine Gabel. Aber er wäre kein Diplomat, wenn er sich etwas hätte anmerken lassen. Und so aß er tapfer weiter und war froh, als der kleine Schwarze serviert wurde, wie man in Wien so schön zum Espresso sagt.

Einige Zeit später erzählte er einem protokollarisch versierten Kollegen in der Botschaft von dem Abend, verbunden mit der Frage, ob der Löffel am oberen Rand des Tellers das richtige Instrument zum richtigen Zeitpunkt gewesen sei. Diese Frage quittierte dieser mit einem Lachen und der Bemerkung, dass ihm der Prinz bekannt sei. Und der mache das immer falsch. Man muss sich einfach besteckmäßig von außen nach innen vorarbeiten. Und oben fängt man erst mit dem Dessert an.

Dem Diplomaten war sein Fehler außerordentlich peinlich, dem Vater der Prinzessin hingegen war diese Nebensächlichkeit komplett egal. Der Vater hatte es aber auch leichter als der junge Diplomat. Denn er stand schon aufgrund seines Nachnamens über solchen Dingen und war gegen jeden Verdacht, er kenne die Etikette nicht, erhaben.

Zum Glück für unseren jungen Diplomaten war die Tafeletikette im Hause der Prinzessin aber nicht so streng wie im mittelalterlichen Byzanz. Denn dort konnten fremde Diplomaten, die nicht genügend über die Gewohnheiten bei Tisch informiert waren, in große Bedrängnis geraten. So war es bei Todesstrafe verboten, einen Braten, der aufgetragen wurde, von seinem Platze zu verrücken. Die Todesstrafe ist in Deutschland zum Glück abgeschafft und für das Verschieben eines auf dem Tisch stehenden Bratens gibt es meiner Kenntnis nach sogar weltweit keine Todesstrafe mehr.

Alles eine Frage des Protokolls

»Wer führt heute eigentlich das Protokoll?«

Das ist die übliche Situation im Job, dieser schreckliche Moment, in dem der Chef bei einer Besprechung genau diese Frage stellt. Auf die Frage meldet sich natürlich niemand, sondern alle schauen betreten auf den Boden oder blättern noch einmal ganz emsig in ihren Papieren. Selbstverständlich hofft jeder, dass der Protokoll-Kelch an ihm vorübergeht. Diplomaten geht es da ganz anders. Auf die Frage: »Wer macht heute das Protokoll?« lehnen sich Diplomaten ganz entspannt zurück und antworten: »Das Protokoll wird heute von der Protokollabteilung gemacht. So wie jeden Tag.« Allerdings kümmert sich diese Abteilung um ein ganz anderes Protokoll, ein Protokoll, das ganz und gar nicht langweilig ist.

Das Wort leitet sich aus dem französischen Wort ›Protocole‹ ab, was so viel heißt wie ›eine Sammlung von Regeln‹. Und genau das ist das diplomatische Protokoll: Es regelt die Etikette zwischen offiziellen Vertretern verschiedener Staaten. Das ist aber noch nicht alles. Denn zur Etikette kommen auch noch andere Aufgaben und die beschreibt das Auswärtige Amt auf der eigenen Webseite so:

> Neben der Organisation von Staatsbesuchen […]
> organisiert […] das Protokoll auch Auslandsreisen
> des Bundespräsidenten, der Bundeskanzlerin und
> des Bundesaußenministers […] von der Einladungs-

liste über die Zusammenstellung der Menüs bis hin zum Blumenschmuck und der Auswahl eines musikalischen Rahmenprogramms [...] Die Experten des Protokolls kümmern sich um die Auswahl von Geschenken, die kalligraphische Gestaltung von Menükarten, Veranstaltungsprogrammen und Einladungskarten [...]

Mit welchen Schwierigkeiten das Protokoll sonst noch zu kämpfen hat, merken die Beteiligten vor allem dann, wenn es um die Organisation großer Veranstaltungen geht. So hat die Protokollabteilung des Auswärtigen Amtes Ende 2011 die große Afghanistankonferenz in Bonn mit ca. 1200 Delegierten organisiert. Diese Größe erreicht auf Regierungsebene nur die UN-Generalversammlung. In der Mitarbeiterzeitung des Auswärtigen Amtes *InternAA* vom Februar 2012 können wir in dem Bericht des stellvertretenden Leiters des Protokolls einen Blick hinter die Kulissen der Konferenz werfen:

Der Arbeitsstab des Konferenzprotokolls atmet auf: Die letzten turbulenten 24 Stunden vor der Konferenz konnten trotz unzähliger Last-Minute-Änderungen (»Please note that our delegation arrives earlier/later and has changed its composition«, »We need more badges, hotelrooms and cars ...«) gemeistert werden, die einjährige Vorbereitungsphase hat sich ausgezahlt. Mittlerweile sind fast 1200 Delegierte mit Regierungsmaschinen oder Linienflügen in Bonn, Frankfurt oder Düsseldorf eingetroffen, von den Protokollbegleitern abgeholt und nach Bonn gebracht worden, wo die »Hotelsäule« des Arbeitsstabs die Unterbringung organisiert hat. [...] Über 200 Konferenzhelfer [...] trugen dazu bei, dass durch ein ausgeklügeltes System die

100 Delegationen tatsächlich »just in time« zum Empfang auf dem Petersberg eintrafen, auch wenn zahlreiche Delegationen erst kurz vor dem Abendessen in Bonn landeten. Am nächsten Morgen mussten alle Konferenzteilnehmer mit 400 Fahrzeugen innerhalb des vorausberechneten Zeitkorridors von 45 Minuten am Konferenzzentrum eintreffen, damit der Außenminister und sein afghanischer Amtskollege die Delegationsleiter auf der vom Pressereferat gemanagten Bildposition ohne zeitliche Lücken »medienöffentlich« begrüßen konnten. Kurz vor Konferenzbeginn fährt Präsident Karsai vor, wird von der Bundeskanzlerin und unserem Minister begrüßt und in den Plenarsaal geleitet […] Derweil überarbeiten Protokoll und Arbeitsstab […] nochmals fieberhaft die Rednerliste (»Why has Ruritania a much better slot than Laconia?«, »My principal has to leave earlier and requests to reschedule his intervention«), während die Delegationsbetreuer ihre Delegationen zu den Konferenzterminen führen, Termine vereinbaren und Konferenzunterlagen beim »Documentation Centre« abholen. Am »Help desk for bilateral meetings« herrscht hektische Aktivität: »Wo ist die kasachische Delegation – AM [Außenminister] Juppé wartet bereits; kann China das Bilat mit Indien tauschen, wo finde ich Meetingroom No. 18?« Die US-Delegation hat sich über Nacht um weitere Delegierte vermehrt und benötigt »urgently additional badges«. Für den Minister müssen kurzfristig weitere bilaterale Gespräche vereinbart werden, da zur Finalisierung des Schlussdokumentes eine Abstimmung auf Ministerebene mit »key partners« erforderlich ist. Meine US-Protokollkollegin will das Teilnehmerformat für ein 3-minütiges

»walk & talk« der Secretary of State erneut ändern. Mittlerweile überziehen immer mehr Delegationsleiter die vorher im Einvernehmen mit dem afghanischen Vorsitz festgelegte Redezeit von drei Minuten. Erneut muss die Rednerliste geändert werden. Wir rechnen nach: Wie viele Redner können wir noch zulassen, wenn BM [Bundesaußenminister] und Präsident Karsai um 16:00 Uhr die Konferenz zum Abschluss bringen wollen? Wie kommunizieren wir das den Delegationen?

Die [...] Konferenz ist das Ergebnis eines konzertierten Vorbereitungsprozesses [...] Die Delegationsbetreuer kommunizierten über Monate weltweit rund um die Uhr mit den Delegationen, die zahlreiche Sonderwünsche in Bezug auf ihre Akkreditierung, Programm, Unterbringung, Reisepläne und Sicherheitsanforderungen hatten. Mit dem Ministerbüro wurde das Gesamtkonzept der Konferenz abgestimmt und ein BM-Programm ausgearbeitet, mit den Kollegen vom Pressereferat das Konferenz- mit dem Medienprogramm abgestimmt. In Bonn wurde zudem eine komplexe technische Konferenzinfrastruktur für die Delegierten und Pressevertreter geschaffen. Über 100 Konferenzhelfer, die die Delegationen als »Liaison Officer« begleiteten, wurden angeworben und eingewiesen. Die Konferenz stellte vor dem Hintergrund der Lage in Afghanistan eine besondere Herausforderung für die Sicherheitsbehörden dar [...]

Schon beim Lesen dieser Beschreibung wird man ganz nervös und merkt wie der Blutdruck steigt. Im Fernsehen sieht das alles immer so einfach aus: Die dunklen Limousinen fahren vor, Diplomaten steigen aus und verschwinden in einem

Gebäude. Irgendwann kommen sie wieder heraus, geben ein kurzes Statement vor der versammelten Presse ab, steigen ins Auto und brausen davon. An der Beschreibung sieht man, wie viel Arbeit tatsächlich in der Organisation solcher Veranstaltungen steckt. Und das Beruhigende ist, dass es bei all diesen Sitzungen dann doch immer irgendeinen Diplomaten gibt, an dem das Führen des Protokolls, wie man es selber kennt, hängenbleibt.

1200 Delegierte! Ein wahrer Drahtseilakt: Jeder Teilnehmer möchte genauso eine VIP-Behandlung bekommen wie der andere. Jeder möchte ein Statement abgeben, und jeder möchte wahrgenommen werden. Bei so vielen Delegierten grenzt es an ein Wunder, wenn keine größeren Malheurs passieren. Und die Protokollabteilung des Auswärtigen Amtes macht solche Wunder möglich.

Bei kleineren Veranstaltungen hingegen ist es kein Wunder, sondern eine Selbstverständlichkeit, dass alles glattläuft. Genau das wird erwartet, und faule Ausreden für den Fall, dass doch einmal etwas schiefgeht, werden nicht akzeptiert. Von den Mitarbeitern des Protokolls wird daher bei jeder Veranstaltung, ob groß oder klein, größte Wachsamkeit verlangt. Und das nicht etwa, weil man befürchten müsste, Diplomaten würden sich bei Veranstaltungen danebenbenehmen und müssten vor sich selbst geschützt werden. Nein! Bekanntermaßen benehmen sich Diplomaten fast nie daneben, es sei denn, sie stehen unter dem Einfluss großer Mengen Alkohols. Es geht vielmehr um die unglaubliche Sensibilität von Diplomaten hinsichtlich ihres Ranges. Kein anderer sieht so genau hin, wenn es heißt: Du setzt dich da hin, und der setzt sich dort hin. Diplomaten haben einen siebten Sinn dafür, ob der ihnen zugewiesene Platz gut, schlecht, mittelgut oder mittelschlecht ist. Vor allem aber bemerken sie sofort, wenn etwa ein anderer eingeladener Diplomat besser platziert ist. Und sollte der besser platzierte Diplomat dann auch noch den gleichen Rang bekleiden, fangen die Probleme erst richtig an. Denn so eine kleine Unachtsamkeit wie die ungerechtfertigte Schlechter-Platzierung kann zu bösen Verstimmungen unter ganzen Nationen führen. Verstimmungen? Das wäre noch harmlos. Früher führte so etwas zu Mord und Totschlag und im Zweifel sogar zu Kriegen:

Der Papst hatte im 16. Jahrhundert eine Rangtafel der Herrscher aufgestellt, um die seit ewigen Zeiten schwelenden Rangstreitigkeiten ein für alle Mal zu besiegeln. Ranghöchster war damals der deutsche Kaiser, dann kam der König von Frankreich und direkt danach der König von Spanien. Das südländische Temperament der Spanier aber kochte vor Wut darüber, dass der Papst sie im Range erst nach Frankreich eingeordnet hatte. Sie nutzten jede Gelegenheit, um den Franzosen diesen Rang streitig zu machen.

So kam es in London am Vormittag des 30. September 1661 zu einer tumultartigen Straßenszene: Die Kutsche des spanischen Gesandten drängelte sich auf dem Weg zu einem Empfang sehr undiplomatisch vor die Kutsche des französischen. Mit Mühe verhinderte der französische Kutscher, dass seine Kutsche mitsamt dem Botschafter und seiner Perücke in den Straßendreck kippte. Wutentbrannt stürmten die Franzosen, die gut bewaffnet waren, aus den Begleitkutschen und machten sich über die Spanier her. Die übliche Höflichkeit des diplomatischen Parketts verwandelte sich in eine wüste und ordinäre Schlägerei. Die Spanier aber nutzten das allgemeine Getümmel, um die Pferde der französischen Botschafterkutsche zu massakrieren. Angehörige der Delegation des französischen Botschafters, die sich den Spaniern in den Weg stellten, wurden gleich mit erledigt. Damit lagen nicht nur die ersten Toten auf der Straße, sondern die französische Kutsche war bewegungsunfähig und kippte sogar mitsamt dem Botschafter in den Straßendreck. Währenddessen ließ sich der spanische Botschafter in aller Ruhe zum Empfang kutschieren und teilte dem Gastgeber in formvollendeter Höflichkeit mit, dass der französische Botschafter leider nicht teilnehmen werde. Er prügele sich lieber mit Lakaien, als zum Empfang zu kommen. Während der spanische Botschafter seelenruhig am ersten Champagnerglas nippte, eskalierte die Situation auf der Straße. Blanke Klingen blitzten auf, und es entflammte ein blutiger Kampf. Die Spanier aber behielten die Oberhand. Sie hatten bereits im Vorfeld zahlreiche »Schaulustige« bestochen, die plötzlich von allen Seiten in den Kampf eingriffen. Schließlich blieben auf der Straße mehrere Tote zurück. Dieser sogenannte »Kutschenstreit«, von den Franzosen auch »Guerre de préséance« (Krieg über den Vortritt) genannt, führte in der Folge fast zu einem Krieg zwischen beiden Staaten.

Was niemand wusste war, dass sich der damalige französische Herrscher Ludwig XIV. genau solch einen Streit gewünscht hatte. Er reagierte bei der Nachricht von dem Streit und den toten Landsleuten mit der sofortigen Ausweisung des spanischen Botschafters aus Paris. Gleichzeitig beorderte er den französischen Botschafter in Spanien nach Paris zurück. Das war aber noch nicht alles: Er forderte eine öffentliche Entschuldigung des Königs von Spanien und die endgültige Anerkennung des uneingeschränkten diplomatischen Vorrangs Frankreichs vor Spanien. Für den Fall, dass Spanien diese Anerkennung versagen sollte, drohte er ganz offen mit Krieg. Nur zu gut wusste er, dass Spanien zahlungsunfähig war und sich einen Krieg nicht leisten konnte. Der Zeitpunkt war perfekt gewählt. Spanien gab nach und erkannte die Forderungen an. Mit diesem Paukenschlag meldete sich der Sonnenkönig auf der europäischen Bühne und machte die Stellung Frankreichs gegenüber allen europäischen Mächten klar.

Fragen des Ranges wurden also früher weniger mit diplomatischer Zurückhaltung als vielmehr mit roher Gewalt gelöst. Einmal reichte aber auch ein Ohnmachtsanfall zur Klärung der Rangfrage: Beim protokollarischen Dienst weiß man sich heute noch die alte Geschichte von einem französischen Gesandten zu erzählen, der bei einem Bankett seinen spanischen Rivalen auf dem ihm zustehenden Platz vorfand. Statt mit einem lautstarken Streit für Unruhe zu sorgen, täuschte der Franzose einen Ohnmachtsanfall vor und fiel zu Boden. Als die neben ihm stehenden Personen, auch der Spanier, zu Hilfe eilten, sprang der französische Diplomat blitzschnell auf und besetzte den frei gewordenen Platz des Spaniers. In der Grundschule nannte man dieses Spiel »Weggegangen, Platz vergangen«. Nun könnte man meinen, der französische Diplomat habe sich von seinen ureigensten Interessen leiten und die Würde seines Amtes vergessen lassen. In diesem Falle hat aber der Gesandte in Wirklichkeit sehr im Sinne beider Länder gehandelt. Denn im Zusammenhang mit der oben beschriebenen Fehde zwischen Spanien und Frankreich wird klar, dass das Vortäuschen eines Ohnmachtsanfalls eine ebenso spontane wie ausgefuchste Deeskalationsstrategie war, die in ihrer Gewaltfreiheit vielleicht sogar Leben gerettet hat. Trotz der Gewaltfreiheit muss auch außerhalb der Welt der Diplomatie nur dringend von einer Nachahmung abgeraten werden. Denn ein solches Verhalten wäre heutzutage weder zeitgemäß noch einem Diplomaten oder überhaupt einem Gast angemessen.

Um die Frage des Ranges gab es ein jahrhundertlanges Gerangel, ein Hauen und Stechen, und zum Schluss herrschte ein unübersehbares Wirrwarr an internationalen Hierarchien. Das war selbst für die damals Beteiligten irgendwann zu viel. Auf dem Wiener Kongress 1815 machten die Teilnehmer endgültig Schluss mit dem Hin und Her. Die Schlussakte des Kongresses enthielt ein verbindliches Reglement über den Rang der diplomatischen Vertreter untereinander. Heute ist die Frage des Ranges durch ein internationales Übereinkommen geregelt, das Wiener Übereinkommen über diplomatische Beziehungen. Das Übereinkommen ist von mehr als 174 Staaten unterzeichnet worden, gilt also fast weltweit.

Heutzutage sind es nur die protokollarischen Schwierigkeiten, die bei Staatsbesuchen gelöst werden müssen und zu Verstimmungen führen können. In früheren Zeiten aber konnte Gefahr für Leib und Leben bestehen, wenn sich Herrscher trafen. Aus diesem Grunde haben sich Könige nicht befreundeter Staaten oft nur auf neutralem Terrain getroffen. So wie es Zar Alexander I. und Napoleon Bonaparte beim Abschluss des Friedens von Tilsit 1807 taten. Sie trafen sich auf einem Floß in der Mitte des Flusses Memel, und zwar unter anderem deshalb, weil jeder der beiden Angst davor hatte, vom anderen entführt zu werden. Ihre diplomatischen Berater schlugen zur Lösung dieser Problematik ein Treffen auf dem Floß vor. Heutzutage entführen sich Staatsoberhäupter im Regelfall nicht mehr gegenseitig. Und wenn sie das tun, dann befördern sie ihr Gegenüber selbstverständlich standesgemäß im Diplomatengepäck. So wie es 1984 Agenten des nigerianischen Geheimdienstes mit dem ehemaligen nigerianischen Transportminister Umaru Dikko versuchten. Dikko wurde vorgeworfen, Staatsgelder in die eigene Tasche gewirtschaftet zu haben. Er befand sich nach einem Militärputsch sicherheitshalber im Londoner Exil und genoss seinen ergaunerten Reichtum. Viel Geld hin oder her, eines Tages fand er sich im Kofferraum eines Autos wieder. Er hatte den Fehler gemacht, zu einem falschen Zeitpunkt vor sein Haus auf die Straße zu treten. Denn dort hatten seine Entführer nur auf ihn gewartet, setzten ihn mit einer Betäubungsspritze außer Gefecht, sperrten ihn in den Kofferraum ihres Autos und fuhren mit ihrem wertvollen Gepäck in Richtung Flughafen. Und damit wurde ein ganz neues Kapitel in der Kulturgeschichte des Diplomatengepäcks aufgeschlagen.

Beim Stichwort Diplomatengepäck stellt sich der Laie jetzt vielleicht den herkömmlichen Diplomatenkoffer vor, den er tagtäglich mit dem Auto oder Fahrrad in sein Büro befördert. Die Realität sieht allerdings komplett anders aus. Denn mit dem Begriff Diplomatengepäck ist nicht nur das persönliche Gepäck eines Diplomaten gemeint, sondern auch die für eine Auslandsvertretung bestimmte Fracht. Und dieses Diplomatengepäck besteht nicht etwa aus einem Koffer, sondern üblicherweise aus einem riesigen Sack, der aus sehr festem Segeltuch besteht. Die Engländer nennen das Gepäck daher auch *diplomatic bag*. Dieser Sack muss mit einem offiziellen Siegel oder einer Etikette gekennzeichnet sein – nur dann gilt er gemäß der ›Wiener Konvention über diplomatische Beziehungen‹ als Diplomatengepäck und darf weder geöffnet noch zurückgehalten werden. Allerdings steht in der Konvention auch, dass das Diplomatengepäck nur diplomatische Schriftstücke oder für den amtlichen Gebrauch bestimmte Gegenstände enthalten darf. Diese für Außenstehende fast immer sehr langweiligen Schriftstücke wären hier keiner Zeile wert, wenn das Diplomatengepäck manchmal nicht auch andere Dinge enthielte: Drogen, Kunstwerke, Diamanten, Waffen, Spionagetechnik oder … Menschen.

Zum Pech der Entführer war die Sekretärin des Herrn Dikko Zeuge der Entführung geworden und hatte sofort die Polizei alarmiert. Das Sicherheitspersonal an den Flughäfen war angewiesen, besonders achtsam zu sein, und der Zoll sollte sich nach verdächtiger Fracht umsehen. Die Behörden wurden schnell fündig. Auf dem Flughafen London-Stansted stand eine Maschine der Nigerian Airways auf dem Rollfeld, die leer aus Lagos eingeflogen war, um in London gemäß der Frachtpapiere angeblich 1,5 Tonnen Catering-Equipment aufzunehmen. Das alles machte Scotland Yard sehr stutzig. Warum fliegt ein leeres Flugzeug von Lagos nach London? Warum wird nur eine 1,5-Tonnen-Fracht aufgenommen, obwohl ein Flugzeug dieser Art üblicherweise sogar bis zu vierzig Tonnen Fracht befördert? Dieses Flugzeug stand ab sofort unter genauer Beobachtung, und die Polizisten mussten nicht lange warten.

Gegen 15 Uhr teilten die Frachtagenten der Nigerian Airways den britischen Zollbeamten mit, dass man noch zwei größere Stücke Diplomatengepäcks als Fracht aufnehmen werde. Nicht einmal eine Stunde später fuhr auch schon ein weißer Transporter mit abgedunkelten Fensterscheiben auf das Flughafengelände, eskortiert von zwei schwarzen Mercedes-Limousinen. Die beiden »Gepäckstücke« maßen je 1,2 Meter in der Höhe, 1,2 Meter in der Tiefe und 1,5 Meter in der Breite – es handelte sich um zwei in großer Eile zusammengezimmerte Holzkisten. In das Holz auf der Oberseite waren kleine Löcher gebohrt, so wie das beim Transport von Lebewesen üblich ist. Ein solcher Anblick ist für Zollbeamte noch nicht einmal ungewöhnlich, ungewöhnlich war aber der bestialische Gestank nach Chemikalien.

Dieser beißende Geruch stammte vom Betäubungsmittel Sodium Thiopental, was die Beamten zu dem Zeitpunkt natürlich nicht wissen konnten. Den Zollbeamten und den sofort herbeigerufenen Ermittlern von Scotland Yard war aber relativ schnell klar, dass es sich bei den Entführern um absolute Anfänger handelte: Das angebliche Diplomatengepäck wies nämlich kein offizielles Siegel auf, und auch die im Mercedes vorgefahrenen Begleitpersonen konnten sich nicht als diplomatische Kuriere ausweisen. Beides wäre aber notwendig gewesen, um die Kisten unter den Schutz offiziellen Diplomatengepäcks stellen zu können. Sehr schnell und sehr undiplomatisch öffneten die Polizisten mit einem Brecheisen die erste Holzkiste und befreiten den Mann, der da zusammengekrümmt und gefesselt in der Kiste lag. Herr Dikko war bewusstlos und lag mit nacktem Oberkörper auf dem Boden der Kiste. Neben ihm kauerte ein zweiter Mann, der einen ganzen Vorrat an Spritzen und Sodium Thiopental dabei hatte. Wäre Dikko während des Fluges erwacht, wäre gleich die nächste Ladung Betäubungsmittel fällig gewesen. Beim Aufbrechen der anderen Kiste kamen zwei weitere Männer zum Vorschein, bei denen es sich um weitere Entführer handelte. Diese beiden Männer waren aber keineswegs Nigerianer, sondern Agenten des israelischen Geheimdienstes. Was zum Teufel hatten denn die Israelis mit dieser Sache zu tun? Das ist eine der Fragen in der Geschichte der Diplomatie, die tatsächlich bis heute ungeklärt sind und sich wahrscheinlich nie klären werden.

Die Dosis Betäubungsmittel war so stark, dass Herr Dikko erst am Mittag des nächsten Tages wieder zu Bewusstsein kam. Er erlitt infolge der hohen Dosis des Medikaments bleibende Lähmungen. Kein Wunder. Denn in den USA wird Sodium Thiopental bei der Vollstreckung von Todesurteilen mittels der Giftspritze eingesetzt.

Dieser Fall des Abtransports des ehemaligen Transportministers im Diplomatengepäck ist ein Musterbeispiel für die Dreistigkeit, mit der diplomatische Privilegien teilweise missbraucht werden. In ihrer Ruchlosigkeit erinnert diese besondere Tat eher an die Renaissance als an die heutige Zeit. Aber im Grunde kann man wohl sagen, dass Herr Dikko Glück gehabt hat: Er wurde wenigstens als diplomatisches Stückgut und nicht als Teilgut zum Abtransport bereitgestellt.

Einmal abgesehen von einem solch ungewöhnlichen Stückguttransport als Methode der Entführung, wird heutzutage auf dem diplomatischen Parkett kaum noch Gewalt angewendet. Insbesondere bei der Frage des Ranges wird in der Regel nicht mehr geschossen oder geschlagen. Trotzdem wird aber im Zweifel auch heute noch die Ehre eines Gastes und somit einer ganzen Nation verletzt, wenn der Rang eines Diplomaten nicht beachtet wird. Stellvertretend für alle Diplomaten kann man dazu einen venezianischen Gesandten aus dem 16. Jahrhundert zitieren. Dieser fühlte sich von Kaiser Karl V. im Rang zurückgesetzt. Dazu äußerte er, der Kaiser möge ihn lieber enthaupten lassen, als ihm seine Ehrenrechte zu verkürzen; sein Tod beraube die Vaterstadt nur um einen Mann, seine Zurücksetzung aber ihrer Ehre.

Das galt vor über vierhundert Jahren genauso wie heute; im übertragenen Sinne natürlich. Denn ich glaube nicht, dass der deutsche Botschafter in Washington sich heute unbedingt enthaupten lassen wollte, wenn sein französischer Kollege bei einem Bankett im Weißen Haus entgegen den Reglements besser platziert würde. Wegen dieser ganzen Schwierigkeiten zittern die Gastgeber zwischenstaatlicher Veranstaltungen vor den Protokollfragen und übertragen die Verantwortung den Profis in der Protokollabteilung. Und jeder, der einmal im größeren Kreise geheiratet hat, kennt dieses Zittern und weiß wovon ich spreche.

Trotzdem ist es irgendwie beruhigend, dass zumindest der Grundsatz bei Sitzordnungen ganz einfach ist. Denn wesentlich für die Sitzordnung ist die Frage des Ranges. Der Höherstehende bekommt den besseren Platz zugewiesen. Was tut man aber, wenn dem Protokoll ein fataler Fehler unterlaufen ist, und man nicht die im Rang hochstehende erwünschte ehemalige Ministerin, sondern stattdessen eine völlig unbedarfte Rentnerin selben Namens zum Staatsbankett eingeladen hat? Und schlimmer noch, diese Rentnerin der Einladung sogar gefolgt ist? Genau das passierte neulich bei der Einladung zu einem Staatsbankett in Schweden. Da stand nun diese Rentnerin, selbst unendlich verwirrt und für alle anderen ebenfalls verwirrend, mitten im Saale wie bestellt und nicht abgeholt. Die Mitarbeiter des Protokolls bekamen Schweißausbrüche, und Panik machte sich breit. Soll man diese Person rauswerfen, also diplomatisch ausgedrückt hinauskomplimentieren? Was, wenn die Rentnerin eine Szene macht? Nun hieß es für die Mitarbeiter des Protokolls:

Ruhe bewahren und die Flucht nach vorn antreten. Der Protokollchef informierte die Gastgeberin, in diesem Fall die schwedische Umweltministerin, über den Fauxpas und fragte, was man tun solle. Die Ministerin tat das einzig Sinnvolle. Sie begrüßte die Rentnerin persönlich und teilte ihr mit, dass man sie aufgrund einer Namensverwechslung eingeladen habe. Sie, also die Ministerin, würde sich aber sehr freuen und eigentlich sogar darauf bestehen, dass die Rentnerin zum Essen bleibe. Die Rentnerin wusste gar nicht, wie ihr geschah. Sie hatte noch nie in ihrem ganzen Leben ein so schönes und elegantes Essen erlebt. Nach dem Essen lud die Ministerin die beglückte Rentnerin sogar noch zu dem traditionellen Gruppenfoto ein. Eine geschicktere Reaktion ist eigentlich kaum vorstellbar. Die Rentnerin war selig und wird noch ihren Enkelkindern von dem schönen Abend bei der Umweltministerin mitsamt den anwesenden höflichen Diplomaten erzählen. Es ist allerdings anzunehmen, dass das Protokoll hier vor dem Beginn des Essens noch eine kurzfristige Änderung der Sitzordnung vorgenommen hat. Und anzunehmen ist auch, dass der Mitarbeiter des Protokolls, der diesen Fehler verbockt hatte, am nächsten Tag oder vielleicht sogar noch am selben Abend einen Kopf kürzer gemacht wurde.

Getreu dem Motto *Nichts ist beständiger als der Wandel*, kann sich die Frage nach dem besten Platz aber auch sehr schnell relativieren. Der Wandel bei dem folgenden Dinner war nämlich sicher schneller und überraschender, als es manchen Diplomaten lieb war. In diesem Tempo erfindet sich die Sitzordnung ganz schnell immer wieder neu:

Der britische Botschafter im Paris der dreißiger Jahre war ein Aristokrat alter Schule. Ihm machte es das größte Vergnügen, seine französischen Kollegen mit erlesenen Abendessen zu unterhalten. Seine Dinnerpartys waren exquisit, nicht nur vom Essen und den Weinen her, sondern auch vom ganzen Ambiente. Es war einfach alles perfekt. Der Grund dafür lag nicht etwa in dem Organisationstalent und dem guten Händchen seiner Frau. Ganz im Gegenteil. Diese Partys führte er immer nur dann durch, wenn seine Frau gerade nicht im Hause war. Seine Frau galt nämlich, diplomatisch ausgedrückt, als Exzentrikerin oder, für damalige Verhältnisse, als etwas unkonventionell. Eines Tages waren die Vorbereitungen für ein solches Dinner wieder einmal voll im Gange. Der Tisch war bereits prächtig geschmückt: Die Blumen, das Silber und die übrige Tischdekoration waren perfekt aufeinander abgestimmt und das Arrangement einfach grandios. Der Herr des Hauses überprüfte noch einmal die letzten Details und freute sich an dem Anblick dieses kleinen Kunstwerks. Plötzlich stand völlig unerwartet seine Frau in der Tür. Mit ihrer Rückkehr hatte er so schnell gar nicht gerechnet und war einigermaßen überrascht. Sie stand nun also in der Tür und schaute mit offenem Mund fassungslos auf den Tisch. Sein Strahlen verebbte beim Anblick seiner Frau, da er genau wusste, was jetzt passieren würde. Beide standen einige Sekunden schweigend da und aus seinem bittenden Blick sprach nur: Bitte tu jetzt nichts!

Sein Flehen wurde leider nicht erhört. Sie sagte: »So geht das nicht! Zumindest nicht in meinem Haus! Das ist einfach langweilig! Alles muss weg und anders gemacht werden!«

Gesagt, getan. Sie packte selbst mit Hand an und warf die wunderschönen Blumengestecke kurzerhand in die Mülltonne. Die gesamte Dekoration des Tisches wurde abgebaut, bis nur noch die Platzteller, das Besteck und die Gläser übrig blieben. Es war plötzlich sehr übersichtlich geworden auf dem Tisch. Von der liebevollen Deko war nichts mehr vorhanden. Stattdessen suchte sie ein paar kleine fingergroße Steine aus dem Garten und arrangierte diese in der Mitte des Tisches zu einem Oval.

»So, jetzt sieht das Ganze schon viel besser aus!«, das waren ihre Worte. Der Botschafter stand hilflos daneben und ergab sich seinem Schicksal. Dieses nahm unaufhaltsam seinen Lauf und würde noch die eine oder andere unerwartete Wendung nehmen. Es sollte ein denkwürdiger Abend werden. Das Essen ging problemlos über die Bühne, es war exzellent wie immer, und die Gäste waren zufrieden. Die Ehefrau hielt sich mit ihrer gewohnten Exzentrik zurück und war eine glänzende Unterhalterin. Alles lief in dem Rahmen ab, den die diplomatischen Gäste gewohnt waren. Nach dem Essen ging es zum gemütlichen Teil des Abends über. Üblicherweise, das heißt, wenn die Frau des Botschafters nicht anwesend war, drapierten sich die Gäste anschließend im Wohnzimmer auf die Sessel und Sofas, um noch einen Mokka und etwas Kognak zu trinken. Da hatten die Gäste aber für den heutigen Abend die Rechnung ohne die Wirtin gemacht, denn die hatte etwas völlig anderes geplant. Das wussten die Gäste allerdings nicht, und es sollte eine große Überraschung werden. Als die Gäste in Richtung Wohnzimmer aufbrechen wollten, stoppte sie die Gesellschaft lautstark und kündigte vor dem Kaffee noch ein Gesellschaftsspiel an. Die Gäste schauten sich etwas irritiert an. Das größte Fragezeichen aber konnte man im Gesicht des Botschafters lesen. Jetzt hieß es: Wir werden nun *Die Reise nach Jerusalem* spielen. Die Gäste kannten dieses Spiel. Allerdings hatten sie es das letzte Mal in ihren Kindertagen gespielt. Bei einigen Gästen war das über sechzig Jahre her. Die Botschafterin aber war voller Elan und nicht mehr aufzuhalten. Niemand wagte einen Widerspruch, am wenigsten ihr Mann. Sie hatte bereits den Musikanten auserkoren, der auf dem Piano spielte, bis er von der Gastgeberin einen Klaps auf die Schulter bekam. Und schon marschierten die Gäste los, immer im Kreis um die Stühle, während der Klavierspieler einen Walzer von Strauß spielte. Als die Musik stoppte, versuchten sich die Gäste streng nach diplomatischem Protokoll so zu sortieren, dass der Ranghöchste den ersten Platz erhielt und sich alle anderen drumherum drapierten. Das war zwar aus Sicht eines Diplomaten richtig, bei der *Reise nach Jerusalem* jedoch falsch! Nach einer strengen Ermahnung der Gastgeberin ging es von vorne los, und jetzt erinnerten sich die Gäste wieder ganz deutlich an ihren letzten Kindergeburtstag; damals hatten sie das Spiel allerdings nicht im Smoking gespielt. Die feine Gesellschaft war dann doch recht schnell wieder auf dem Niveau des letzten Kindergeburtstages angekommen. Es wurde unter Einsatz von Ellbogen, Händen und Füßen um die Plätze gekämpft, und die Gäste amüsierten sich königlich. Zwar war diese Kinderei allen auch irgendwie peinlich, aber das schweißt ja bekanntlich zusammen. Nachdem der letzte Platz genommen war und der Sieger feststand, klatschten alle in die Hände, und man konnte belustigt und gutgelaunt den Mokka genießen.

Im privateren Diplomatenkreis ist die *Reise nach Jerusalem* trotz ihrer Ähnlichkeit mit dem diplomatischen Nomadenleben zwar ungewöhnlich, hat aber sicher großen Unterhaltungswert. Bei offiziellen Banketten ist so etwas natürlich nicht denkbar. Obwohl der Vorteil auf der Hand liegt: Die Platzierung der Gäste ändert sich schnell und überraschend. Eine Sitzordnung unter Einhaltung der Regeln des internationalen Protokolls nach dem Rang der Gäste ist bei einer solchen Platzwahl überflüssig. Und das Problem eines langweiligen Tischnachbarn erledigt sich auch relativ schnell.

Wie gut, dass es heutzutage die ausgefuchsten Protokollabteilungen gibt, die sich um all diese Fragen kümmern. Und bei aller Ernsthaftigkeit der Platzierungsfragen legen Diplomaten auch hier ihren gewohnten Galgenhumor an den Tag, sodass die Problematik der Sitzordnung intern gerne auch als Gesäßgeographie bezeichnet wird. Das trifft die Thematik eigentlich sehr gut. Aber wie sieht denn nun die internationale Gesäßgeographie aus?

Wie oben bereits erwähnt, sitzt der ranghöchste Gast dem Gastgeber am nächsten. Und nun kommt die alles entscheidende Frage: Wer ist denn ranghöher? Der französische oder der britische Botschafter? Der polnische oder der tschechische Botschafter? Der indische oder chinesische Botschafter? Ist der chinesische Botschafter ranghöher als der britische Botschafter? Und ist der Botschafter Papua-Neuguineas im Rang höher einzuordnen als der zweite Mann an der Botschaft Spaniens?

Grob zusammenfassend kann man sagen, dass sich der Rang nach dem Dienstgrad der Person richtet. Ein Botschafter steht rangmäßig über dem Gesandten, dieser wiederum steht rangmäßig vor dem Botschaftsrat und so weiter. Der Rang innerhalb derselben Dienstgradstufen wiederum richtet sich bei den Botschaftern nach dem Tag der Akkreditierung, also dem Tag der Übergabe des Beglaubigungsschreibens. In der diplomatischen Welt wird das allseits bekannte Bibelzitat »Die Letzten werden die Ersten sein« offensichtlich konterkariert, und es gilt der Leitspruch: »Die Ersten werden die Ersten sein«. Aber das sind nur die Ränge unter den Diplomaten. Hinzu kommen noch die Abstufungen innerhalb und außerhalb des Kreises der sonst noch anwesenden Würdenträger. Und spätestens dann fängt es an, bei der Sitzordnung richtig unübersichtlich zu werden.

Wenn es aber dann gar nicht mehr anders geht, wird die Platzierung auch einmal ausgelost oder im Wechsel alphabetisch zugeordnet. So handhaben es beispielsweise die Vereinten Nationen in ihrer Sitzungszeit. Die Sitzverteilung erfolgt dadurch, dass der Platz vorne links einmal im Jahr ausgelost wird, ab dort geht es im Uhrzeigersinn alphabetisch weiter.

Zur Verdeutlichung der Rangfolge zum Schluss noch ein Besuch auf einem Ball zur Kaiserzeit im Berliner Schloss:

Solange der Ball dauerte, blieben der Kaiser und die Kaiserin nebeneinander stehend auf einem Podium unter einem Traghimmel, in deren Hintergrund die zwei Throne sichtbar waren. Rechts vom Kaiser war das Diplomatische Korps, links von der Kaiserin waren die hohen Würdenträger des Reiches. Die österreichisch-ungarische Botschafterin und der Doyenne des Korps standen neben dem Kaiser. Die anderen Botschafterinnen folgten, placiert nach dem Datum, an dem ihre Gatten die Kreditive überreicht hatten. Hinter ihnen standen die Töchter und die Gattinnen der Sekretäre. Botschafter und Gesandte standen rechts von den Damen.

Die Frage des Ranges wäre also geklärt. Trotzdem ist das mit dem Respekt und dem jeder Person zustehenden Rang so eine Sache, und manch einer greift da durchaus mal zur Selbsthilfe, wenn er meint, zu Unrecht zurückgesetzt worden zu sein. Ein französischer Gesandter im 18. Jahrhundert betrat eine Kirche, um den Gottesdienst zu besuchen. Er grüßte den kaiserlichen Botschafter und setzte sich einige Bänke hinter ihn. Die Kirche füllte sich nach und nach. Plötzlich erschien auch der russische Botschafter und grüßte höflich. Statt sich in eine der hinteren Bänke einzusortieren – wie es seinem Rang gebührt hätte –, setzte er sich direkt neben den kaiserlichen Botschafter und saß somit einige Bänke vor dem Franzosen. Die Russen galten damals noch als Emporkömmlinge, und der Franzose war über dieses Verhalten zutiefst beleidigt. Es war nicht seine Art, eine solche Beleidigung zu dulden. Er zögerte nicht lange, sondern überstieg die vor ihm liegenden Bänke, drückte die dort Sitzenden zur Seite und drängelte sich direkt zwischen den russischen und den kaiserlichen Botschafter. Alle drei saßen nun Schulter an Schulter dicht gedrängt nebeneinander. Dadurch wiederum fühlte sich der Russe in seiner Ehre verletzt und forderte den Franzosen zum Pistolenduell. Ein folgenschwerer Fehler. Der Russe überlebte zwar das Duell, war aber schwer verletzt.

Die Platzierungsfrage ist zwar wichtig, rechtfertigt aber nach heutigem Verständnis keinesfalls ein solch rüpelhaftes Verhalten, wie es der französische Botschafter an den Tag legte. Trotzdem ist der protokollarische Grundsatz der gleiche geblieben: Der Ranghöchste soll natürlich auch auf dem besten Platz sitzen, ob in der Kirche oder am Esstisch. Und die Güte der Sitzplätze nimmt dann entsprechend des sinkenden Ranges ab. Die niederen Chargen finden sich dann am Tisch in der hintersten Peripherie des Saales wieder, wo man weder ein Wort des prominenten Redners hört noch den Redner auch nur sehen kann, weil man direkt hinter einer Säule sitzt. Beides kann bei der Langatmigkeit und der Langeweile vieler Reden durchaus vorteilhaft sein. Viele Diplomaten haben daher gegen diese Plätze im 3. Rang nichts einzuwenden, weil sie noch dazu der Ansicht sind, dass dort die interessanteren Unterhaltungen geführt werden und die attraktiveren Menschen sitzen. Dieser Eindruck mag daran liegen, dass es sich bei den besser sitzenden Honoratioren meist um Herrschaften fortgeschrittenen Alters handelt. Und ein gesetztes Alter macht halt nur die wenigsten Menschen attraktiver.

Aber auch der offiziell beste Platz kann je nach Anlass, Räumlichkeit und Umfang der Gesellschaft sehr unterschiedlich aussehen. Wie schwierig auch diese Frage auf dem diplomatischen Parkett sein kann, können Sie der nachfolgenden historischen Beschreibung aus dem 19. Jahrhundert entnehmen, die im wesentlichen auch heute noch gültig ist:

Der erste Platz (d. h. der beste Platz für die ranghöchste Person) an einem an allen Seiten besetzten Tische ist normalerweise der gegenüber der Haupteingangstür oder der gegenüber den Fenstern, mit der Eingangstür rechts oder links der Person am ersten Platz, nie hinter dem Rücken. Wäre eine solche Ordnung undurchführbar, ist der erste Platz im Zentrum der, welcher das Licht von links bekommt unter der Voraussetzung, dass die Person an diesem Platz die Eingangstür immer sähe. Von diesem Platz an wird der Rang eingehalten, die rechte und die linke Seite alternierend: der zweite Platz ist auf der rechten, der dritte auf der linken, der vierte auf der rechten usw. In der linearen Ordnung, das heißt wenn mehrere Personen nacheinander marschieren, sind verschiedene Regelungen statthaft. Manchmal ist der Platz vor allen anderen der Ehrenplatz, manchmal aber auch der allerletzte.

Und nun das Ganze noch einmal neudeutsch wie es im Protokollarischen Ratgeber des Theodor Grafen Finck v. Finckenstein, fortgeführt von Frau Ricarda Redeker, in der 4. Auflage beschrieben ist:

> Der höchste Platz ist rechts neben dem Gastgeber, sodann links vom Gastgeber und dann rechts neben dem höchstrangigen Gast (Ehrengast), dann links neben dem zweithöchstrangigen, dann weiter zählend rechts/links. Eine Platzierung des Ehrengastes am Tisch gegenüber dem Gastgeber hat den Vorteil, dass vier vergleichbar hohe Plätze zur Verfügung stehen: zwei rechts und links neben dem Gastgeber und zwei neben dem Ehrengast. Gezählt wird dann wie folgt: rechts vom Gastgeber, rechts vom Ehrengast, links vom Gastgeber, links vom Ehrengast, zweiter rechts vom Gastgeber, zweiter links vom Ehrengast usw.

Sind Sie auch schon ganz verwirrt? Oder ist das nun alles so klar und deutlich, dass Sie das bei Ihrer nächsten Abendesseneinladung beherzigen können? Aber bitte nichts durcheinanderbringen, damit es keine diplomatischen Verwicklungen gibt!

Neben dem »Wer sitzt wo« gibt es natürlich noch viele andere wichtige Fragen rund um die internationale Etikette. Wer schreibt wem, wann und zu welchem Anlass? Wer hält auf einer Konferenz zuerst eine Rede, wer zuletzt? Was schenkt man zu welchem Anlass? Und und und. Die Anzahl der Fragen und somit der diplomatischen Stolperfallen ist unendlich.

Die Protokollabteilung des Auswärtigen Amtes beschäftigt zur Lösung dieser Fragen über hundert Mitarbeiter. Nur zum Vergleich: Im gesamten Bundespräsidialamt, welches immerhin für die Ausfertigung unserer Gesetze zuständig ist, sind etwa hundertachtzig Mitarbeiter beschäftigt. Und trotz dieser hundert Mitarbeiter in der Protokollabteilung stapft immer mal wieder jemand ins Fettnäpfchen:

Bundeskanzler Schröder beispielsweise schenkte Bill Clinton anlässlich seines Staatsbesuchs in Deutschland eine Kiste kubanischer Zigarren. Protokollarisch ein doppeltes Desaster: Zunächst einmal ist die Einfuhr kubanischer Produkte in die USA verboten. Das ist die eine Sache, mit der man sicherlich noch irgendwie leben kann. Die andere Sache: Bill Clinton wurde kurze Zeit vor seinem Staatsbesuch in den Medien mit den Worten zitiert: »mmhh … die Zigarre schmeckt gut …« Diese Worte mag Gerhard Schröder beim Überreichen des Geschenks noch im Ohr gehabt haben. Was er wohl nicht mehr im Gedächtnis hatte, war der Grund des guten Geschmacks dieser ganz besonderen Zigarre. Bill Clinton hatte diese spezielle Zigarre zuvor in seine Praktikantin, Monica Lewinsky, getunkt. Die Affäre war bei Übergabe des Zigarrengeschenks noch gar nicht lange her und war für Bill

Clinton mitsamt öffentlichem Amtsenthebungsverfahren außerordentlich peinlich.

Das Protokoll gibt sich sehr viel Mühe zur Vermeidung solcher katastrophalen Fehler. Jeder Staatsbesuch wird von der protokollarischen Abteilung akribisch vorbereitet, jeder Schritt und jede Sitzordnung genau geprüft. Es handelt sich also um eine Masse von Aufgaben. Die Mitarbeiter dieser Abteilung können bei ihrer Arbeit allerdings froh sein, dass nicht mehr das Zeremoniell alter Zeiten herrscht. Da musste genau abgestimmt werden, wer wann den Hut wieder aufsetzen durfte, was getan werden musste, wenn der Kaiser sein Bein bewegt oder wessen Unterschrift als erste unter einem Vertrag steht. Friedrich der Große sah solche Fragen pragmatisch. Der österreichische Vertreter von Friedrichs Erzfeindin Maria Theresia forderte bei Abschluss eines Friedensvertrages, dass die Unterschrift der Kaiserin auf allen Vertragsexemplaren über der Unterschrift von Friedrich stehen sollte. Der preußische Unterhändler beschwerte sich darüber bei Friedrich. Dieser antwortete seinem Gesandten, er solle seinen Herrn nicht durch Briefe mit Kleinigkeiten untergeordneter Bedeutung belästigen und nach der bisherigen Praxis verfahren. Die Kaiserin unterschrieb zuerst.

Apropos Kleinigkeiten von untergeordneter Bedeutung: Jeder, der Titel ebenfalls für solche Kleinigkeiten hält, wäre für den Auswärtigen Dienst absolut ungeeignet. Denn Diplomaten gehen bei der Bewertung der Wichtigkeit von Fragen nicht von ihrem eigenen Wertesystem aus, sondern ausschließlich von den Prioritäten ihres Gegenübers. Und wenn man die Prioritäten nicht kennt, hält man sich an die Regeln des Protokolls. Daher wird kein Diplomat einen Doktortitel oder eine sonstige Ehrenbezeichnung bei der Anrede einer Person unterschlagen – und wenn er so etwas tut, dann müsste man wohl böse Absicht unterstellen. Denn Titel stehen bei vielen Menschen immer noch hoch im Kurs. So habe ich unlängst gelesen, dass bei der Klientel, die früher einen Adels- oder Konsultitel nachfragte und kaufte, ein gestiegenes Interesse an akademischen Titeln besteht. Immerhin kann man das ja positiv sehen und schlussfolgern, dass jetzt selbst in diesen Kreisen Bildung Vorfahrt hat. Der in den siebziger Jahren wegen seiner Vermittlung von Adelstiteln und Konsulposten legendär gewordene Konsul Weyer hat das Portfolio seines Angebotes wegen der Nachfrage nach akademischen Titeln zwischenzeitlich stark erweitert. Doch neben Adelstiteln und akademischen Titeln bietet er auch Orden an. Und Orden sind seit jeher auch bei Diplomaten sehr beliebt. Es gibt da nur einen kleinen Unterschied zwischen Diplomaten und den Kunden von Konsul Weyer: Diplomaten zahlen kein Geld für die Verleihung eines Ordens, sondern bekommen diese aufgrund ihrer Verdienste verliehen. Und zwar ohne die Vermittlung eines obskuren Titelhändlers. Der geschäftstüchtige Konsul Weyer hat vor ein paar Monaten in einem Interview mit dem *Manager Magazin* behauptet, über Jahrzehnte hinweg gute Ordensgeschäfte mit dem Vatikan gemacht zu haben. Dort insbesondere mit einem Kardinal, der Geldscheine am unterschiedlichen Rascheln habe erkennen können. Das Geschäft sei sehr einfach abgelaufen: Gegen großzügige Spenden an katholische Sozialeinrichtungen wurden wahllos Orden verteilt. Sogar der Silvesterorden sei durch seine Vermittlung verliehen worden. Immerhin handelt es sich beim Silvesterorden um die höchste Auszeichnung, die der Papst in eigener Entscheidung an katholische Laien vergeben kann. Träger des Silvesterordens haben unter anderem das Recht, auf einem Pferd die Treppen zum Petersdom hinaufzureiten. Na dann: Viel Spaß beim Reiten!

Mit welch unkonventionellem Geschick sich auch überhaupt nicht vorhersehbare Protokollfragen lösen lassen, zeigt uns die nachfolgende Geschichte:

Oben haben wir aus dem Buch des ehemaligen Protokoll-beauftragten des Bundesinnenministeriums, Graf Fincken-stein, zitiert. Bei dem Grafen Finckenstein handelte es sich um einen nahen Verwandten eines anderen Grafen Fincken-stein, der zeitgleich Protokollchef des Auswärtigen Amtes war. Die Familie hatte es offensichtlich irgendwie mit dem Protokoll. Der Protokoll-Graf des Auswärtigen Amtes er-langte dadurch Berühmtheit, dass er bei einem Staatsbesuch in militärischer Manier allen anwesenden Würdenträgern ei-nen 200-m-Lauf befahl. Und das Interessante dabei war: Der Befehl wurde von allen Würdenträgern ausnahmslos befolgt. Das Ganze ist schon deshalb erstaunlich, weil es sich bei den Mitarbeitern des Protokolls üblicherweise um absolute Pro-fis des guten Benehmens handelt und sie sich nicht gerade durch einen Kasernenhofton, sondern durch vollendete Höf-lichkeit auszeichnen. Der Protokoll-Graf konnte aber offen-sichtlich in einem geeigneten Moment auch anders und packte den Kasernenhofton aus. Das Gute daran war aber, dass ihm das niemand übel nahm. Man dankte ihm sogar noch dafür! Sein Verhalten erschließt sich allerdings erst, wenn man den Hintergrund der Geschichte kennt:

Bei einem Staatsbesuch, damals noch in Bonn, passierte es, dass der mit dem Flugzeug eintreffende Staatsgast nicht punktgenau landete. Das Flugzeug hatte den deutlich sicht-bar ausgerollten roten Teppich um einige Hundert Meter verfehlt. Und da es bei Flugzeugen bekanntermaßen keinen Rückwärtsgang gibt, musste etwas geschehen. Der Graf ließ sich nicht lange bitten und vor allem nicht aus dem Konzept bringen. Er lief kurzerhand dem weiterrollenden Flugzeug hinterher. Die zum Empfang angetretenen Honoratioren hingegen waren so verdutzt, dass sie wie angewurzelt auf ihren Plätzen stehenblieben und dem Flugzeug mitsamt hin-terherlaufendem Grafen ratlos nachschauten. Immerhin war das Fahrzeug mit der Gangway dem laufenden Protokollchef auf dem Fuße gefolgt und dockte bereits an das Flugzeug an. Es ging jetzt nur noch um wenige Minuten. Dann würde sich die Tür des Flugzeugs öffnen und der Staatsgast würde die Gangway hinunterschreiten. Der prominente Gast wäre wahrscheinlich außerordentlich erstaunt gewesen, als Begrüßungskomitee nur eine einzige Person vorzufinden. Und dann auch »nur« den Protokollchef, der sich üblicherweise stets im Hintergrund aufhält. Es zeichnete sich also ein protokollarisches Desaster ab. Jetzt musste schnell gehandelt werden. Was tut ein Protokollchef in einer solchen Situation? Er handelt schnell und geistesgegenwärtig. Zum Zurücklaufen fehlte die Zeit. Zum Rufen war die Entfernung zu groß und das Flugzeug zu laut. Der Graf tat genau das, was von einem Protokollchef in jeder Situation erwartet wird: Er tat das Richtige. Das nach wie vor völlig gelähmte Empfangskomitee sah also, wie unser Protokoll-Graf, sein Gesicht dem Komitee zugewandt, in einiger Entfernung den Ellbogen mit geballter Faust anwinkelte und diesen heftig rauf und runter bewegte. Die älteren anwesenden Herren, bei denen es sich allesamt um Veteranen des Zweiten Weltkriegs handelte, wussten sofort, was gemeint war. Der Protokollchef, der als Teenager gegen Ende des Zweiten Weltkriegs noch militärisch ausgebildet worden war, nutzte geistesgegenwärtig das militärische Handzeichen für den Befehl ›Im Laufschritt, Marsch, Marsch!‹, um das Empfangskomitee zur Aktivität zu bewegen. Oder höflich und mit Worten ausgedrückt: Er bedeutete den Honoratioren, doch bitte schnellstmöglichst zum Flugzeug zu kommen. Die Gäste verstanden das Handzeichen, erwachten aus ihrer Lethargie und setzten sich sofort in Bewegung. Wenn der Staatsgast in dem Moment aus dem Fenster seines Flugzeugs geschaut hätte, wäre ihm sofort diese Menge laufender Menschen aufgefallen. Da liefen Männer in dunklen Anzügen, Frauen in hübschen Röcken und Soldaten in Uniformen auf dem Flugfeld herum.

Alle in Richtung des Flugzeugs. Das muss ein Bild für die Götter gewesen sein! Auch wenn es irgendwie schade ist, wenn man solche amüsanten Momente nicht mit allen Beteiligten teilen kann: Das Schöne an der Welt der Diplomatie ist, dass man bemüht ist, niemanden zu irgendeinem Zeitpunkt zu brüskieren oder gar der Lächerlichkeit preiszugeben. Selbst wenn sich der Staatsgast und seine Begleitung im Flugzeug auf die Schenkel geklopft hätten vor Lachen bei diesem grotesken Schauspiel: Sofort nach dem Öffnen der Tür hätten alle eine staatsmännische Miene aufgesetzt und so getan, als ob sie nichts dergleichen wahrgenommen hätten.

Ähnlich verhielten sich die anwesenden Würdenträger. Die Tür des Flugzeugs öffnete sich, und just in dem Moment standen alle Ehrengäste in Reih und Glied zur Begrüßung an der Gangway. Zwar noch etwas außer Atem, aber ansonsten so, als ob alles in bester Ordnung wäre und man schon seit einiger Zeit an genau dieser Stelle auf das Flugzeug und den willkommenen Gast gewartet hätte. Die Szene ähnelte etwas der Ankunft Mussolinis in dem Film *Der Große Diktator* von Charlie Chaplin, nur dass der rote Teppich im Film dem sich bewegenden Zug immer hinterhergetragen wurde.

Da die Frage der Etikette eine so unglaublich wichtige Bedeutung auf dem Parkett besitzt, war die Quote der Aristokraten im Auswärtigen Dienst bis vor einigen Jahrzehnten enorm hoch. Von vierzehn Protokollchefs des bundesrepublikanischen Auswärtigen Amtes zählt man immerhin zehn Adlige, der letzte adlige Protokollchef war bis 2006 Herr von der Planitz. Warum das so war? Bei Aristokraten wird offensichtlich angenommen, dass sie nicht nur mit der Etikette aufwachsen, sondern dass sie quasi genetisch mit der Etikette infiziert sind. Und tatsächlich ist es so, dass ein etwas ungehobelt scheinender Landadliger, der sich nach der Jagd hemmungslos besäuft und die Rehkeule mit den Händen frisst, ohne Bedenken sofort neben Königin Elisabeth von

England platziert werden kann und mit ihr eine vorzügliche Unterhaltung führen wird. Der Hang zur Diplomatie war dem Adel aber keineswegs in die Wiege gelegt. Denn die meisten Aristokraten interessierten sich lange Zeit eher für den Schwertkampf als für diplomatische Winkelzüge. Bürgerliche und vor allem Geistliche waren dafür eher prädestiniert und noch dazu die günstigeren Arbeitskräfte. Das alles änderte sich erst mit der Prachtentfaltung des Barock. Mit Ludwig XIV. gewannen diplomatische Aufgaben mehr und mehr an Geltung und wurden somit auch für den Adel interessant.

Heute ist das Auswärtige Amt ein Spiegelbild unserer Gesellschaft und besteht aus einer bunten Mischung von Menschen mit den unterschiedlichsten Hintergründen. Naturwissenschaftler arbeiten dort genauso wie Juristen oder Historiker. Und letztlich ist es neben vielem anderen diese bunte Mischung, die den Charakter des Auswärtigen Dienstes ausmacht.

Zum Schluss die Wahrheit

Diese Berichte der Diplomaten aus aller Welt wecken die Abenteuerlust. Gleichzeitig wird einem aber zwischendurch etwas mulmig, und allein der Gedanke, diese Abenteuer etwa selbst durchmachen zu müssen, erzeugt bei den meisten Menschen Schweißausbrüche. Dann sitzt man auf seinem Sofa und fragt sich, ob die Langeweile des heimischen Büros nicht doch das bessere Leben ist.

Ob besser oder schlechter hängt von der Persönlichkeit jedes Einzelnen ab. Und zugegebenermaßen besteht auch das Leben eines Diplomaten nicht immer nur aus skurrilen Erlebnissen und Abenteuern wie sie in diesem Buch berichtet werden. Selbstverständlich werden auch Diplomaten nicht selten vom Alltag eingeholt, sitzen in ihrem Büroraum und wälzen staubige Akten.

Doch im Unterschied zu vielen anderen weiß jeder Diplomat: Die nächste Abwechslung kommt bestimmt – und zwar spätestens in ein paar Jahren. Für Diplomaten und all diejenigen, die die Abwechslung lieben, macht genau diese den Reiz des Diplomatischen Dienstes aus.

Man sollte aber nicht vergessen, dass ein Diplomatenleben bei aller Abwechslung auch mit Kehrseiten verbunden ist. So kann sich also jeder die Geschichten anhören und anschließend entscheiden, ob dieses Nomadenleben erstrebenswert ist oder nicht. Denn erfahrungsgemäß möchten nur die allerwenigsten auf Dauer als Nomaden durch die Welt ziehen. Alle anderen lesen diese Geschichten, lehnen sich amüsiert zurück, wachen am nächsten Tag auf und nehmen wieder die Bewältigung ihres Alltags in Angriff.

Nach landläufiger Meinung besteht darüber hinaus der Reiz des Diplomatenlebens im Champagnerschlürfen und Kaviaressen. Von diesem Vorurteil muss man sich wohl nach Lektüre der vorliegenden Geschichten schleunigst verabschieden. Denn spätestens jetzt dürfte klar sein, dass das Leben von Diplomaten auch kulinarisch außerordentlich abwechslungsreich ist. Und das ist noch diplomatisch ausgedrückt.

Und ganz zum Schluss noch ein Wermutstropfen: Trotz aller Abwechslung bleibt der Diplomat dennoch ein Beamter. Sollte er daher entgegen der Staatsräson oder der Weisung seiner Dienstvorgesetzten versehentlich eine Wahrheit ausgeplaudert haben, gilt bei der weiteren Kommunikation unter Diplomaten der Grundsatz:

Wenn wir die Wahrheit sagen,
haben wir uns versprochen!